THE LEADERSHIP CAMPAIGN

리더십 캠페인

리더십 캠페인

스콧 밀러·데이비드 모리 지음
플랫폼 9¾ 옮김

비즈니스 리더의 승리를 위한
정치 캠페인 전략

THE LEADERSHIP CAMPAIGN

글항아리

일러두기

각주는 모두 옮긴이 주다.

THE LEADERSHIP CAMPAIGN

차
례

한국은 '변화의 리더십'에 있어 훌륭한 본보기가 되는 나라입니다. 이런 리더십은 한국을 전쟁의 폐허에서 오늘날의 기적으로 이끌었습니다. 영광스럽게도 지난 40여 년간 제겐 한국의 여러 대통령 당선인에게 조언할 기회가 있었습니다. 그 처음은 노벨평화상 수상자인 고 김대중 전 대통령이었습니다. 김 전 대통령과는 1986년 8월 어느 안가에서 처음 만났습니다.

한국의 대통령과 뛰어난 비즈니스 리더들은 늘 변화를 추구하는 도전자의 자리에서 고군분투하며 위대한 나라의 미래를 그려나가고 있습니다. 오늘날 한국이 정치, 비즈니스 등 다양한 분야에서 성공을 거두는 배경에는 이렇듯 변화를 추구하고 새로운 분야에 도전하는 리더들이 있습니다.

팬데믹에 이은 글로벌 경기 침체로 여러 기업이 매우 어려운 상황에 처해 있습니다. 변화 자체가 모든 기존 기업에 위협이 되기 때문입니다. 우리 앞에는 곧 변화가 휘몰아칠 것입니다. 오늘날 변화를 추구하고 도전하는 리더들이 우위를 점할 수 있는 이유는 그들이 변화를 수용하고, 변화에 올라타고, 변화를 이끌어나가는 능력을 지녔기 때문입니다.

저는 스콧 밀러와 함께 이 책『리더십 캠페인The Leadership Campaign』을 썼습니다. 우리 모두는 격변하는 환경 속에 살고 있습니다. 우리에게는 끊임없이 도전의 기회가 주어집니다. 이런 변화의 시대엔 변화를 능숙하게 다루는 새로운 리더십 모델이 필요합니다.

우리는 1980년대에 스티브 잡스와 함께 일하면서 '변화의 리더십' 모델을 만들어냈습니다. 당시 애플을 창업한 잡스는 우리의 정치 전략과 도전자 모델이 비즈니스 리더에게도 꽤 유효하다는 점을 간파했습니다. 실제로 오늘날 성공하는 비즈니스 리더는 선거에서 승리한 정치인과 유사합니다. 그들은 유권자를 움직여야 합니다. 유권자에게 영감과 기대감을 줘야 합니다. 비전과 청사진을 제시하고, 약속하고 실천한 바가 성공할 것이라는 확신을 심어줘야 합니다. 사실상 비즈니스 리더의 성공도 마찬가지입니다. 그들 역시 수많은 '선거일'에 승리해야 합니다. 무엇보다 그들은 스스로를, 모든 이해관계자의 이익을, 비즈니스의 미래를 선제적으로 정의할 수 있어야 합니다.

우리는 전 세계 대통령 당선인 스물한 명, 노벨평화상 수상자 다섯 명을 비롯해 저명한 글로벌 비즈니스 리더에게 '변화의 리더십'과 '도전자 모델'을 적용해보았습니다. 지금은 '도전자 리더십 워크숍

Insurgent Advantage Training Workshop'을 통해 정·재계, 군, 비영리단체, 스포츠계의 차기 리더들이 변화를 주도하도록 돕고 있습니다.

여러분도 여러분만의 리더십 캠페인을 공격적으로 펼쳐보시길 바랍니다. 오늘날 위대한 리더, 위대한 리더십의 비결은 바로 거기에 있습니다.

2022년 6월 1일
펜실베이니아 뉴호프에서
데이비드 모리

www.playoffense.com

이 책은 끊임없이 변화하는 도전적인 비즈니스 환경에 필요한 리더십 개발서다. 우리가 주창하는 리더십 원칙은 비즈니스와 정치라는 전쟁터에서 승리한 도전자들과 혁명가들의 원칙이다. 정보화 시대에는 도전자 세력이 기존 세력보다 우위에 선다. 지난 100년간 발전해온 비즈니스 리더십은 변화하는 현실을 더 이상 따라잡지 못하기 때문이다. 과거에 통했던 방법론이 여전히 활용되고는 있지만, 현 상황에는 더이상 들어맞지 않는다. 결론적으로 이 책은 대부분의 조직에서 통용되는 리더십 모델이 수명을 다했다는 점을 전제로 한다. 새로운 전략, 새로운 접근법, 새로운 훈련, 새로운 의사소통법이 필요하다. 그동안 '새로운 리더십New leadership'이라 불렸던 것이 실상 새롭지 않았다는 말이다. 우리는 애플의 스티브 잡스와 마이크 머리를 위해 개발한 리더십 모델을 '변화의 리더십'이라고 부른다. 오늘날 이 용어는 그 어느 때보다 시의적절하다. '변화'가 우리 일과 삶 구석구석을 통제하기 때문이다.

2004년 우리는 비즈니스와 정치, 전쟁에 맞서는 도전자 세력의 입문서로 『언더독 어드밴티지The Underdog Advantage』를 펴냈다. 이 책 『리더십 캠페인』에서는 열 가지 실행 단계를 통해 오늘날의 복잡하고 경쟁적인 시장에서 커리어와 프로젝트, 나아가 팀과 회사를 어떻게 성공으로 이끌 수 있는지, 정치 영역의 '도전자 원칙'을 어떻게 비즈니스 영역에 적용할 수 있는지를 보여준다. '도전자 원칙'은 변화의 리더십을 실현하는 최선의 길이다.

이 책은 '리더십 캠페인'의 기본기를 차근차근 설명할 것이다. 시작부터 승리의 축배에 이르는 전 과정이 마치 정치 캠페인처럼 구성된 리더십 캠페인을 보여줄 것이다. 은유적 표현이 아니다. 스스로가 정의한 '선거일'에 승리를 거둘, 팀 전체의 집중력을 끌어내는 틀을 제시할 것이다.

본문의 10단계는 우리가 수많은 정치 및 비즈니스 캠페인을 거치며 최고경영자CEO와 후보자들로부터 배운 바를 바탕으로 한다. 각 단계는 더 높은 집중력과 에너지를 이끌어내고 효과적인 전략·전술 개발을 돕는 중요한 요소를 담고 있다. 단 한 단계도 건너뛰어선 안 된다!

백악관에 입성하느냐 못 하느냐

어쩌면 우리는 아드레날린에 중독된 걸지도 모른다. 미국에서는 백악관에 입성하느냐 못 하느냐의 문제가 그동안 정치 캠페인을 지배해왔다. 11월 첫째 월요일 하루 뒤인 첫 화요일*에 50.1퍼센트 이상을 득표하지 못하면 곧장 짐을 싸야 한다. 그 0.1퍼센트를 위해 긴장감이 감도는 수많은 밤을 견뎌낸다. 아침에 깨어나면 배 속에서 묵직한 통증이 느껴지고, 성공하지 못할 것이라는 불길한 기분에 사로잡힌다. 빅데이터 전문가와 깐깐한 논객, 어수선한 간사, 능청스러운 홍보 전략가, 터프한 관리자가 한데 묶여 공동의 목표를 향해 달린다. 승리, 완전한 승리, 오직 그 하나를 위해. 아드레날린과 고통, 두려움, 희망이 모든 캠페인에 응축되며, 어떤 날에는 그 모든 게 한데 섞여 캠페인 전체를 휘젓는다. 이처럼 미친듯이 회전하는 롤러코스터를 견딜 수 없다면 당신은 정치를 할 수 없다.

1980년대 중반 IBM의 아성에 도전한 애플컴퓨터는 성가신 도전자 같았다. 스티브 잡스는 도전자다운 정치 전략과 승자 독식 문화를 승리의 필수 요소라 여겼다. 우리가 정치 컨설턴트로 잘나가던 1984년 어느 날, 잡스가 우리를 점심 식사에 초대했다.

"당신들은 백악관에 입성하느냐 못 하느냐에 모든 걸 걸더군요. 그건 비즈니스 전략과는 전혀 다른 접근법으로, 우리가 모르는 영역입

• 미국 연방헌법은 이날을 대통령 선거인단 선거일로 규정하고 있다.

니다. 저는 당신들이 기업 전략가보다 더 예리한 계획과 그에 맞는 공격성, 적극성, 추진력을 갖추고 있다고 생각해요. 우리와 IBM의 경쟁을 정치 캠페인 관점에서 검토해주세요."

잡스는 우리에게 정치 캠페인에서 실행하는 전략을 비즈니스 리더십과 마케팅, 커뮤니케이션에 적용해줄 것을 주문했다. 굉장히 역설적이었다. 정치 후보들은 비즈니스 전략을 정치 캠페인에 적용해달라고 요청하던 시절이었기 때문이었다.

애플은 우리가 정치 캠페인 전략을 비즈니스에 적용한 첫 사례였다. 특히 잡스와 애플의 최고마케팅책임자CMO 마이크 머리는 '도전자 모델Insurgent model'을 발전시키는 데 힘을 쏟았다. 그것은 거대한 기득권에 맞서 변화를 일으키려는 도전적 리더를 위한 핵심 전략이었다.

애플과의 작업 후 우리는 코카콜라, 홈디포, 구글, 아메리칸익스프레스, 맥도널드, 마이크로소프트, 존슨앤드존슨, 버라이즌, 나이키, 비자, 제너럴일렉트릭, 월트디즈니를 비롯해 몇몇 스타트업과도 함께 일했다.

상당수 고객은 이미 성공을 거둔 쟁쟁한 현역이었다. 이러한 기업들도 변화무쌍한 비즈니스 환경에서 필연적으로 도전과 변화에 직면한다. 그러나 파괴적 상황에 직면했을 때에야 비로소 우리에게 연락을 한다. 그럴 때 우리가 무엇보다 먼저 하는 조언은 그들이 속한 시장을, 현재 상태를 파괴하라는 것이다. 더 제대로, 더 절박하게 그 일을 해내야 한다.

시장을 파괴하는 것, 현상 유지를 막는 것, 이것이야말로 도전적 리더와 도전적 정치 캠페인의 특징이다. 스티브 잡스가 잡은 방향은 틀리지 않았다. 지난 30년 동안 우리는 '도전자 모델'이 정치뿐 아니라 비즈니스에서도 효과적이라는 사실을 검증했다.

물론, 토스터 앞에서는 모든 게 잘린 호밀빵처럼 보인다는 걸 인정한다. 우리는 단기적인 비즈니스 프로젝트에서부터 기업의 장기적인 비전 및 목표 재설정, 임직원 경력 관리까지, 모든 분야에 '도전자 전략'을 적용하고 있다.

비즈니스 전략과 프로젝트를 약화시키고, 오염시키고, 망치는 두 가지 결점은 비즈니스 리더십을 교착상태에 빠뜨리는 두 가지 결점과 맞아떨어진다.

집중력 부족

문제나 기회를 잘못 파악하면, 모호하거나 명백히 잘못된 목표가 설정된다. 전장을 전체적으로 이해하지 못하는 것, 목표물을 정확하게 조준하지 못하는 것, 도전에 적합한 팀을 꾸리지 못하는 것 모두 문제나 기회를 잘못 파악한 예다. 집중력이 부족하면 표류하게 된다. 그러면 회사나 프로젝트는 나아갈 방향을 잃고, 개인의 경력도 흔들린다.

긴박감 부족

기업 프로젝트는 공언한 목표를 실제로 달성하는가? 우리 경험상 이런 경우는 약 8퍼센트밖에 안 된다. 프로젝트 관리자와 팀은 이런 결과를 그냥 두고 보지 않는다. 그들의 약 92퍼센트는 목표 자체를 바꾸거나 이해관계자들의 기대를 서둘러 낮추는 식으로 이에 대응한다.

얼마나 많은 기업의 임원과 CEO가 잠재된 리더십을 제대로 발휘하지 못하고 실패할까? 우리 경험에 따르면 92퍼센트가 그렇다. 그들은 수중에 큰돈이 있고, VIP 주차 구역에 차를 대며, 정상을 목전에 뒀다는 사실에 위안을 얻으며 현실에 만족한다.

『리더십 캠페인』은 프로젝트와 팀, 회사에 '집중력'과 '긴박감'을 부여하는 법을 다루는 책이다. 지금 여러분에게 필요한 것은 바로 이 두 가지다. 92퍼센트의 회사(아마 여러분의 회사도 여기에 해당될 것이다)에는 없는 것 말이다.

『리더십 캠페인』은 비즈니스와 정치, 군사, 학문, 예술 영역에서 오늘날 가장 필요하지만 충족되지 못한 영역, 즉 리더십에 관한 모든 것을 다룬다.

변화의 세계에서 성공적인 리더십의 결과는 영원하다. 이는 팀과 회사, 국가와 개인의 성공이자 승리다. 하지만 리더십의 성공 요소는 리더십 환경이 변화함에 따라 계속 변화한다. 시장도 바뀌고, 경쟁자도 바뀌고, 직원들의 태도도 바뀐다. 변하지 않는 것은 비즈니스와 경영전략뿐이다. 변치 않는 또 한 가지는 진정한 리더가 극히 드물다는 사실이다. 일반적으로 보스가 리더로 불릴진 모르지만, 그들은 리더가 아닐 가능성이 높다. 그들은 그저 보스일 것이다. 오늘날 리더에게 필요한 자질은 10년, 심지어 5년 전에 요구되었던 자질과도 매우 다르다. 우리 모두가 생활하고 일하는 환경이 변하는 것과 마찬가지로 리더의 자질 또한 계속 변화한다.

오늘날 모든 기업 및 정부에 가장 필요한 것은 혁신이다. 그러나 위대한 리더십 없이는 혁신의 잠재력도 발휘될 수 없다. 지방선거, 주 선거, 대통령 선거에서 전문가들은 일자리와 이민, 외교, 세금이 중요한 문제라고 말할지 모른다. 하지만 유권자에게는 리더십이 문제다. 그 우선순위는 결코 바뀌지 않는다. 리더십은 늘 중요한 문제이고, 과거에도 그랬으며 앞으로도 그럴 것이다.

리더가 되고 싶은가? 더 영향력 있는 지도자가 되고 싶은가? 팀 또는 회사에 변화하는 문화를 조성하고 싶은가?

우리가 최고의 리더들로부터 배운 전략이 이 책에 있다. 스티브 잡스, 코라손 아키노(필리핀 제11대 대통령), 빌 게이츠(마이크로소프트 창업자이자 전 CEO), 김대중, 앨릭스 고스키(존슨앤드존슨 현 CEO), 루퍼트 머독(뉴스코퍼레이션 회장), 마이클 밀컨('정크 본드의 황제'로 불린 월가의 거물 금융인), 도널드 키오(코카콜라 전 회장), 밥 아이거(월트디즈니 전 CEO), 밀로시 제만(체코 제3대 대통령), 데이비드 본더먼(TPG캐피털 공동 창업자), 필 나이트(나이키 공동 창업자이자 전 CEO), 조지 로버츠(콜버그크래비스로버츠 CEO), 로베르토 고이주에타(코카콜라 전 회장)를 비롯한 많은 사람의 경험과 사례를 집대성했다.

우리는 정치에서 배운 것과 비즈니스에서 배운 것을 서로 연결해서 캠페인 모델을 발전시켰다. 바로 새로운 리더십 모델인 '변화의 리더십'

리더십 캠페인

이다. 이것은 단순 명료하고, 날카로우며, 엄청난 열정을 불어넣어준다. 게다가 헨리 키신저가 당대 미 국무부의 전략을 두고 말하곤 했던 것처럼 "진실하다는 장점도 있다".

스콧 밀러

전략 시리즈 두 번째 책을 펴내며

우리는 일하는 시간의 3분의 1을 공부와 연구에 쓴다. 전략 컨설팅을 하는 '플랫폼 9¾' 사무실 입구에는 존 F. 케네디 미국 전 대통령의 말이 적혀 있다. "사람은 죽는다. 국가는 흥하고 망한다. 그러나 생각은 영원하다." 우리가 일하는 이유를 압축한 문장이다. 또 우리는 우리를 '내러티브를 만드는 사람들We are narrative makers'로 소개하곤 한다.

내러티브와 아이디어로 고객에게 '최고의 순간'을 만들어주는 것. 우리가 정의한 미션이다. 구체적으로는 기업의 가치와 비전을 새롭게 설명할 내러티브와 전략을 설계하고, 리더십 구축과 퍼포먼스 향상을 위한 아이디어와 프로그램을 기획하며, 위기 탈출과 상황 전환을 위한 해법을 제시하는 일이다.

'플랫폼 9¾'과 인재 연결 서비스를 제공하는 '안목'은 『바이든의 첫 100일』 출간 이후 두 번째 책으로 『리더십 캠페인』을 번역했다. 이 책은 우리의 비즈니스와 전략, 방법론을 가장 잘 설명해준다. 팬덤과 빌런만이 존재하는 시대에는 더욱 그렇다.

경제는 고객의 지갑을 여는 것이고 정치는 사람의 마음을 얻는 것이라는 오래된 주장에는 근거가 없다. 고객의 지갑을 나눠 갖는 기업 전략 또한 큰 의미가 없다. 챔피언이 아닌 도전자 위치에서 전복을 꿈꾸며 커다란 승리를 장악하는 기업이 잠깐일지언정 시장을 선도할 수 있다.

세계 부의 흐름을 주도하는 일론 머스크와 제프 베이조스는 곱상하고 아름다운 경쟁을 펼치지 않는다. 네거티브와 포지티브를 자유롭게 넘나들며, 전 영역에서 가차없이 공격하고, 어떤 경계와 한계도 두지 않고 오직 승리를 위해 투쟁한다. 이것이 과연 세계 최고 부자, 세계 최고 기업만의 일일까. 기업 환경은 물론, 세상 역시 그렇게 만만하지 않다.

『리더십 캠페인』은 전 세계를 돌며 정치 캠페인 방법론을 활용해 기업 창업자와 대선 주자를 컨설팅한 저자들의 지혜와 경험이 고스란히 담긴 책이다. 이 책은 2015년 처음 출간됐지만 지금까지도 유효한 내용을 담고 있으며, 무엇보다 앞으로 더 중요해질 전략 컨설팅의 핵심을 담고 있다. 스티브 잡스의 애플, 로베르토 고이주에타의 코카콜라, 밥 아이거의 디즈니가 이들의 제안을 받아들여 새로운 리딩 그룹이 되었다. 애플의 전설적인 '1984' 캠페인이 시작된 1984년의 어느 날, 스티브 잡스는 그들을 점심 식사에 초대했다. "우리와 IBM의 경쟁을 정치 캠페인 관점에서 검토해주세요." 잡스는 그들과 함께 전투를 시작했고 전쟁에서 승리했다.

오랜 기간 캠페인 전략을 설계해온 저자들은 승부의 세계에서 다투는 사람들이다. 따라서 그들에게 옳고 그름의 영역보다는 이기고 지는 게임에 더 익숙한 냉정한 면이 있다는 점은 독자 여러분도 알 것이다.

배우 윤여정은 연기뿐 아니라 언어능력과 태도로 사람들을 더 놀라게 한다. 그는 영화 「미나리」로 아카데미 여우조연상을 수상하기 전 한국 언론의 불평을 들었다. 왜 한국 언론은 홀대하고 외신과만 인터뷰를 하느냐는 거였다. 당시 그는 이런 얘기를 했다. 캠페인이라고. "이걸 해보니까 왜 캠페인이라고 하는지 알겠어요. 보터(유권자)들의 표를 사기 위해서 정치인들이 하는 걸 (우리도) 하는 거더라고요."

젊은 연구원들과 컨설턴트들이 한 주에 한 장씩 초벌 번역을 하고, 이를 바탕으로 매주 토론하며 개념을 익히고 원고를 거듭 수정했다. 여러 캠페인 전략서를 섭렵했고 월요일 아침마다 다양한 영상을 보며 정치, 경제, 스포츠, 문화 등 각 분야 리더들의 내러티브와 규칙, 교훈을 공부했다. 이런 과정을 통해 비로소 번역이 완성되었다.

고단한 일과에도 특별히 한국어판 서문을 써준 저자 데이비드 모리의 정성, 책을 소개하고 관련 강의를 해주고 감수와 자문을 맡아준 YJ컨설팅 김윤재 대표의 우정, 원고를 제대로 된 책으로 만들어준 글항아리와 강성민 대표의 지원에 깊은 감사를 드린다.

2022년 11월 인왕산 자락에서
플랫폼 9¾과 안목에서 일하는 사람들

1단계

출마를 결정하라

"왜 도전하는가? 무엇을 믿는가? 저질러라!"

왜 도전하는가?

1980년 지미 카터 미국 전 대통령은 국민의 신뢰를 잃어가고 있었다.
주 이란 미국 대사관 인질 사건*과 통제 불가능한 고금리**를 비롯
해 유권자들의 삶을 괴롭게 하는 총체적 악재가 이어졌기 때문이다.
지미 카터가 거의 넋을 놓고 있던 그때, 당시 상원의원이었던 에드워
드 케네디***가 연단에 올랐다. 그는 유서 깊은 보스턴 퍼네일 홀****

---

*   1979년 11월부터 1981년 1월까지 미국인 50여 명이 이란에 인질로 억류된 사건.
      미국과 이란이 적대적 관계가 된 대표적인 원인으로 꼽힌다.

**   임기 중 인플레이션이 심해지자 카터 정부는 기준금리를 1979년에 14퍼센트로,
      1981년엔 21퍼센트로 올리는 고금리 정책을 펼쳤다.

***   제35대 미국 대통령을 역임한 존 F. 케네디의 막냇동생.

에서 카터에 맞서 대선에 출마하겠다고 선언했다. 언론은 흥분했다. 대부분의 주류 언론인은 여전히 존 F. 케네디 시대를 잊지 못해 그리워하고 있었다. 에드워드 케네디의 선거 캠페인은 마치 미 항공우주국NASA이 쏘아올린 아틀라스 로켓처럼 순식간에 전개됐다. 그러나 1차 경선이 끝나기도 전에 끝이 찾아왔다. 캠페인은 황금 시간대에 진행된 CBS의 TV 인터뷰로 극적 결말을 맞았다. 에드워드 케네디가 횡설수설 말을 더듬게 된 건 당시 앵커였던 로저 머드가 던진 질문 하나 때문이었다. "왜 대통령이 되려고 하십니까?"

모든 회사에는 보스가 있지만 큰 회사에는 보스가 한가득 있다. CEO, 사장, 부사장, 전무, 상무, 부장 등 회사가 클수록 보스도 넘쳐난다. 반면 진짜 '리더'가 있는 기업은 손에 꼽을 정도다. 당신의 조직은 어떤가? 진정성과 통찰력을 갖춘, 동기를 부여하는 리더가 있는가?

물론 모두가 리더가 되고 싶어하는 건 아니다. 어떤 이들은 그저 남을 따라가는 수준에 머물고 싶어한다. 자신이 리더에 적합하지 않다고 생각하는 것이다. 조직이라는 울타리에서 오는 안정감에 만족하거나, 아무도 가지 않은 거친 풀밭을 밟는 낯선 느낌을 피하고 싶은 건지도 모른다. 이렇듯 모두가 반드시 리더를 꿈꾸는 건 아니다.

'보스' 역할과 '리더' 역할 사이에는 큰 차이가 있다. 대다수가 남을

•••• 미국 건국의 아버지 중 한 명인 새뮤얼 애덤스가 독립 연설을 펼친 역사적인 장소.

　　　　　　　　　　　　　　　리더십 캠페인

이끄는 게 아닌, 그저 따라가는 방식으로 보스가 되는 것이 현실이다. 임기가 얼마 남지 않은 윗사람의 뒤에 바짝 붙어 따라다니는 식으로 말이다. 앞선 이가 지나온 발자취를 그대로 따라가는 것이다. 이런 방식은 선임자가 퇴직한 뒤 짐을 싸서 힐튼헤드● 콘도로 향할 때까지 계속된다. 그 선임자 역시 자신의 윗사람을 똑같은 방식으로 따랐을 것이다.

만약 보스가 되고자 한다면 그 꿈을 이룰 쉬운 길이 있다. 대부분의 기업에서는 그 길을 이렇게 얘기한다. "우리는 이렇게 해왔어. 이게 우리가 늘 해온 방식이거든." 이런 방식도 나름 적절하다. 시장의 선두 주자나 오랫동안 시장을 선점해온 주자들, '리더 따라하기' 방식으로 이런 주자들을 모방하려는 회사에서는 말이다.

시장을 선점한 주자들은 자신의 성공에 대한 미신적인 힘을 믿는다. 우리는 이들이 과거의 유산에 사로잡혀 있다고 본다. 과거의 전략과 접근법, 관습이 미래의 성공도 보장할 거라고 믿는 것이다. 마치 모나코 그랑프리●●에서 백미러만 쳐다보며 운전대를 잡고 있듯이 말이다.

경제지는 시장을 선점했던 주자들의 부고 소식을 매일 전한다. 대부분 불길에 휩싸이기도 전에 덜덜거리다 멈춰선 경우다. 그러나 끝은 다 같은 끝일 뿐이다. 이러한 끝은 과거의 유산만을 쫓던 선발 주자들

● 많은 이가 정년퇴직 후 가는 미국 사우스캐롤라이나주의 인기 휴양지.
●● 모나코에서 매년 열리는 포뮬러1 자동차 경주 대회.

이 맞이한 피할 수 없는 결과이기도 하다. 만약 보스들이 스스로에게 "실패하지 않기 위해 모든 것을 하고 있다"고 되뇌고 있다면, 실상은 실패하지 않기 위해 예전부터 해왔던 모든 것을 반복하고 있다는 뜻이다. 결국 이런 선발 주자를 쓰러뜨리는 것은 새로운 생각과 접근법, 새로운 리더십을 불러낸 새로운 환경이다.

보스가 되고 싶은가, 아니면 리더가 되고 싶은가? 이것이야말로 이 책의 핵심 질문이다. 이 책은 리더가 되고 싶은 사람을 위한 것이다. 시장을 선점한 주자들이 과거의 유산에 끌려다니고 있을 때, '도전적 리더'라 불리는 진정한 리더들은 비전을 좇는다. 진정한 리더는 기발한 생각을 향해 꿈꿔왔던 미지의 영역으로 사람들을 이끈다. 선례도, 발자취도 없다시피 한 새로운 영역으로 말이다.

새로운 리더가 오래된 보스와 차별화되는 지점은 변화에 대응하는 '태도'다. 오래된 현역 보스는 변화를 싫어한다. 만약 당신이 회사에서 '넘버 원'이라면, 무슨 이유로 현 상태가 바뀌기를 바라겠는가? 기득권은 기업이 추구해야 할 핵심 가치인 '파괴'를 싫어한다. 하지만 도전하는 리더는 다르다. 변화를 사랑한다. 변화는 쉴 새 없이 움직이며 분자운동을 한다. 변화는 곧 기회다.

이 책은 회사가 추진하려는 프로젝트나 추구하는 목표가 있을 때 모든 기회를, 그 가능성을 끝까지 움켜쥐는 방법을 알려준다. 프로젝트를 성공으로 이끄는 전략은 사실상 리더십의 기본 원칙과 똑같다. 이게 승리로 가는 전부고, 무엇 하나 결코 "지금까지 해온 방식"이라는 이유만으로 따라하지 않는 것이다.

우리는 애플과 일하며 리더십 모델을 구상하던 중, 두 종류의 리더십을 발견했다. '빅 리더십Big leadership'과 '변화의 리더십Change leadership'이다.

- 빅 리더십은 기득권의 리더십이자 다수 기업을 지배하는 표준 리더십이다. 이들 대부분은 스타일과 전략에 있어 앞서가는 기득권을 따라간다. 이런 리더들은 규모와 점유율, 총수익 등 '커보이는 것'이라면 무엇이든 사랑한다.
- 변화의 리더십은 규모보다 속도와 기동성에 의미를 둔다. 이 자체가 곧 변화와 파괴다. 도전적 리더들은 시장가치를 창출하고자 한다. 그렇게 하면 주가는 자연히 뒤따라올 것이라는 사실을 알기 때문이다. 그들은 순이익에 집중한다. 실제 시장가치를 가늠하는 더 나은 척도이기 때문이다. 물론 계속 순이익을 내는 게 쉬운 일은 아니다.
- 빅 리더는 일을 진행할 때 조직을 움직이는 관료주의와 형식을 좋아한다. 격식과 관료주의는 전통적인 종교의식과 같다. 그들은 마치 과거에 일어났던 기적이 또 일어날 거라고 믿는 듯하다.
- 도전적 리더는 행동과 조직 구성, 전략 개발에 있어 형식에 구애받지 않는다. '캐주얼 프라이데이'나 카페테리아에서 단체로 스시를 먹는 점심에 집착하지도 않는다. 대신 느슨한 조직과 유연한 전략에 반하는 편견에 맞선다. 도전적 리더들은 비전에 내재된 도전적 과제를 유기적으로 조직한다. 효과가 있는 것은 효과

를 잃기 전까지 효과가 있는 것이다.

• 빅 리더는 파괴가 일어나는 상황을 피하고 싶어한다. 그것은 그들이 의도한 일이 아니라, 그저 그들에게 닥치는 일에 불과하기 때문이다.

• 반면 도전적 리더들에게 파괴는 비즈니스 프로세스의 핵심이다.

이 책을 통해 우리는 도전자이자 변화의 리더가 되는 법을 알려줄 것이다. 그것이야말로 정보화 시대에 비즈니스와 정치, 군사 등 다양한 영역에서 성공할 수 있는 리더십이기 때문이다. 변화가 담론을 장악한 환경에서 도전자는 그 어디서든 기득권에 맞서 승리를 거둘 카드를 손에 쥐고 있는 셈이다.

변화를 사랑하라

단기 프로젝트에서든, 스타트업에서든, 글로벌 기업에서든 리더가 되기 위해 지금 당장 필요한 것은 '변화'다.

모든 시장은 변화한다. 대다수 회사는 지금 변화하고 있거나 서둘러 변화를 도모해야 하는 상황에 있다. 이러한 사실은 이 시대의 아주 명료한 법칙을 보여준다. 변화를 이끌거나, 변화되거나. 변화에 뒤처졌다는 건 이미 졌다는 의미다. 반대로 변화를 주도하고 있다면 이기고 있는 것이다. 만약 당신이 시장을 변화시키지 못하고 있다면, 다른 사람이 그걸 대신하고 있다는 뜻이다. 이는 곧 당신이 그들의 법칙을 따라야 한다는 말이기도 하다. 시장에 파괴와 혼란을 일으키는 주체는 대부분 급부상한 도전자 브랜드다('도전자 브랜드의 부상'은 따로 다룰 만한 흥미로운 이야기이며, 곧 펴내려는 책의 주제이기도 하다).

만약 현 경영진이나 이사회, 주주들이 현재를 고수하고 변화를 원치 않는다면 그들은 당신 같은 리더를 원하지도, 필요로 하지도 않을 것이다. 경력이 지속되길 원하는 이에게도 그런 회사는 필요하지 않을 것이다.

향후 10년 이내에 세계는 새로운 리더십의 시대를 맞이할 것이다. 글로벌 대기업 일부는 이미 새로운 리더십을 갖췄다. 그 새로운 리더십이란 바로 변화의 리더십이다.

오늘날 정부와 국민 사이에 생긴 전례 없는 거리감은 변화를 대하는 태도의 차이에 기인한다. 원했든 원하지 않았든, 미국을 비롯한 수많은 국가의 국민은 2009년 이후 재난에 가까운 근본적인 변화를 겪어야 했다. 당시 정부가 한 일은 무엇이었나? 기존에 하던 일을 반복했을 뿐이다. 바뀐 것은 아무것도 없었다.

상황이 더 나아지든 더 나빠지든 국민은 변화에 적응한다. 정부는 현실을 외면하며, 상황은 그렇게 악화된다. 국민은 유연하고 탄력적이다. 그래야 하기 때문이다. 반대로 정부는 뻣뻣하고 경직돼 있다. 그래도 되기 때문이다. 우리가 미국에서 진행한 정치 연구에 따르면 공화당원이든 민주당원이든, 나이가 많든 적든, 어떤 인종에 속했든, 소득과 교육 수준이 어떠하든 국민은 현재 상황을 뒤엎을 준비가 되어 있었다. 치열했던 2016년 미 대선 캠페인이 그를 증명한다. 정치에서는 이를 '혁명'이라고 부른다. 비즈니스에서는 '파괴Disruption'라 말한다.

현재와 미래의 변화를 주도하기 위해서는 그룹이나 팀, 회사를 직접 이끌어야 한다. 여론조사 전문기관 갤럽은 매달 기업의 '직원 관여도Employee engagement'를 측정하는데, 최근 이 수치가 30퍼센트 이하인 것으로 집계됐다.* 약 70퍼센트의 직원이 회사에 와서 페이스북을 들여다보거나, 졸거나, 낙서를 끄적이거나, 캔디 크러시 게임을 하거나, 먹거나, 불평만 하다가 집에 간다는 의미다. 이러한 일들이 쳇바퀴 돌듯 반복된다.

휼렛패커드HP의 CEO를 역임했고 공화당 대권 주자로도 나섰던 칼리 피오리나는 리더십을 직원들의 잠재력을 이끌어내는 것이라고 정의한 바 있다. 이 말에 동의하지만, 열심히 빈둥대는 직원들을 생각하면 조금 더 가혹하게 표현할 필요가 있다. 오늘날 리더가 해야 할 일은 직원들이 엉덩이를 떼고 앞을 향해 몸을 일으키게 만드는 것이다.

한마디로 리더십의 과제는 사람들이 일어나 움직이도록 만드는 것이다. "내가 보스니까"라는 말은 더 이상 통하지 않는다. 물론 직원들에게 행동하라고 지시할 수는 있다. 분노를 일으키는 표현이지만 말 그대로 '명령할 수도' 있다. 하지만 직원들은 자신들이 들이는 노력이 충분한 의미가 있을 때에만 전력을 다한다. 설사 일자리를 잃지 않을까 걱정이 된다 해도 말이다.

• 　 2021년 말 기준으로는 34퍼센트였다.

변화의 리더가 되려면 소통하는 리더가 되어야 한다. 함께하는 일의 의미에 대해 대화하고 프로젝트의 지향점을 공유해야 한다. 복수의 연구에 따르면, 리더가 하는 일의 3분의 2 이상이 소통과 관련된다.

로널드 레이건이 미국 대통령으로 재임할 당시, 언론은 그를 '위대한 소통가The great communicator'라고 불렀다. 종종 이를 비꼴 때도 있었지만, 중요한 점은 소통 능력이 레이건 리더십의 전부였다는 사실이다. 도무지 그럴 것 같지 않은 『뉴요커』도 예상을 깨고 레이건을 이렇게 감쌌다. "대통령이 하는 일을 생각해보라. 그는 국민에게 정부의 복잡한 사안들을 설명해야 한다. 정책과 프로그램을 넘어서는 국민적 합의를 이끌어내야 한다. 그리고 세계 속에서 미국을 정의해야 한다."

오늘날 미디어 환경에서 리더는 정말로 훌륭한 소통가여야 한다. 당신은 천재적인 혁신가일 수도 있고, '블랙 벨트•'의 경리 담당자일 수도 있다. 그러나 효과적이고 설득력 있게 소통하지 못한다면 이 모든 건 다 부질없어진다. 회사나 조직에 변화를 일으키고 싶다면 사람들이 변화를 기대하며 들뜨게끔 만들어야 한다.

변화가 중대하고 확실한 결과로 이어지지 않는다면, 사람들은 변화가 지속되더라도 그 전망에 그리 큰 기대를 하지 않게 된다. 변화를 위한 변화는 혼란에 불과하다. 혼란? 그건 우리가 때때로 맞닥뜨리는 상황이다. 끔찍하고 막기도 어렵다. 마오쩌둥의 '문화대혁명'이 바로 변화를 위한 변화였다. 『마오의 마지막 혁명Mao's Last Revolution』을 쓴 역

• 　경제 및 교육 수준이 낮고, 실업률과 범죄 발생률이 높은 미국 동남부 지역을 일컫는 말.

사학자 로더릭 맥파쿼와 마이클 쇼언할스에 따르면, 문화대혁명 당시 3600만 명이 박해를 받았다. 그중 75만 명에서 150만 명이 사망했고, 그와 비슷한 수의 사람이 평생 안고가야 할 부상을 입었다. 이런 종류의 혼란은 국민을 희생시켜 독재자와 소수가 좌지우지하는 과두제를 보호한다. 여기에는 늘 '국민'이란 명명이 동원된다.

변화는 모든 이해관계자에게 더 나은 내일을 약속하는 비전의 실현을 위해 무언가를 바꾸는 것이다. 뉴딜과 뉴프런티어 정책이 그렇다. 생산적인 변화를 이끌어내는 리더의 질문은 매우 간단하다. "우리는 어디로 가고 있는가?" 그리고 "왜 그곳으로 가는가?" 이 질문에 답하는 동시에 자신과 자신의 팀이 함께 하는 일의 의미를 규정하는 것이 리더가 해야 할 일이다(6단계에서 이 질문에 대한 답을 찾을 수 있다).

평범한 사내 식당을 한 바퀴 둘러본다고 상상해보자. 사람들을 디저트 코너가 아닌 다른 방향으로 움직이게 만들기란 만만치 않은 일이다. 그들을 승자로 변화시킬 수 있을까? 당신을 따라 승리를 위한 도전자로 만들 수 있을까?

대답은 '그렇다'다. 역사가 증명한다. 많은 이가 해냈고, 실제로 회사를 일으켜 세웠다. 물론, 변화는 전통적인 관료주의에 익숙한 직원들을 매우 불편하게 만든다. 그러나 동시에 그들이 잠재력을 뛰어넘도록 만들기도 한다. 큰 기업들이 만들어낸 모든 극적인 반전은 기존 리더들 밑에서 실패만 하던 바로 그 직원들과 함께 이뤄낸 일임을 생각해보라. 존 에이커스 시절의 IBM은 고객과의 접점, 시장점유율, 신뢰를 모두 잃어버린 상태였다. 그때 루 거스트너가 등판했다. 그는 회사와 조직 문화 전반을 바꾸었을 뿐만 아니라, 그 모든 일을 에이커스 시절에 무거운 짐짝 취급을 받던 직원들과 해냈다. 2000년대 초 마이크 로버츠는 전임자가 늘 실패의 원인 제공자라고 탓하던 바로 그 직원들과 함께 창업 이래 가장 깊은 늪에 빠져 있던 맥도널드를 건져 올렸다. 월트디즈니의 밥 아이거는 전임자 마이클 아이스너가 전혀 신뢰하지 않았던 임직원들과 손을 잡고 회사를 기사회생시켰다.

정치판으로 가보자. 1988년 민주당 대선후보 마이클 듀카키스 선거 캠프는 총 하나 제대로 쏘지 못하는 갱단처럼 보였다. 그들은 듀카키스를 탱크에 밀어 넣은 멍청이들이었다. 그들은 로저 에일스*와 조지 H. W. 부시에게 굴욕적인 패배를 당한 후 도망쳐버렸다. 그러나 F. 스콧 피츠제럴드의 말과 반대로 '미국에는 제2막이 있다'.** 그 팀은 4년 뒤 "문제는 경제야, 바보야!"로 화려하게 부활했다. 빌 클린턴의 선거 캠페인을 진행하는 데 있어선 잘못이 있으면 안 됐다. 1988년과 1992년 캠페인의 차이는 무엇이었을까? 바로 리더십이다. 우리는 그러한 리더십을 보인 후보를 'CEO 같은 후보'라 부른다. (사족이지만 이들은 이후 힐러리 클린턴의 대선 캠페인도 맡았다. 흠…….)

당신도 직원들을 일으켜 세워 앞으로 나아가게 할 수 있다(물론 쉬운 일은 아니다). 요즘 직원들은 소비자나 유권자와 마찬가지로 복잡하

- 폭스뉴스 회장을 지낸 미국 공화당의 탁월한 미디어 전략가. 공화당 출신 대통령인 리처드 닉슨, 로널드 레이건, 도널드 트럼프의 미디어 보좌관 및 선거 토론 고문이었다. 성추행 파문으로 2016년 회장직에서 사퇴했다.
- 피츠제럴드는 유작 『라스트 타이쿤』에 "미국인의 삶에 제2막은 없다"는 유명한 말을 남겼다. '두 번째 기회는 없다'는 의미로 쓰인다.

고, 명민하고, 냉소적이다. 직원들이 회사에 충성하길 바라겠지만, 원하는 대로 되진 않을 것이다. 이유는 간단하다. 직원들도 회사가 신의를 지킬 거라고 기대하지 않기 때문이다. 그들은 대공황을 겪으며 어떤 회사도 직원을 소중히 여기지 않는다는 사실을 알아버렸다. 이사회와 주주, 행동주의 투자자들이 비용 절감을 외치지 않을 때에도 이를 잘 알고 있다.

여전히 리더가 되고 싶은가? 이유는 무엇인가?

1단계에서는 리더로서 첫발을 내딛는 방법을 다룬다. 따라 해보라. "나는 리더가 되고 싶다. 나는 어떤 회사든 한번 이끌어보고 싶다. 나는 도전적인 리더가 되고 싶다."

좋다, 잘 들었다. 자, 그럼 다음 질문. 당신은 왜 리더가 되고 싶은가?

이 질문에 어떻게 답하는지가 중요하다. 그 '왜'가 팀을 하나로 묶는 구심점이 되어줄 것이기 때문이다. 우리의 친구 프랜 타켄턴은 전설의 쿼터백이다. 그가 '명예의 전당'에 오를 수 있었던 건, 단지 타고난 재능이나 세상에서 가장 강한 승부욕을 가졌기 때문만은 아니었다. 승리를 위해서는 모든 팀원이 반드시 함께 승리해야 한다고 굳게 믿었기 때문이었다. 타켄턴은 이 믿음으로 오합지졸 팀을 세 차례나 슈퍼볼로 이끌었다.

이해하기 쉬운 말로 바꿔보자. "나는 이기고 싶다. 내가 이기려면 당신도 이겨야 한다. 그렇기에 나는 당신을 승자로 만들 것이다." 그는 미식축구를 하며 견지한 이러한 태도를 비즈니스에도 적용해 타켄턴 그룹*을 대성공시켰다.

"나는 왜 이끌고자 하는가?"에 대한 대답을 '시작'하기 좋은 지점은 바로 '끝'이다. 최종 목적지를 생각해보라. 마지막에 어디에 서고 싶은 가? 어떤 모습이고, 어떤 기분이길 바라는가? 어떻게 보이고 싶은가? 세상을 어떻게 바꾸고 싶은가? 당신의 부고가 어떻게 쓰이길 바라 는가?

우리는 기업 프로젝트의 목표를 명확히 하기 위해 '목적지 세션 Destination session'을 진행한다. 승리란 무엇인가(2단계에서 다룬다). 목 적지를 정의할 때는 다소 무신경하고 이기적이어도 괜찮다. 자본주의 사회에서 사업적 성공을 물질적 성공과 동일시하지 않을 수는 없으니 까. 그러나 온라인 서점엔 물질적 성공만으로는 충분하지 않다고 말 하는 책이 널려 있다. 주위 사람들에게 미치고 싶은 영향력을 정의하 라. 당신의 리더십을 통해 사람들이 어떻게 다르게 생각하고, 느끼고, 행동하게 될 것인가? 그들은 당신의 의도를 어떻게 받아들일 것인가?

한때 세상은 「매드맨」**의 주인공 '드레이퍼'의 시대였다. 그때 사 람들은 비즈니스 리더를 높이 평가하고 존경했다. 지금은 리더의 자 리에 있지 않은 사람들(예를 들어 직원이나 파트너, 납품업자, 이해관계자, 언론, 지역사회 등)까지 비즈니스 리더십을 그렇게 중요하게 여기진 않

- 타켄턴은 은퇴 후 사업가로 변신해 소프트웨어, 컨설팅, 금융 등 다양한 분야에서 창업했다.
- ** 1960년대 뉴욕의 광고 회사를 배경으로 한 미국 드라마다. 매드맨은 뉴욕의 광고 업계에 종사하는 사람을 일컫는 말로, 미국 광고 산업의 중심지 '매디슨 애비뉴 Madison Avenue'와 광고업 종사자를 뜻하는 '애드맨ad men'의 합성어다. 주인공 돈 드레이퍼는 광고 제작 책임자로 업무와 처세에 능한 인물이다.

는다. 당신은 CEO인가? 그렇다면 당신은 상위 1퍼센트의 권력자다. 99퍼센트가 됐든 47퍼센트가 됐든 당신은 그들과 동떨어져 있다. 당신은 그저 거만하고 자기중심적이고 재수 없는 인간으로 여겨질 뿐이다. 빌어먹게 좋은 전용기를 타고, 비싼 외제차를 끌면서 햄프턴* 해안가에 있는 저택을 자랑하는 그런 인간 말이다.

리더에게 이런 오해를 일일이 풀어야 할 의무는 없다. 하루에도, 연중에도, 백 년 동안이라고 해도 그걸 풀고 있을 시간이 없으니 안 그러는 게 낫기도 하고. 하지만 그렇다고 해도 리더는 자신을 둘러싼 오해를 인식하고 관리해야 한다.

언론은 대체로 당신에게 적대적일 것이다. 아니면 언젠간 당신을 쓰러뜨리겠다는 심산으로 일단은 치켜세워줄 것이다. 그러니 조심하라. 언론은 진정으로 당신에게 호의적이지 않다. 기업에도 마찬가지다(업계를 취재하는 상당수 기자에 따르면 이는 사실이다).

오늘날 비즈니스와 정치 두 세계의 리더와 대중 사이에는 유례없는 간극이 존재한다. 그곳에는 전례 없는 좌절과 분노가 서려 있다. 그게 당신이 이끌어야 하는 환경이다. 환영한다!

진정 누군가를 이끌고 싶다면 돈이나 권력을 위해서가 아니라 신념을 위해 이끌어야 한다. 명성과 동경을 바라서도 안 된다.

좋다. 그렇다면 당신은 무엇을 믿는가?

무엇을 믿는다고 하든 간에 직원들은 당신이 실제로 뭘 하는지, 행

---

* 미국 버지니아주의 고급 주택가.

동을 보고 판단할 것이다. 그들은 미묘한 차이도 다 알아차린다. 당신의 모든 말과 행동이 교훈이 된다.

"나는 바람둥이가 아니에요"라고 했던 게리 하트•, "저는 사기꾼이 아닙니다"라고 했던 리처드 닉슨, 절대 탱크에서 캠페인을 벌이지 말았어야 했던 마이클 듀카키스, 윤리적으로 처신해야 했던 존 에드워즈••, 무얼 말하든지 간에 사람들이 결국 다 알게 된다는 사실을 알아야 했던 밋 롬니•••를 떠올려보자.

이들 사례는 '결국 모든 것은 밝혀진다'는 교훈으로 수렴한다. 우리는 문화적으로 듣는 것보다 보는 것을 통해 더 많이 배운다. 즉, 시각적으로 학습한다. 만약 당신의 언행이 일치하지 않거나 공언한 말이 사전 준비 없이 내뱉은 즉흥적인 발언과 다르다면, 그 모순은 당신의 공신력을 끌어내리고 결국 신용을 떨어뜨릴 것이다.

원하든 원치 않든 진실을 말해야 한다. 우리가 캠페인을 시작하려

• 콜로라도주 상원의원이었던 하트는 1988년 미국 대선에 민주당 후보로 출마했다. 정치계 스타로 급부상했던 그는 이후 섹스 스캔들로 중도 하차했다.

•• 2004년 미국 대선에서 민주당 존 케리의 러닝메이트로 출마한 에드워즈는 2008년 대선에도 도전했다. 깨끗한 이미지에 투병 중인 아내에게 헌신적인 모습으로 '미스터 호감맨'으로 불렸으나 경선 과정에서 불륜 의혹이 사실로 드러나 정치 인생의 막을 내리게 됐다.

••• 메사추세츠 주지사를 지낸 롬니는 2012년 대선에 공화당 후보로 나섰지만 버락 오바마에게 패배했다. 과거의 주장을 뒤집으며 상황에 따라 말을 바꿔 비난을 받았다.

는 정치인들에게 늘 강조하는 말이다. 마찬가지로 직원들에게 당신이 정말로 무엇을 믿는지 매일 다른 방식으로 전달하라. 진실을 말하라. 최대한, 빨리, 모든 것을, 잘 말하라. 이것이 최고의 충고다.

그래서 자신이 믿는 진실이 무엇인지를 알아내는 게 중요하다. 당신이 대변하려는 게 무엇을 의미하는지 알아내는 것이 중요하다. 사람들이 움직이는 건 당신 때문이 아니라, 그 의미 때문이다. 그러므로 아주 깊이, 끝까지 파고들어 생각하라.

당신이 하려는 것, 하고 싶은 것의 진정한 의미는 무엇인가? 이 질문을 던지고 그에 답하라는 것이 우리가 줄 수 있는 최고의 조언이다. 이는 스티브 잡스와 그의 숙적인 스티븐 발머로부터 배운 것이다.

잡스는 우리가 도전자 전략을 개발할 수 있게 해준 일등 공신이다. 그는 우리에게 '애플 대 IBM과 마이크로소프트'의 대결 구도로 캠페인 계획을 짜달라고 요청했다. 애플을 도전자로, IBM과 마이크로소프트를 보스 노릇을 하는 기득권 집단으로 포지셔닝해달라는 말이었다. 이에 우리는 도전자 모델을 만들고자 유능한 여론조사 전문가이자 전략가인 패트릭 캐들과 함께 성공한 도전자들이 활용한 원칙들을 정리했다. 우리는 애플과의 작업을 통해 '도전자 모델'과 '빅 리더십 대 변화의 리더십'이라는 두 가지 모델을 개발할 수 있었다.

어느 날 스티븐 발머도 마이크로소프트의 영업 부서에서 강연을 해달라고 요청해왔다.

"정치 모델을 다뤄달라는 거죠?" 우리가 물었다.

"네." 그는 이어서 덧붙였다. "도전자 모델에 대해서요. 그게 우리가 고려해보고 싶은 방식이에요."

"좋아요. 어떤 식이 좋을까요?"

"10계명이나 뭐 그런 식으로요."

그 후로 우리는 계속 이러한 방식으로 일해오고 있다. 도전자 모델의 계명들을 수정하고 개선하면서 실행 가능하고 필수적인 내용으로 갱신해왔다. 하지만 여전히 처음 만들었던 10단계에 '시작'하기에 알맞은 내용이 담겨 있다. 우리가 제시하는 10단계를 하나씩 밟아나가면서 회사와 개인에 적용할 만한 자기만의 10계명(8계명이나 13계명도 좋다)을 생각해보라. 10단계를 밟아 나가되 자신만의 계율을 만들라. 독자적인 열 가지 원칙을 뽑아내고 싶다면 일단 아래 일곱 가지 원칙을 따라해보라.

1. 일지를 적어라. 우리는 고전적인 몰스킨 줄 노트를 사용한다. 기능적으로 우수하며 사용감이 좋은 펜을 찾아 쓰고, 낙서하고, 스케치하라. 생각의 조각들을 연결하라. 온라인에도 몇 가지 훌륭한 메모 플랫폼이 있다. 우리는 에버노트를 선호한다. 흥미로운 것들을 쉽게 가져올 수 있는 에버노트를 찾아 읽을거리를 추천하고 메모를 공유할 수 있다.

2. 업무의 10계명을 쓰고 또 써라. 어떤 원칙이 당신을 인도하는가? 유권자들은 당신이 '무엇을 하겠다고 하는지'보다 그 결정을 '어떻게 말하는지'에 더 관심을 갖는다. 그들은 당신이 약속한 결과보다 의사결정 과정에서 보여주는 특징에 더 큰 관심을

갖는다.

3. 책을 쓴다고 가정하라. 당신이 세운 원칙을 행동 단계로 요약하라. 이 책의 내용을 참고해 비즈니스 리더로서 전략적 프레임, 원칙, 전술을 더욱 구체화하라.

4. 비즈니스에서 당신이 누구에게, 무엇에 흥분하는지를 기록해두라. 흥미로운 개인, 회사, 작업 방식과 관련한 자료를 최대한 많이 읽어라. 그런 뒤, 그것이 당신에게 어떤 의미가 있는지를 가능한 한 많이 써봐라. 예를 들어, 우리는 글로벌 정치 분야에서 활약했던 바를 바탕으로 기업 지배 구조에도 적용되는 매우 간단한 만트라를 개발했다. "민주주의는 좋은 것이다. 더 민주적일수록 좋다. 유동적이며 고도로 상호작용하는 민주주의가 가장 좋다." 그런 다음 우리는 독재국가와 그들의 잔학성을 나열하듯, 규모를 막론하고 상호적인 동시에 민주적인 조직의 수백 가지 예를 나열했다. 그들의 원칙, 사례, 경험 등 다양한 요소를 담아서.

5. 사례를 기록하며 시야를 넓혀라. 당신이 하고 싶은 일과 되고 싶은 리더의 모습을 생각하며 회사, 산업, 업계의 한계를 뛰어넘어라. 열심히 읽고, 보고, 메모하라. 마음에 들면 적거나 링크를 복사하라. 이런 노력이 새로운 아이디어로 즉시 연결되지 않더라도 걱정하지 마라. 곧 그렇게 될 것이다.

6. 원칙을 쓰고, 또 써라. 닮고 싶은 리더십의 특징을 계속 찾아라. 쓰기와 다시 쓰기라는 간단한 훈련법은 리더십의 작동 원리를

마음속에서 발전시킬 뿐 아니라, 진정한 숙달의 영역인 감정과
육체에 깃들게 할 것이다.

7. 배움을 멈추지 않겠다고 다짐하라. 경영인 대부분은 "비즈니스
에 대해 알아야 할 모든 것은 하버드비즈니스스쿨에서 배웠다"
고 말한다. 변화하는 리더는 배움을 멈추지 않는다. 그들은 나
날의 일상, 모든 회의, 모든 도전을 배움의 기회로 여긴다. 우리
와 함께 일했던 위대한 리더들에겐 맹렬하고 지칠 줄 모르는 호
기심, 즉 돌파구에 관한 갈망을 지녔다는 공통점이 있었다. 에디
슨, 밀컨, 디즈니, 잡스의 사그라들지 않는 호기심을 생각해보라.

자신의 역량과 리더십 원칙을 집중 점검하는 동시에 고객과 시장,
회사에 새로운 시선을 던져라. 도전적 리더가 되어 생각해보고, 어디
선가 읽거나 듣게 된 또 다른 도전적 리더의 입장에서 생각해보면 무
언가 다르게 보일 것이다. 늘 당신만의 리더십 원칙을 쓰고 또 써라.
우리가 지금 이해하는 도전자 전략에 비춰보면 스티브 발머에게 만들
어준 10계명은 먼 과거의 소산처럼 보인다. 우리는 지금도 매일 더 많
은 것을 배우는 중이다.

자기 몰입을 잠깐이라도 멈춰라

리더십은 많은 것을 포함한다. 당신의 고유한 리더십과 캐릭터는 진

정 당신의 것이어야 한다. 그러나 때로는 자기만 보지 말고 고객과 시장, 회사로 눈을 돌리는 게 진정한 캐릭터를 갖는 최선의 방법이다.

고객을 먼저 생각하라. 직감과 개인적 경험을 통해 고객의 삶과 가치, 희망, 두려움을 이해할 수 있는 리더는 극히 드물다. 흔히 우리는 우리와 다른 부류의 사람들에게 마케팅과 영업을 한다. 그들은 우리처럼 생각하지도, 행동하지도, 떠들지도 않는다.

오늘날 우리는 데이터가 중심인 세상에 살고 있으며, 또 그래야만 한다. 하지만 고객을 상대로 컨설팅할 때는 심도 있는 소비자 리서치나 포커스 그룹 인터뷰 같은 정성적 조사를 정량적 데이터보다 더 우위에 둔다. '0 아니면 1'식의 이진법은 인간의 행동을 충분히 설명하지 못한다. 직접 보고, 듣고, 느껴야 한다.

수년 전 마이크로소프트에서 엑셀의 새로운 버전을 출시했을 때, 우리는 스티브 발머에게 거울방•에서 포커스 그룹 인터뷰를 지켜보라고 권했다. 당초 엑셀의 새로운 데모 버전을 마주한 개발자와 마케터들은 감탄을 금치 못했다. 시장조사를 봐도 IT업계의 반응은 폭발적이었다. 그러나 새 프로그램을 실제로 사용할 개 사료 회사, 운송업체, 알루미늄 자재 제조 업체의 회계 및 인사 부서 직원들의 의견은 달랐다.

"스프레드시트 소프트웨어에서 가장 중요한 게 무엇일까요?" 우리가 물었다.

• 내부에서는 벽면이 거울처럼 보이지만 밖에서는 안이 들여다보이는 공간.

"중요한 거요? 집에 제때 가서 저녁 먹는 거요."

"소프트웨어는 잘 모르겠고 내 일이나 방해하지 마쇼."

그들은 차트와 그래프를 화려한 색상으로 입히거나 움직이게 하고, 회전시키거나 입체화할 수 있는 액셀의 새로운 기능에는 별 관심이 없었다.

"전 스프레드시트 같은 건 안 써요. 할 일만 하면 돼요."

"저는 소프트웨어랑 상관없어요. 회계 일만 합니다."

면담실 안으로 뛰어 들어가려는 스티븐을 몇 번이나 말려야 했지만 그는 이를 통해 중요한 깨달음을 얻었다. 자신이 개발자들의 말만 들었지 실제 고객들의 반응에는 귀를 기울이지 않았다는 사실 말이다. 모든 리더는 고객들의 현실과 어느 정도 괴리되어 있다. 그렇다 해도 가능한 한 가까이, 친밀하게 그들에게 다가가야 한다.

고객이 불편해하고 불만스러워하는 지점Pain point을 찾아내라. 무엇이 그들을 화나게 하는가? 당신의 회사는 부정적인 소비자 경험 때문에 어떤 보상이나 타협을 해야 했는가? 탄산음료 캔을 생각해보자. 소비자들은 캔에 든 탄산음료를 좋아한 적이 없다. 매대나 자판기에 캔 음료가 깔려 있으니까 집어든 것뿐이다. 그렇다면 왜 탄산음료 회사들은 이처럼 답답한 현실을 외면하고만 있는가? 캔은 창고와 선반에 쌓아두기 쉽다. 또 알루미늄이 유리보다 싸다. 이런 이유로 '사람들도 이걸 좋아할 거야'라며 그냥 캔을 사용해버린 것이다. 모든 미국인이 콜라를 비롯한 탄산음료를 마실 때만 해도 괜찮았다. 하지만 다른 대안이 생기자 소비자들은 캔을 못마땅해하며 전통적인 브랜드들로부터 빠르게 멀어졌다.

소비자들이 불편해하는 지점을 파악하는 데서 스티브 잡스는 그야말로 천재적이었다. 한때 사람들은 IBM 컴퓨터를 사용할 때 MS-도스 MS-DOS를 배워야만 했다. 그건 분명 큰 불편이었다. 그럼에도 '빅 블루'•는 신경도 쓰지 않았다. 하지만 스티브 잡스는 달랐다. 그는 그래픽 기반 사용자 인터페이스GUI를 갖춘 매킨토시를 들고 나왔다. 이에 소비자는 도무지 알 수 없는 명령어를 더 이상 입력할 필요가 없게 됐다. 아이콘만 클릭하면 됐다.

이게 전부가 아니다. 정말 듣고 싶은 단 한 곡 때문에 앨범을 통째로 사야만 했던 지난날들을 떠올려보라. 잡스는 소비자의 불편함을 파악했고, 애플은 아이팟과 아이튠즈를 탄생시켰다.

앤설 애덤스•• 같은 전문 작가도 아닌데 누가 멋진 장면을 찍겠다고 늘 손에 카메라를 들고 다니겠는가? 잡스는 이 고충 또한 알아챘다. 지금 바로 당신의 아이폰을 확인해보라.

소비자들의 불편함을 이해하는 것은 비즈니스 리더십의 훌륭한 연료다. 빌 게이츠는 늘 마케팅에 전혀 신경 쓰지 않았다고 주장했다. 잡스처럼 제품에만 신경 썼다고 말이다. 그러나 고객의 불편함을 이해하는 제품을 만드는 것 자체가 최상의 마케팅이다. 게이츠는 사무실과 가정 등에서 일상적으로 겪는 불편함을 파악하기 위해 사내에 '편리함 연구소Usability Labs'를 만들었다. 우리는 어떻게 하면 삶을 더 나

•   IBM을 지칭한다.
••   20세기 초에 활동한 미국의 사진작가로 자연 풍경을 찍은 작품으로 유명하다.

아지게 할 수 있을까? 어떻게 하면 더 편하게 살 수 있을까?

소비자들의 불편함을 파악하면 곧 그들이 원하는 가치를 발굴할 수 있다. 우버 창업자인 개릿 캠프와 트래비스 캘러닉은 미국 대도시에서 리무진을 부르려면 이용객들이 일일이 차를 예약하고, 기다리고, 값비싼 비용을 치러야 한다는 사실을 알고 있었다. 그래서 차가 막힐 때나 악천후일 때를 제외하면 일반 택시를 타는 게 더 싸고 더 편리했다. 기사들의 난폭 운전으로 무섭고 불편하거나 앞좌석에서 풍기는 요상한 냄새에 머리가 멍해지는 경우가 있긴 해도 말이다. 반면 우버는 편안했고 리무진보다 더 저렴했다. 한마디로 우버는 '괴물 앱'이었다. 이제는 리무진 회사에 전화하거나 비가 퍼붓는 날 '휴무' 표시등을 켠 택시에 손을 흔들 필요가 없다.

헉스Hux는 애틀랜타주에 있는 유망 스타트업으로, 스탠리 버질리스가 창업했다. 청소 서비스를 상품처럼 제공한다. 서비스 자체는 특별하지 않았지만, 소비자들의 진짜 불편을 발견했다는 점에서 그들은 남달랐다. 스탠리는 가사 도우미, 전문 청소 업체 그리고 다양한 온라인 경쟁 업체와 자신의 사업을 가르는 기준이 청소 그 자체가 아니라는 것을 간파했다. 그의 고객은 주로 싱글, 신혼부부, 그리고 조지아공과대학 중심 커뮤니티와 관련이 있는 사람들이었다. 이들 밀레니얼 세대는 기숙사 청소도, 아파트 청소도 잘 안 하기 때문에 청소 서비스 회사에 포시즌스 호텔 급의 청소 서비스를 요구하지도 않는다. 다만 이들은 청소해줄 사람과 개인적으로 거래해야 한다는 사실에 스트레스를 받고 있었다. 헉스는 이에 착안해 '개별 접촉'을 없애버렸다. 청소에 문제가 있더라도, 도우미와 직접 얼굴을 마주할 필요가 없도록 했다. 헉스에 메시지를 보내라. 설사 도우미를 자르고 싶을 때도 헉스에 메시지를 보내라. 회사가 알아서 해줄 것이다.

우리가 헉스 고객들을 조사했을 때 그들의 반응은 한결같았다. "아파트가 깨끗해져서 좋아요!"가 아닌 "이런 콘셉트 좋아요!"였다. 헉스는 '○○판 우버The Uber of X'라고 불리는 테크 업계의 또 다른 콘셉트다. 그리고 이는 새로운 경제에서 이뤄지는 거래의 일부다. 브랜드는 대체로 콘셉트, 즉 '무엇을 하느냐'보다 '무엇을 어떻게 하느냐'를 의미한다. 시장에서 불편함, 불만의 지점을 찾아라. 거기서 가치를 발견할 수 있을 것이다.

소비자의 불편과 불만이 클수록 시장을 파괴할 수 있는 가능성도 커진다. 아마 이런 경험을 다들 한 번씩은 해봤을 것이다. 매트리스를 사러 갔다고 가정해보자. 쇼윈도마다 '세일!'이나 '단 하루 특가!' 문구가 붙어 있고, 지난해에는 욕조를 팔던 점원이 올해에도 뭔가 팔아먹겠다는 그 기분 나쁜 미소를 만면에 띤 채 당신을 모든 침대에 5초씩 눕히며 호구 된 기분을 선사할 것이다. 그는 팍팍 깎아주겠다며 가격표는 무시하라고 말한다. 불현듯 '가격표에 적힌 값의 반값 이상을 내면 바가지를 쓴 것'이라던 『컨슈머리포트Consumer Reports』인지 어딘지에서 읽은 문구가 떠오른다. 그럼에도 왠지 또 바가지를 쓸 것만 같은 찝찝한 기분에 매장에서 나오는 순간 얼른 샤워라도 하고 싶을 것이다. 데이비드 울프와 제이미 다이아먼스타인이 창업한 리사Leesa는 이런 불쾌한 경험과 정반대되는 서비스를 구현했다. 리사는 최상의 품질을 구현한 폼 매트리스 회사다. 오로지 온라인으로만 제품을 판매하는데, 최고가의 절반 가격에 100일간의 품질보증을 약속한다. 클릭 몇 번이면 매트리스가 집으로 배달된다. 매트리스 업계에 시장 교란을 뛰어넘는, 단순한 파도 그 이상의 쓰나미를 몰고 온 것이다.

고객이 결정을 어떻게 내리는지 보라. 그 어느 때보다 선택지가 많아진 오늘날 시장에서 특히 중요한 부분이다. 고객들의 의사결정 과정을 면밀히 살펴보고 정의하라. 우리가 정치와 비즈니스 영역의 의사결정에서 배운 사실은 사람들이 결정을 내릴 때, 무엇보다 자신이 상황을 잘 통제하고 있다는 느낌을 받으려 한다는 것이었다. 사소한 지점부터 중대한 결정에 이르기까지 말이다. 이는 개인 안전, 가족의 경제적 안녕, 건강, 개인적인 만족감을 통제하고자 하는 욕구일 수 있다. 어떤 형태든 통제욕이 지배적으로 작용한다.

- 선택지가 많다는 것은 소비자와 유권자가 더 많은 통제권을 가졌다는 의미다.
- 시장에서의 변화는 더 많은 선택지와 통제권을 뜻한다.
- 주문 제작은 소비자들에게 더 큰 통제권을 준다. 반면 기존 시장의 천편일률적인 선택지를 그저 받아들이거나 반겨야 하는 소비자들은 통제권을, 소비자로서의 권리를 빼앗겼다고 느낀다.
- 소비자들에게 연결은 중요하다. 비슷한 사람, 좋아하거나 닮고 싶은 사람들과의 연결 말이다.
- 맞다. 결국 편리함이 다른 모든 요인을 압도한다.

시장을 선도하고자 한다면, 소비자들이 원하는 방향으로 선도해야 한다. 시장을 선도하겠다는 것은 소비자들의 의사결정 과정에서 얻은 통찰을 자신의 의사결정에 활용하는 것이다.

고객들이 제품을 어떻게 재구매하고 재사용하는지 파악하라. 대다수 기업은 과거에 시도됐고 검증됐던 공식에 매달린다. 사실 그 공식은 시도되고 또 시도되었지만, 더 이상 유효한 방식은 아니다. 고객들이 점점 더 적극적으로 새로운 시도를 하는 것과도 상충된다. 물론 '공짜'는 강력한 콘셉트다. 그러나 갈수록 '새로움'이 '공짜'를 압도하며 고객을 사로잡고 있다.

시장에 대한 소비자 신뢰도가 높아지면서 '얼리 어댑터'의 규모도 커지고 있다. 이들은 '처음'이 됨으로써, 남들보다 빨리 새로운 아이디어를 시도해 트렌드를 선도함으로써 사회적 자산을 쌓아나가는 사람들이다. 즉 '한번 써볼까' '한번 사볼까' 하고 물건을 사는 일이 예전만큼 어려운 일이 아니게 됐다는 뜻이다. 소비자들에게 '한번 사보라'고 첫 구매를 유도하는 것은 두 번째, 세 번째 구매 유도보다 쉽다. 물론, 첫 구매가 지속적인 재구매로 이어질 경우, 그렇게 발생한 이익이 비용을 메워줄 것이다. 자신을 속이지 말라. 본질적으로, 첫 구매는 누구나 쉽게 한다. 그러나 그 이후에도 신규 고객을 계속 유치하거나 할인, 프로모션으로 재구매를 유도해야 한다면 점점 더 많은 비용이 들어가게 될 것이다. 재구매 결정은 처음 그냥 한번 사 보기로 한 결정과 상당히 다를 수 있다. 이런 가능성을 받아들이고, 듣고, 배워라. 운전대를 놓지 말고 꼭 잡고 있어라.

시장을 재정의하라. 소비자의 목소리를 귀 기울여 듣는다면, 그들이 당신의 방식대로 시장을 보지 않는다는 사실을 확실히 알게 될 것이다. 시장을 선도하겠다는 결심은 고객들이 요구하고 원하는 것을 따르겠다는 용기를 필요로 한다.

경쟁자를 동종 업계나 그 하위 업계에서 경쟁하는 사람들이라고 생각할지 모르겠다. 하지만 고객들은 그렇게 생각하지 않는다. 경쟁자에 집착하지 말라. 그 대신 마음의 공유, 지갑의 공유, 냉장고의 공유, 위장의 공유를 고민하라. 그렇게 하면 당신이 경쟁하는 전장의 판도가 달라질 것이다. 미키 드렉슬러는 패션 브랜드 '갭GAP'을 세상에 알리고 미국의 모든 젊은이가 갭 옷을 입게 한 천재 사업가다. 그는 쇼핑몰 기반 갭 매장에 방문하는 사람들이 꼭 옷을 사러 오는 게 아니라는 사실을 간파했다. 그들은 그저 뭔가를 사러 온 것이다. 그러니까 갭 매장에서 살 만한 물건을 찾지 못했다면, 경쟁 브랜드가 아니라 매장 밖 복도에 있는 '자이언트 쿠키' 자판기에라도 돈을 쓸 것이다. 아무것도 안 사고 매장을 떠나는 건 쇼핑객에게도 그리 만족스러운 경험이 못 된다. 미키는 그걸 알았다. 그는 고객의 관심을 매일 새로이 사로잡기 위해 매장에 선보일 옷의 구성과 진열을 날마다 바꾸는 식으로 업계에 혁명을 일으켰다.

당신은 완전히 다른 분야와도 경쟁할 수 있다. 고객을 정말, 정말 잘 아는 경우에만 경쟁 상대가 누구인지를 알게 되는 법이다.

코카콜라와 펩시는 미국의 탄산음료 시장을 개척했다. 실제로 이 두 회사의 경쟁은 매년 해당 시장을 자극하고 성장하도록 만들었다.

동시에 패스트푸드 산업, 편의점 소매업, 극장 산업도 성장시켰다. 하지만 시대도 변하고 소비자도 달라졌다. 양대 기업은 고객이 보는 것을 보지 못했고, 시장이 어떻게 달라졌는지 제대로 인식하지 못했다. 설상가상으로 소비자들이 더 건강하고 특별한 음료를 찾기 시작한 와중에도, 펩시와 코카콜라는 서로 미사일을 날리며 치고받고 싸우기만 했다. 두 회사는 탄산음료 시장의 또 다른 거물이 아닌 수많은 도전자의 공격을 받으며 곤혹을 겪고 있다. 그건 '펩시의 도전' 같은 양상이 아니었다. 도전자 브랜드의 부상이었다. 그것이 오늘날 시장의 진짜 현실이다. 코카콜라와 펩시는 서로를 째려보느라 이 사실을 간과했다. 이것이 코카콜라와 펩시가 에너지 드링크, 고급 차, 플레이버 워터, 천연 탄산음료는 물론, 오렌지를 제외한 모든 주스 시장까지 놓쳐버린 이유다.

중요한 건 사용량이다. 제품을 많이 쓴다는 건 높은 충성도를 의미한다. 물론 형편없는 제품을 더 많이 사서 쓰라고 할 수는 없다. 광고계의 현자 데이비드 오길비는 "위대한 광고가 나쁜 상품을 가장 먼저 죽인다"고 말했다. 그러나 소비자들을 만족시킬 수 있다면, 이런 소비 경험을 토대로 그들을 충성도 높고 돈도 더욱 많이 쓰는 소비자로 만들 수 있다. 그들에게 새로운 사용법을 알려주고, 개선된 제품을 꾸준히 내놓고, 직관적인 마케팅과 뻔하지 않은 광고로 접근한다면 말이다.

숫자 그 이상을 주도하라. 시장은 양자역학의 몇 가지 특성을 갖고 있다. 물론 슈뢰딩거 방정식을 배울 필요는 없다. 시장점유율이나 소비자 구매 행동 그래프를 보자. 그래프의 막대는 흔들림 없이 굳건해

보일 것이다. 실상은 다르다. 막대는 쉴 새 없이 움직이는 무수한 원자로 이루어져 있으며, 각각은 서로 다른 소비자의 다양한 사례를 나타낸다. 막대는 잊고 각각의 사례에 집중하라. 모두가 제각각이다. 17세 정원사가 아침 7시에 마시는 마운틴듀는, 35세 보험 영업 사원이 퇴근길 주유소에 들러 사 가는 마운틴듀와 전혀 다른 의미를 갖는다. 다름이여, 영원하라!

회사의 의미를 재창출하라. 회사에 대해 투자자 관점에서 정의한 바를 그대로 받아들이지 말라. 더 치열하게 생각하라. 회사의 의미는 무엇이며, 일의 의미는 무엇인가? 충성 고객, 첫 고객, 경쟁 업체로 옮겨 간 고객 등 다양한 고객군에 당신의 회사는 어떤 의미인가? 직원들, 납품 업체, 공동체에는 어떤 의미인가?

리더가 되기로 결심하려면 많은 것을 생각해야 하지만 그보다 훨씬 더 많은 것을 '다시' 생각해야 한다. 회사의 의미를 다시 생각해볼 수 있는 유용한 방법이 있다. 집 근처 홀푸드 매장의 맥주 코너에 가보라. 이제껏 들어본 적 없는 수제 맥주 브랜드가 가득할 것이다. 그 대부분은 도전자 브랜드이고, 거대 맥주 브랜드에 맞서 승리하려는 업체들이다. 이름을 몇 개 꼽아볼까? '플리니 더 영거' '좀비 더스트' '포컬뱅어' '팻 타이어'.

아니면 아이들이 숙제하는 방식을 따라해보자. 구글에 검색해보는 것이다. '수제 맥주 상위 20위'를 검색해 각 브랜드의 웹사이트에 들어가보라. 이들이 어떻게, 왜 기성 맥주보다 더 특별하고 더 좋은 맥주를 만들기로 했는지에 대한 창업자의 서사가 있을 것이다. 그러고 나면 확신에 찬 문장을 발견하게 될 것이다. 보통 기업의 사명 내지 비전이라고들 한다. 당돌한 도전자들이라면 그저 "우리가 하고 싶은 일"이라고 할 수도 있다.

이 거대한 세상에서 이런 조그마한 맥주 양조장은 무엇을 의미할까. 이런 사이트를 스무 곳 남짓 들여다보고 있노라면, 이들을 매우 흥미로운 시선으로 바라보게 될 것이다. 맥주 한 잔을 걸고 말하건대, 이 작은 브랜드들은 현상을 바꾸는 데 관여한다. 맥주 시장에서, 지역에서, 나아가 세계에서.

맥주 이외에도 거의 모든 분야에서 이들 수제 맥주 업체 같은 스타트업을 발견할 수 있다. 덜 자고, 덜 먹고, 덜 벌면서 자신이 속한 작은 회사를 성공시켜보겠다는 젊은이들이 고군분투하고 있다. 그들이 스스로 이루고자 하는 더 큰 의미와 더 큰 아이디어를 나름대로 정의해가며 일하고 있다는 뜻이다.

규모에 상관없이 이런 신생 주자들은 영감이 된다. 시카고에 본사를 둔 거대 광고 기업의 창업자 리오 버넷은 말했다. "하늘의 별을 따기 위해 손을 뻗는다면 적어도 진흙을 움켜잡는 일은 없을 것이다."

범퍼 스티커

"사물이 거울에 보이는 것보다 가까이 있습니다"라고 쓰인 범퍼 스티커를 아는가? 지금 이 문장을 읽고 있다면, 이미 1단계의 끝에 도달

리더십 캠페인

했을 뿐 아니라 리더가 되기로 결심한 것과 다름없다. 그런 당신에게 행운이 있기를! 당신을 이끄는 원칙들은 당신이 새로운 것을 배워나가는 동안 계속 진화할 것이다. 당신이 실제로 리더십을 발휘하는 순간은 몇 달 뒤 혹은 몇 년 뒤가 될 수도 있다. 중간중간 생기는 시간을 생산적으로 사용하라. 무엇을 위해 무엇을 이끌 것인지 결정하라. 이제 2단계로 넘어가자.

2단계

도전자처럼 생각하고,
계획하고, 행동하라

**"통제 가능한 것을 통제하라.
그리하여 통제할 수 없는 것까지 쟁취하라."**

아주 오래전, 우리가 만든 정치 컨설팅 회사 소여밀러그룹은 크리스토퍼 도드 상원의원실에서 근무했던 리처드 플레플러를 인턴으로 고용했다. 그 풋내기는 캠페인의 미래가 정치가 아닌 비즈니스 전략에 있다고 장담하며 이야기를 나눠보자고 했다. 당시 우리는 1년에 18~20개가량의 미국 내 정치 캠페인과, 수십 건에 달하는 글로벌 선거전을 치르고 있었다. 당시로서는 그 풋내기의 예측이 크게 과장돼 보였다. 그땐 플레플러가 교란자였지만, 중요한 건 결국 그가 옳았다는 사실이다.

2008년으로 가보자. 리처드 플레플러는 HBO의 새로운 CEO가 된다. 당시 HBO는 자체 제작한 프로그램 「소프라노스」에 힘입어 이미 성공가도를 달리고 있었다. 제프리 뷰커스의 지휘하에 HBO

는 도전자로서 TV 방송 네트워크와 급부상하는 케이블 영화 채널들에 맞섰다.

뷰커스가 '타임워너' 전체의 대표가 됐을 즈음, HBO는 유료 TV 시장의 지배자가 됐다. 그리고 많은 지배자가 그렇듯 HBO도 기득권처럼 생각하고 행동하기 시작했다. 더 이상 새로운 아이디어를 추구하지 않았고, 말 그대로 아이디어가 '알아서 나오기만을' 기다렸다. 막상 누군가 아이디어를 들고 와도 이런 식이었다. "잘 알겠고 번호표나 뽑아가세요. 연락드릴 테니 먼저 전화하진 마시고."

시나리오 작가 매슈 와이너가 1960년대에 HBO에 광고계 이야기를 다룬 드라마 대본을 보냈을 때 받은 대접도 딱 이랬다. 훗날 그의 작품「매드맨」이 에미상과 골든글로브 시상식에서 상을 휩쓸었을 때, 당연히 그 영광은 HBO가 아닌 신흥 강자 AMC의 차지가 됐다.「매드맨」덕에 AMC는 지루한 클래식 영화 채널에서 유료 TV 채널로 탈바꿈할 수 있었다.

「매드맨」시즌 2 촬영이 로스앤젤레스에서 시작되자, HBO 새 리더 리처드 플레플러는 도전자의 정수를 보여주는 행동에 나선다.「매드맨」촬영지였던 로스앤젤레스 국제공항으로 곧장 날아가, 와이너 앞에 무릎을 꿇은 것이다. "두 번 다신 작가님의 각본을 무시하지 않을 겁니다."

이는 단순히 와이너뿐 아니라 HBO를 향한 메시지였고, HBO의 기득권 문화를 털어내기에 충분했다. 확실히 HBO라는 마을에 새 보안관이 온 것이었다. 변화로 가득 찬 안장 가방도 함께 싣고.

오늘날 '변화'는 엔터테인먼트 업계뿐 아니라 모든 비즈니스를 관통한다. 실제로 당대 비즈니스의 모든 국면은 지속적이면서도 극적인 변화가 지배한다. 이러한 변화의 환경에서 살아남고 또 번성하기 위해서는 변화에 친화적인 문화를 구축해야 한다. '변화 친화적 문화'만이 '혁신 친화적 문화'를 만들어내기 때문이다. 가장 이상적인 모습은 리더가 나서서 직원들로 하여금 시장에 변화와 교란을 일으키도록 추동하는 것이다. 결국 리더부터 기득권이 아닌 도전자처럼 생각하고, 계획하고, 행동하는 법을 배워야 한다는 뜻이다. 변화는 지금 이 순간 일어나는 현상 그 자체다.

빅 리더가 아닌 변화의 리더가 되어라

모든 형태의 자유(또는 반半자유) 선거와 비즈니스 영역에서, 기존의 승자들은 힘든 싸움을 하고 있다. 그들이 가진 유일한 장점은 막대한 자원이지만, 그 막대한 자원은 대개 모든 변화의 움직임을 느려지게 하는 모래주머니다. 유권자, 소비자, 직원 등 대다수는 기존 승자에게 저항감을 느낀다. 이런 시대에 기존 승자들의 행보는 마치 미끄러운 에베레스트산을 힘겹게 오르는 것과 같다.

주변을 둘러보라. 도전자 브랜드와 도전자 리더들이 곳곳에서 부상하고 있다. 그들은 모든 시장, 모든 산업, 모든 정치 캠페인을 포함한 사회 각 분야의 질서를 뒤엎고 있다. 그러나 놀랍게도 이런 상황에서 기득권 조직의 관리자들은 구성원들에게 늘 "리더처럼 행동하라"고 요구한다. 이는 바꿔 말하면 "기득권처럼 행동하라"는 뜻이다. 이럴 때는 차라리 "패배자처럼 행동하라"고 말하는 게 낫다.

타임워너와 같은 거대 기업조차도 기득권자에서 도전자로 변신하기 위해 조직 문화를 혁신하는 법을 배운다. 이게 바로 오늘날의 생존 법칙이다.

더 놀라운 것은 아직도 기존 지배자들의 '기득권 전략'을 본보기 삼아 전략을 세우는 기업이 있다는 것이다. 빅 리더를 따를수록 기득권은 더 유리해진다. 경쟁자의 행동을 정확히 예측할 수 있기 때문이다. 예측 가능한 행동은 도전자 세력이 가장 꺼리는 행위다.

퍽이 올 곳으로 스케이트를 타라

오랜 기간 자리를 지킨 유력 리더들의 리더십 원칙은 대개 과거의 성공을 바탕으로 세워진 것이다. 그게 틀렸다는 건 아니다. 역사에는 언제나 배울 점이 있다. 하지만 리더십 원칙은 새로운 환경에 맞춰 조정되어야만 한다. 바뀌어야만 한다. 그럴 수 없다면 그 원칙은 폐기되어야 마땅하다.

전설적인 하키 선수 웨인 그레츠키는 자신의 성공을 간단한 원칙 덕분이라고 말한다. 이 원칙은 모든 하키 초년생과 주니어 하키 스타들이 배우는 첫 번째 원칙인 "퍽Puck을 향해 스케이트를 타라!"에 정면으로 도전한다. 웨인은 이 원칙을 버리지 않는 대신 바꾸고 변용했다. "퍽이 올 곳을 향해 스케이트를 타라!"

당신은 조직이나 회사를 시장이 현재 '있는' 곳이 아니라, 미래에 '있을' 곳으로 이끌고 싶을 것이다. 이것이 스티브 잡스가 소비자 조사를 무시한 이유다. "사람들은 앞으로 무엇을 원하는지 말하지 못합니다. 당신이 보여줘야 합니다." 그는 전형적인 도전자 성향의 지도자였다. 비록 한때 비행 청소년 취급을 받으며 해고된 적도 있지만, 그는 결국 진정한 혁명가로 인정받았다. 뒤늦게 그를 인정한 이들 중에는 애플이 무너뜨린 다른 회사 CEO들도 있었다.

대부분의 리더는 현재 지위를 공고히 하려고 하며, 미래에 시장이 어떻게 변화할지에 관심을 두기보다는 그저 과거에 시장이 작동했던 방식을 고수하려고 한다. 빅 리더에 관해 한 가지 확실한 것은, 워싱턴의 정치 기득권이 공격당했듯 그들도 공격을 받고 있다는 점이다. 현상을 유지하던 시장이 도전자들의 공격을 받아 흔들렸기 때문이다. 이런 상황에서 빅 리더들은 공격 일변도인 도전적 교란 세력에 맞서 수비 자세를 취할 수밖에 없다.

공격과 수비 중 어느 쪽을 택하겠는가?

당신은 이미 답을 알고 있다. 하지만 대부분의 기득권 조직에서는 여전히 "리더처럼 행동하라"는 지시를 받는다. 사실은 다들 방어적으로 웅크리고 있으면서 말이다. 게다가 앞서 말한 대로 같은 시장에 있는 다른 회사들도 그러한 방어적인 태도를 모방한다. 그들은 리더가 되고 싶어한다. 그래서 리더가 되는 것을 리더처럼 행동하는 것이라고 믿는다. 막상 그 리더는 방어만 하고 있거나 그저 지지 않는 데 만 몰두하고 있는데도 말이다.

나스카NASCAR 대회*에서 사용되는 '슬립스트리밍Slipstreaming' 혹은 '드래프팅Drafting' 전술을 생각해보자. 이는 선두로 달리는 차에 바짝 따라붙어 달리는 방식으로, 가속페달을 더 밟지 않고도 속도를 유지하며 연료도 절약할 수 있다. 많은 회사도 선두 주자에 가까이 따라붙는 슬립스트리밍 전술을 쓰려 한다. 문제는 이 전술이 비즈니스에는 적용되지 않는다는 점이다. 아니, 레이싱과 반대로 역효과만 난다. 이러한 방식은 후발 주자들을 모아 끌고 가지도 못할뿐더러 오히려 선두를 강하게 밀어주게 된다. 동시에 선두의 리더들은 도전자들에게 공격받을수록 더욱 변화에 저항한다. 저항하면 할수록 리더는 뒤처지고 그 뒤를 바짝 따라붙던 후발 주자들도 덩달아 뒤처진다. 결국 선두 주자나 이들만 쫓던 후발 주자나 모두 뒤에서 달려드는 쌩쌩한 도전자들의 먹잇감이 된다. 그리고 그 새로운 도전자들의 성장을 돕는 이는 바로, 기득권 세력의 고객들이다.

변화만이 유일하고도 안전한 베팅이다

변화, 더 많은 변화만이 유일하고도 안전한 베팅이다. 그러니 당신

---

* 전미 개조 자동차 경주 대회. 세계 3대 자동차 경주 대회 중 하나다.

이 변화의 리더가 되는 것만이 정답이다.

월트디즈니의 밥 아이거는 지난 10년 동안 두세 손가락 안에 드는 변화 추구형 리더로 꼽혀왔다. 아이거는 미국 월간지 『배니티페어』가 선정한 '2015년 가장 영향력 있는 인물New Establishment 2015' 중 '권력자Powers That Be' 명단에서 비즈니스 리더 1위로 꼽혔다. 그러나 그가 일을 시작한 2005년 당시 상황은 마치 '스페이스 X' 발사 사고• 때와 비슷했다. 한마디로 심각한 위기 상황이었다.

아이거는 마이클 아이스너가 퇴출되면서 디즈니 CEO가 되었다. 아이스너도 한때는 창업자인 월트의 오랜 방식을 고수하다 빈사 상태가 된 디즈니를 미디어 재벌로 일으켜 세운 천재로 평가됐다. 하지만 다른 빅 리더들처럼 그 역시 독단적으로 변해갔다. 뻔한 실수들로 시장과 행동주의 투자자들의 반발에 부딪히면서 아이스너는 점점 더 고립됐고, 방어적이고 독단적인 리더가 되어갔다. 그러는 동안 이사회는 무엇을 했을까? 이사회는 아이스너와 점점 더 대립각을 세웠고, 끝내 투자자인 스탠리 골드와 월트의 조카인 로이 디즈니의 주도로 반란이 일어났다. 이들이 압박할수록 아이스너는 더욱더 꿋꿋이 버텼다. 끝내 아이스너는 CEO 및 회장 자리에서 물러나는 데 동의했지만 후임자를 직접 지명하겠다는 고집은 꺾지 않았다.

그가 선택한 후임이 바로 밥 아이거였다. 당시 아이거는 디즈니가 캡시티스와 함께 인수한 ABC 방송 사장이었다. 아이스너의 속내는

• 국제우주정거장iss에 제공할 물품을 실은 미 로켓 '스페이스 X'는 2015년 6월 이륙 직후 공중에서 폭발했다.

뻔해 보였다. 당시 아이거는 매력적이지만 무게감은 약한, 누구와도 무
난하게 어울리는 관리자 정도로 비쳤다. 특히 막후에서 실력을 행사
하려는 아이스너에게 크게 토 달지 않을 것 같은 인물로 보였다.

아이거는 곧바로 전방위적인 공격을 받았다. 그는 언론, 비즈니스
전문가, 유력자, 주주는 말할 것도 없고 스탠리 골드와 로이 디즈니에
게도 혹평을 받았다.

한편 아이거를 컨설팅하기 위해 ABC를 찾은 우리는 곧 그에게 매
혹됐다. 디즈니와는 계약하지 않은 상태였지만, 즉시 아이거에게 이메
일을 보냈다. "진심으로 디즈니의 리더가 되고 싶습니까? 정말로 디즈
니를 이끌고 싶으신가요?"

진지한 질문이었다. 이 질문은 우리가 지금 이 책을 읽고 있는 당신
에게 던지는 질문이기도 하다. 그러나 아이거의 상황에서 이는 매우
결정적인 질문이었다.

A. 그는 이미 부유하고 건강하며 행복한 결혼 생활을 하고 있다.

B. 그는 사실상 누구도 잘해낼 거라거나, 잘해낼 수 있다고 생각하
지 않는 일을 맡으려 한다.

C. B는 A를 위협할 수 있다.

"그 자리를 진정으로 원한다면, 당신이 단지 '선택'되었을 뿐이라
는 사실을 알아차려야 합니다. 다른 사람들을 이끌기 위해서는 반
드시 '선출'되어야 하죠. 강요에 못 이겨 당신을 선택했다고 느끼는

모든 사람이, 당신이야말로 자기들의 후보라고 느끼도록 만들어야 합니다. 그리고 그렇게 만들 시간은 아마 9개월 정도밖에 남지 않았을 겁니다. '캠페인'을 할 의향이 있다면, 우리가 돕겠습니다."

메일 전송 버튼을 누른 지 몇 분 지나지 않아 답신이 왔다. "언제 버뱅크*로 와주실 수 있습니까?"

우리는 그렇게 아이거와 함께 표를 얻기 위한 캠페인 계획을 세우게 됐다. 당시 디즈니의 '유권자'들은 아이거를 자신들의 후보로 여기지 않았다. 우리는 대통령 후보들이 하듯, '유세 연설' 실력을 키우는 데서 시작했다. 포지셔닝도 중요했다. 우리는 그가 실제 불리는 대로 그를 '안티-아이스너'라 칭하기로 했다.

연설 내용은 아이거와 긴밀히 상의해 만든 '3×5 카드' 메시지를 기초로 했다. 3×5 카드 형식은 캠페인 전략의 필수 요소로, 6단계에서 자세히 다룰 것이다. 3×5 카드 메시지는 유권자들의 의식에 침투해 귓전을 맴도는 주제를 뜻한다.

아이스너는 재임 기간 자신을 제외하고는 그 누구도 '디즈니 매직'을 이해하지 못한다고 떠들곤 했다. 이런 이유로 아이디어, 계획, 결정 등 무엇이든 그를 거쳐야만 했다.

반면 '마법은 세상 어딘가에 있다The Magic Is Out There'라고 제목을 붙인 아이거의 3×5 카드는 마법을 찾는 일을 '아이거의 일'이 아닌

* 월트디즈니 본사가 위치한 곳으로, 미국 캘리포니아주에 있다.

'우리의 일'로 변화시켰다. 이 카드는 여섯 개의 주요 문장으로 구성되었다.

1. 우리가 할 일은 마법을 찾는 것이다. 그것이 세상 어디에 있든.
2. 우리는 가족들, 특히 젊은 부모와의 관계를 회복해야 한다.
3. 우리는 가족의 행복을 위해 존재한다.
4. 우리는 청소년과의 긴밀한 관계를 회복해야 한다.
5. 고객이 우리의 정보와 엔터테인먼트를 어떻게 소비하는지 늘 고민해야 한다.
6. 우리는 디즈니 브랜드의 평판을 회복해야 한다.

아이거의 3×5 카드는 줄곧 '우리'를 얘기했지 '나'를 내세우지 않았다. 그는 진정한 '안티-아이스너'가 맞았다.

3×5 카드로 무장한 아이거는 여섯 개 문장에 담은 자신의 비전을 행동과 소통으로 실현했다. 그는 디즈니 그룹의 계열사들과 직접 소통했으며, '디즈니 매직'이 어느 한 사람의 전유물이 아니라는 점을 분명히 하기 위해 3×5 카드의 첫 문장을 인용하곤 했다. 첫 문장은 버뱅크 어디에서도 '디즈니 매직'을 찾을 수 없다는 의미이기도 했다. 그는 '디즈니 매직'이 "세상 어딘가에 있다"라고 말했다. 그리고 이어나갔다. "우리가 할 일은 마법을 찾는 것이다. 그것이 세상 어디에 있든."

아이거처럼 천성적으로 털털하고 선한 사람을 규율과 연관 짓기는 어렵다. 하지만 그는 비즈니스, 정치, 심지어 군 조직을 통틀어 우리가

리더십 캠페인

그동안 함께 일한 그 어떤 사람보다 규율에 엄격한 리더였다. 그의 행동은 시기적절하고도 전략적이었다. 그는 전임자가 부숴먹은 모든 다리를 재건하기 시작했다. 마침내 그는 스탠리 골드와 로이 디즈니를 승복시켰고, 디즈니 가족을 자기 편으로 만들었다. 그는 픽사를 설립한 스티브 잡스를 설득해냈다. 더욱 중요한 것은 그가 부모와 가족, 청소년의 마음을 되찾아오기 시작했다는 점이다. 그는 놀라운 재능을 가진 월트디즈니 구성원들이 자신의 일에 집중할 수 있도록 했다. 아무리 성공적인 아이디어를 내더라도 그에 대한 자신의 공을 단 한 번도 내세우지 않았다.

결과적으로 주주와 고객, 직원과 공급사 및 파트너를 포함한 디즈니 조직 전체가 아이스너에게 등을 돌렸고, 명시적이고도 암묵적으로 '아이거'라는 변화에 찬성했다. 당초 그들은 아이스너가 아이거를 낙점해 들이밀었을 때 '될 대로 돼라'는 식이었다. 그러나 아이거는 캠페인을 통해 그들이 변화에 투표하도록, 자신을 지지하도록 만들었다. 월트디즈니의 주주들은 결국 자신들이 변화를 이끌 지도자를 '선출'했다는 사실을 깨닫게 되었다.

이쯤에서 우리가 논공행상을 제대로 하고 있는지 짚어봐야 할 것 같다. 물론 우리는 디즈니와 함께 일했다는 사실에 자부심을 느끼지만, 그보다 더 중요한 건 아이거가 타고난 리더였다는 사실이다(우리는 빌 게이츠, 스티브 잡스, 루퍼트 머독, 로베르토 고이주에타, 마이클 밀컨을 위시한 수많은 리더와 일했다). 그는 뛰어난 리더였음에도 디즈니 CEO 자리에 오르기 전까지 과소평가되었다. 우리는 그가 디즈니에서 10년 동안 이룬 커다란 성공에 대해 어떤 공도 주장하고 싶지 않다. 그 기간 그는 디즈니를 미국 가족 문화의 중심으로 되돌려놓았다. 잡스나 게이 츠, 저커버그 못지않은 진정한 변화의 리더였다.

앞으로 소비자들은 제품이나 서비스를 고를 때 더욱더 새로운 선 택지를 찾으려 할 것이다. '변화'를 이끄는 쪽에 한 표를 던질 가능성 이 높다는 뜻이다. 마찬가지로 직원들도 팔짱을 끼고 당신이 동기를 부여해주기를 바라며 '변화'에 한 표를 던질 것이다. 안전한 베팅을 하 라. 변화, 더 많은 변화를 주도하라.

도전자 캠페인 체크리스트

지금까지 당신만의 독자적인 리더십 원칙을 개발해야 한다고 강조 했다. 우리는 다년간 정치와 비즈니스 영역의 도전자, 언더독, 혁명가 들과 함께 일하고 연구하면서 우리만의 원칙을 개발했다. 상당 부분 도움이 될 테니 반복해서 보면 좋겠다. 더 나아가 아예 이 책의 내용 을 전부든 일부든 훔쳐 자신의 것으로 만들어라. 도전자 캠페인의 체 크리스트는 다음과 같다.

1. 승리를 정의하라
- 성공의 기준을 정의하라. 미래 대 현재의 구도로 생각해보라. 당 신의 성공을 결정하는 성과 지표는 무엇인가? 당신이 성공한다

면 이해관계자들은 어떻게 다르게 생각하고, 느끼고, 행동하게 될까?

- 기한을 설정하라. 프로젝트와 비즈니스 목표마다 '선거일'을 정해야 한다. 성공을 위해서는 기대감과 긴박감을 조성하는 것이 필수다. 정치권의 모든 후보는 승리가 뜻하는 바와 선거일까지 반드시 승리를 이끌어내야 한다는 사실을 안다. 반면 비즈니스에서는 목표나 지향점, 지표가 불분명하거나 모호하거나 비현실적일 때가 많다. 비즈니스에서 성공적인 캠페인을 펼치기 위해 CEO 후보자가 정치 후보자를 모방해야 하는 이유다. 프로젝트마다 성공이 무엇인지, 선거일은 언제까지인지를 선명하고 설득력 있고 명확하게 정의해야 한다. 정치에서 선거일은 법으로 정한 날짜고, 모든 사람에게 똑같이 적용된다. 비즈니스에서 선거일은 조직이 무언가를 실현하기 위해 설정한 마감일이나 결정 시점이 되어야 한다. 각각의 승리가 '지지율 50.1퍼센트를 얻지 못하면 패배'와 같은 절대적인 기준으로 정의되어야 한다면, 선거일 역시 명확하게 정해져 있어야 하며 절대 번복되어서는 안 된다. 비즈니스에서 선거일은 매 분기, 매월, 매일 심지어 하루에도 여러 번 찾아올 수 있다. 선거일은 빈도와 상관없이 절대적으로 못 박아두어야 하는 날이다.

- 무엇이 '원윈'인지를 정의하라. 당신의 승리가 어떻게 다른 이해관계자들의 승리로 연결되는지에 대해 소통해야 한다. 아이거가 어떻게 디즈니 문화를 '나'에게서 '우리'로 가져갔는지 생각

해보라.

- 적을 정의하라. 당신과 당신의 궁극적인 승리 사이에 무엇이 있는가? 영원한 적은 '현상 유지'이며, '우리'는 대개 '현상 유지'와 동의어다. 어느 회사에서든 반복해서 듣게 될 것이다. "진짜 문제는 우리야!"
- 미래를 정의하라. 사람들은 당신이 자신들을 어디로 이끄는지 알 권리가 있다. 아이거는 가장 효과적인 방법인 3×5 카드로 이일을 해냈다.

2. 실행할 수 있는 것을 하라

- 불가능한 일에 뛰어들지 마라. 도달할 수 없는 비현실적인 목표를 세우는 방식은 팀의 사기를 떨어뜨리고 상대 팀에 활력을 불어넣을 뿐이다.
- 자원을 결집하라. 당신이 세운 전략이 아닌 것, 궁극적인 승리에 초점이 맞춰지지 않은 것에는 한 푼도 쓰지 말라.
- 적과는 절대 정면으로 맞서지 말라. 측면에서 공격하거나, 상대가 제 위치를 벗어나도록 속인 뒤에 물리쳐라.
- 낮은 데 열린 열매? 나쁜 선택은 아니지만, 땅에 떨어진 열매부터 주워라. 항상 가장 쉽고 분명한 목표를 최우선으로 삼아라.
- 몇 번의 '퍼스트 다운'*을 성공시켜 모멘텀을 잡아라. 당신을 올바른 방향으로 나아가게 하는, 달성 가능한 목표를 세워라. 큰 승리로 가는 길에서 만나는 모든 작은 승리를 축하하라. '헤일메

리더십 캠페인

리 패스'**를 노리지 말고, 플레이마다 한 야드씩 앞으로 나아가라. 조직이든 시장이든 당신이 속한 곳에서 모멘텀을 얻을 수 있는 일이라면 무엇이든 하라. 작은 승리가 확실한 곳에서 플레이하라. 이러한 승리들이 만들어내는 모멘텀은 마법과도 같다.

3. 움직일 수 있는 것을 움직여라

당신이 승리하는 데 필요한 표만을 목표로 삼아야 한다. 그러려면 누구를 움직일 수 있고, 누구를 움직일 수 없는지를 정확히 알아야 한다. 움직일 수 있는 대상에 시간을 투자하고, 움직일 수 없는 대상은 잊어라. 우리는 유권자를 바라보듯 소비자와 직원, 기타 이해관계자들을 바라본다. '태도 세분화Attitudinal segmentation' 프리즘을 통하면 아래와 같은 스펙트럼이 만들어진다.

- 강력 반대자HO, Hard Opposition
- 온건 반대자SO, Soft Opposition
- 부동층Undecided
- 온건 지지자SS, Soft Support
- 강력 지지자HS, Hard Support

- 미식축구에서 공격팀에는 총 네 번의 공격 기회가 주어지는데, 이 네 번 안에 10야드를 전진하면 다시 네 번의 공격 기회를 얻을 수 있다. 그중 첫 번째 공격 기회를 퍼스트 다운이라고 한다.
- ** 미식축구에서 지는 팀이 역전을 노리고 던지는 긴 패스.

이 프리즘을 통하면, 그 어떤 그룹이라도 태도의 스펙트럼에 따라 분석할 수 있다. 시장이 아무리 복잡할지라도, 좁게는 직원에서부터 넓게는 시장 전체에 이르는 모든 집단의 지지 가능성 정도를 스펙트럼으로 분류할 수 있다. 이는 우리가 코어스트래터지그룹Core Strategy Group*의 운영 체계로 여기는 핵심적인 툴이다.

- **강력 반대자** 이 사람들은 당신에게 적극적으로 반대한다. 이들을 긍정의 영역으로 옮기려는 시도는 포기해야 한다. 다행히 '강력 반대자'는 대부분 조직이나 시장 전체의 5~8퍼센트에 불과하다.
- **온건 반대자** 이들은 다른 후보나 브랜드를 선호할 수 있지만 행동주의자들은 아니다. 하지만 '강력 지지자'나 '온건 지지자'에 비해 이들의 지지를 얻는 데는 너무 많은 비용이 든다. 이들은 전체 조직이나 시장에서 15~20퍼센트를 차지한다.
- **부동층** 정치 캠페인에서는 선거 당일 부동층의 표심을 얻기 위해 갖은 수를 쓴다. 규모는 대체로 상당히 작지만, 매우 중요한 집단이다. 미국 정계는 2년, 4년, 6년에 한 번씩만 이기면 되기 때문에 이들을 위해 무엇이든 할 수 있다. 심지어 버락 오바마가 2012년 대선에서 압승한 것도 민주당 캠프가 공화당에 비해 부동층 지지율을 잘 관리해 가져온 몇 퍼센트포인트 덕분이었다. 이 결정적인 유권자를 확보하려고 들이는 자원은 아까울 게 없

---

* 저자 스콧 밀러와 데이비드 모리가 운영하는 전략 컨설팅 기업.

다. 정치판의 선거가 시장에서는 구매 결정이 된다. 그러나 자주, 매일, 심지어는 하루에도 몇 번씩 물건을 살지 말지 결정하는 시장에서 부동층의 마음을 사로잡는 데는 역시 너무 많은 돈이 들어간다. 설상가상으로 부동층의 선택에는 특징이랄 게 없다. 그들은 후보에도, 브랜드에도 충성심이 없다. 또한 물건을 살지 말지 결정하는 이들의 '투표'는 눈 앞에 닥친 즉흥적인 상황에 따라 좌지우지된다. 한마디로 부동층은 가격이 싸다고 사고 가게가 가까워서 산다. 할인이나 이벤트로 그들에게 물건을 팔수는 있어도, 그들을 충성도 높은 고객으로 끌어올 수는 없다는 의미다. 결국 부동층의 마음은 돈으로 사고 또 사야 한다. 이 것이 '나쁜 거래'라 불리는 이유다.

- **온건 지지자** 이 그룹은 당신을 좋아하고, 심지어 당신을 가장 선호할 수도 있다. 하지만 당신을 위해 적극적으로 행동하거나, 당신을 추천하거나, 때마다 당신의 브랜드를 사지는 않는다. 온건 반대자와 마찬가지로 시장의 약 15~20퍼센트를 차지한다.

- **강력 지지자** 충성파다. 이들은 당신의 견고한 성공 기반이 된다. 비록 처음에는 전체 시장의 5~8퍼센트에 불과한 작은 규모로 시작할지 모르지만, 당신과 당신의 브랜드를 알리는 '전도사'가 될 수 있는 사람들이다.

이런 태도 세분화는 정교한 데이터를 활용해 비싼 값에 얻을 수도, 냅킨 뒷면에 대충 추정치를 적어가며 싼값에 해낼 수도 있다. 이미 잘 아는 그룹, 특히 자사 조직을 세분화해보면 이러한 분류가 생각보다 더 쉽다는 것을 알게 될 것이다. 당신은 선택하면 된다. 어떤 방법이든 태도 세분화를 활용하면 시간도 절약하고 가성비도 좋은 성과를 만들어낼 수 있다. 다음은 우리가 고안한 도전자 전략의 핵심 내용이다.

무슨 수를 써서라도 충성파, '강력 지지자'를 꽉 붙들어라. 몇몇 술집 주인을 제외하고는 그 누구도 최고의 고객, 즉 강력 지지자를 위해 일 좀 더 한다고 해서 망하지 않는다. 그들에게 3×5 카드 메시지를 확실히 전달하라. 그들의 활동이 최대 효과를 낼 수 있도록 도울 것이다.

'온건 지지자'가 당신의 브랜드를 더 많이 사용하게 하고 그들의 충성도를 더 높여라. '강력 지지자'로부터 얻어낸 정보로 '온건 지지자'에게 당신을 더 좋아할 수밖에 없는 이유를 제공하라. '강력 지지자'는 당신의 브랜드를 자주 사용하기 때문에 브랜드의 장점을 잘 알고 있다. 차별점도 속속들이 파악하고 있다. 이것이 우리가 항상 고객에게 '강력 지지자에 의한 브랜드 포지셔닝'을 제시하는 이유다. 우리는 '강력 지지자'들이 알고 있는 사실을 더 많은 사람이 깨닫기를 바란다. 제품 브랜드처럼 리더십 브랜드도 마찬가지다. 다른 사람들이 알아야 하는, 충성파들만 알고 있는 것은 무엇인가? 왜 그들은 당신을 따르고 싶어하는가? 그 답은 예상과 다를 때가 많다.

반대자들을 관리하라.

작은 규모의 '강력 반대자' 그룹이 더 큰 규모의 '온건 반대자' 그룹을 추동해 당신에게 맞서는 행동을 하지 못하도록 확실히 관리해야 한다. 이 두 그룹이 연합하려 들 땐, 그들을 분열시키고 교란시켜라.

부동층은 애초에 잊어라. 시간도 없고 돈도 없다.

4. 당신의 힘을 '인사이드아웃'하라.

'성가대'*에게 설파하라. 일단 충성파, '강력 지지자'들이 누구인지 확인했다면 어떻게 전도사 역할을 할지 그들에게 알려줘야 한다. 3×5 카드 메시지를 활용해 효과적으로 다른 사람들을 설득할 수 있도록 도와라. 그들이 꾸준히 입소문을 낸다면 메시지는 더욱 강력해질 것이다.

주요 직원이나 이해관계자들이 초기부터 전략을 검토할 수 있어야 한다. 그들에게 당신의 전략 소유권을 넘겨라. 그들이 가진 좋은 아이디어를 통합하라. 다양한 관점과 사고방식, 마음이 더해질수록 더 나은 전략이 된다. 아울러 전략의 소유권을 다른 사람들과 나누면, '나만의' 전략이 아닌 '우리의' 전략을 만들 수 있다.

성공한 스타트업처럼 모든 작은 승리에 축배를 들어라. 그리고 기억하라. 당신을 위해 일하는 사람들을 인정해주는 것이 보상만큼이나 중요하다. '혁명의 영웅'을 만들어보라.

5. 모든 것이 중요하다

많은 프로젝트와 리더가 화려하게 부상했다가 망하는 데는 두 가

---

* 이미 어떠한 의견에 동의한 사람들을 뜻한다.

지 이유가 있다. 집중력과 긴박감 부족이다. 세부 사항과 후속 조치는 강박적으로 챙겨야 한다. 세부 사항은 당신이 하려는 일과 개인 브랜드를 설명하는 데 중요한 역할을 한다. 팀에 비전을 공유하고 전략 소유권을 넘겨주며, 강력한 편집증 주사를 놓아 긴박감을 심어줘야 한다(아니면 어쩌겠는가?).

그렇기에 '모든 것은 소통한다'는 사실을 상기시켜라. 모든 세부 사항은 가치를 더하거나 떨어뜨린다. 중립적인 디테일이란 없다.

모든 아이디어와 전술을 하나의 핵심 전략에 맞춰 조정하라. 캠페인에서 이기는 것은 지지와 반복, 그리고 일관성이다.

속도가 이긴다. 속도를 높이는 것은 무모함이 아니라 규율이다.

6. 공격적으로 행동하라!

절대 수비하지 마라. 변화를 추구하며 담론의 주도권을 공격적으로 확보해야 한다.

똑같은 것은 가치가 없다. 공장에서 찍어낸 것 같은 아이디어는 절대 제시하지 마라. 항상 당신과 당신의 전략이 차별화될 수 있는 방법을 찾아내야 한다.

'강력 지지자'를 당연시 여기지 마라. 그들이 필요로 하는 것, 원하는 것, 시장에서 불편하다고 느끼는 것을 혁신하라.

승리에 필요한 표에 집중한다는 건 누가 당신의 승리에 영향을 미치는지 정확히 규정한다는 의미다. 이는 효율성뿐만 아니라 더욱 효과적인 전략을 수립하기 위해서도 중요하다. 또한 중요하지 않은 일에 투입되는 노력도 줄여준다. 집중은 당신의 전략과 전술, 그리고 모든 세부 사항을 날카롭게 벼려줄 것이다.

3단계

'키친 캐비닛'을 꾸려라

**"핵심전략팀을 만들고
'작전실War room 사고방식'을 키워라."**

에드윈 랜드가 즉석 사진술을 발명하고 폴라로이드 카메라로 놀라운 성공을 거둔 지 30년, 그는 다시 실험실로 돌아가 다음 발명품에 골몰했다. 1977년, 랜드는 마침내 새로운 차세대 기술인 즉석 영화로 돌아왔다.

그러나 랜드는 연구실에 처박혀 있느라 미처 알아차리지 못했다. JVC의 VHS와 소니의 베타맥스 비디오 카세트 레코더가 홈 비디오 시장을 완전히 바꿔놓았다는 사실을 말이다. 영화 필름? 이미 한물간 상황이었다. 적어도 아마추어들에게는 그랬다. 랜드의 새로운 발명품은 폴라로이드 사에 1977년 한 해에만 7000만 달러에 달하는 손해를 입힌 실패작이 되어버렸다. 랜드는 자신이 설립한 회사에서 쫓겨났다. 왜 이런 일이 일어났을까?

CEO들은 종종 묻는다. "재계 리더십과 정계 리더십 간의 진짜 차이가 무엇인가요?"

우선 지도자들에게는 공통점이 많다. 차이점보다는 유사점이 더 많다는 의미다. 예를 들어, 정치 지도자든 비즈니스 리더든 그의 결정이 조직의 최종 결정이 된다. 정계나 재계 그 어느 쪽에 속했든 그는 구성원들에게 조직의 의미와 목적을 알리는 훌륭한 전달자여야 하며, 거대하고 제멋대로인 조직이 제대로 돌아가도록 활력을 불어넣는 존재여야 한다. 그렇다면 차이점은 무엇일까?

당신이 상무, 전무, 부사장, 최고운영책임자COO, 사장직을 거쳐 CEO 자리에 오른 지난 10여 년 동안, 당신에게 "그건 틀렸습니다" "바보 같은 행동입니다" "아니오!"라고 말해서 이득을 본 사람은 거의 없었을 것이다.

반면 정치 지도자라면, 뉴스만 틀어도 당신이 바보 같다고 떠들어대는 소리를 하루 종일 들을 수 있다. 그 무리는 당신의 모든 것을 발가벗길 것이다. 편안한 리무진에서 내려 따뜻하고 호의적인 지지자들과 후원자들이 모인 호텔로 향하는 그 몇 걸음 사이에, 누군가 당신을 저격할지도 모른다. 어쩌면 진짜 총을 겨누는 일이 있을 수도 있다.

비즈니스 리더가 실제 현실과 얼마나 괴리되어 있는가를 이야기하려는 것이다. 실제로 공장을 둘러보고, 월마트 매장에서 행인들의 모습을 보거나 그들의 말소리를 듣고, 스타벅스가 아닌 동네 카페에 정기적으로 들러 바람도 쐬는 지극히 평범한 방식으로 소통하는 CEO가 얼마나 있겠는가. 이런 사람은 얼마 없다. CEO 대부분은 메르세데

스벤츠, 회사 전용기, 임원진, 비밀 지하 주차장 등에 둘러싸인 채로 현실과 동떨어져 있다.

우리는 현실과 괴리된 정치 지도자들의 이야기를 많이 듣는다. 그건 신화다. 현실과 동떨어져 사는 정치 지도자들은 보통 '전임'이라고 불린다. 보통선거가 보장된 민주주의에서, 고립은 곧 표를 잃는 처사다. 물론 거만한 태도로 조언을 듣지 않는 정치 지도자들도 있다. 왜 참모 수십 명과 보좌관, 컨설턴트, 하급 직원 중 누구도 당시 힐러리 클린턴 국무장관에게 사적으로 이메일 시스템을 만드는 게 일종의 불법이고, 완전히 부적절하며, 여론을 고려할 때 매우 위험한 일이라고 말하지 않았을까? 『월스트리트저널』의 유명 논설위원 페기 누넌은 이런 가설을 내놨다. "힐러리는 자기가 원하는 걸 원한다." 포기 바텀 Foggy bottom*이나 클린턴 선거 캠프에서 일하는 그 누구도 힐러리에게 '안 된다'고 말하는 위험을 무릅쓰려 하지 않았다.

키친 캐비닛을 꾸리는 법

대통령이 현실과 괴리되면 문제는 훨씬 더 심각하다. 이는 강도 높은 경호 때문이기도 하고, 거대하고 복잡한 국가를 통치하는 일의 특성 때문이기도 하다. 대통령은 다각도에서 여론를 파악하는 조사

---

* 미 국무부를 비공식적으로 지칭하는 말.

를 시행하며, 그 결과를 해석하는 조언자들과 함께한다. 그러나 성공한 대통령들은 항상 또 다른 존재를 곁에 뒀다. 이른바 '키친 캐비닛'이다.

이 용어와 실체의 기원은 가장 '민주적'*이라고 평가받는 미국의 제7대 대통령 앤드루 잭슨 정부 시절인 1831년으로 거슬러 올라간다. 당시 '거실 내각Parlor cabinet'**이라고 불린 공식 내각이 각종 추문에 휘말려 심각한 분열을 겪자, 잭슨은 신뢰할 수 있는 동지들과 조언자 그룹을 꾸준히, 비공식적으로 만나기 시작했다. 언론은 여기에 키친 캐비닛이라는 별명을 붙였다. 잭슨 대통령은 자신에게 있는 그대로의 진실을 전하고, 의회와 주 정부 안팎의 사정을 속속들이 알려주며, 중요한 정책 실행에 도움을 주는 복심을 앉혀둔 것이었다.

잭슨은 조직을 효과적으로 운영하고 일이 돌아가게끔 하려면 때때로 조직에서 벗어나야 한다는 사실을 알고 있었다. 이는 꼭 혼자 일한다는 의미가 아니다. 격식 있고 공적인 거실을 나와 마음이 편안해지는 부엌으로 옮겨 간다는 의미다. 모두가 알다시피 부엌은 두 가지 일이 일어나는 장소다. 이곳은 요리가 완성되는 곳이며, 가장 재미있고 의미 있는 대화가 오가는 곳이기도 하다(최근 가장 즐거웠던 파티를 떠올려보라. 당신은 주로 어디에 있었나?).

존 F. 케네디는 국가안전보장회의NSC를 근본적으로 재구성해 쿠바

- 여기에서 '민주적'이라는 표현은 '스몰 d'를 뜻하며, 이는 민주당의 공식 당원은 아니지만 민주당에 가까운 정치적 견해를 가진 민주당 지지자를 말한다.
- • 비공식 내각의 기능을 한 키친 캐비닛과 대비되어 붙은 명칭.

미사일 위기에 대처할 목적으로 활용했다. 여기에는 당연히 예측 가능한 인물인 내각 각료와 국방 안보 관계자들이 포함됐다. 하지만 케네디는 과감한 아이디어를 내는 정부 출신 '도전자'들도 회의에 합류시켰다. 이들은 인류의 운명을 결정짓는 데 중요한 역할을 했다.

앤드루 잭슨을 비롯한 많은 후임 대통령이 그랬듯, 회사를 이끄는 당신에게도 키친 캐비닛이 필요하다. 맞다. 이사회가 있긴 하다. 하지만 그들과 허심탄회한 이야기를 얼마나 나눌 수 있겠는가? 이사회 중 세 명이 경영진보상위원회에 들어가 있는 상황에서 말이다. 당신에게는 임원위원회도 있고, 비서실도 있다. 하지만 그들이 진솔할 거라고 얼마나 기대할 수 있겠는가?

맥도널드가 2000년대 초 창립 이래 가장 깊은 수렁에 빠져 있을 때(지금보다 더 깊은 수렁이었다), 즉 변호사들이 소아 비만의 주범이라고 고소하고, 매장주들이 자녀에게 사업을 물려주는 대신 다른 일을 찾아보라고 하고, '미키 디'•가 정크푸드의 대명사로 악명을 떨칠 때 맥도널드의 능력 있는 경영자 중 한 명으로 꼽히는 마이크 로버츠가 등판했고, 상황은 반전됐다.

마이크 로버츠는 맥도널드를 회생시킬 적임자였다. 마이크에게는 계획이 있었다. 그는 그 계획을 명확히 '승리 전략'이라고 못 박았다. 그리고 그의 계획은 샌디에이고를 시작으로 캘리포니아주 전역에서 실제 성과를 거뒀다. 맥도널드 햄버거가 가장 안 팔리던 캘리포니아

• 맥도널드를 가리키는 속어.

주는 어느새 맥도널드가 수익을 가장 많이 올리는 지역으로 변모했다. 이후 승진한 마이크 로버츠는 서부 지역 전체를 이끌게 되었다. 여기서도 그는 '승리 전략'을 적용했고, 또 한 번 성공했다. 그러자 당시 맥도널드 CEO는 그에게 미국 전역에서도 성과를 내달라고 요청했다.

거대한 기업의 거대한 시스템을 하나로 묶어 계획을 추진하는 것은 바퀴가 녹슨 데다 불까지 붙은 증기기관차를 선로로 밀어내는 것이나 다름없는 일이었다. 이를 위해 로버츠는 과감하게, 그리고 재빠르게 움직여야 했다. 맥도널드 시카고 본사에 층층이 자리 잡은 관료주의적 방식으로는 전통적 합의를 끌어낼 시간이 없었다. 본사는 시카고 외곽 오크브룩에 있었고, 그곳은 본사에 불만 많은 가맹점주들이 '퍼즐 팰리스'•라고 부르는 비밀스러운 곳이었다.

문제는 맥도널드가 패스트푸드를 창시한 기업임에도 헨리 포드가 검은색 차만 내놓던 시대 이래,•• 미국 산업계에서 파이프라인 혁신이 가장 느린 회사였다는 점이다. 로버츠는 계획을 실행하기에 앞서, 전략상 더 유리한 고지를 점하려면 무조건 퍼즐 팰리스 근처에서 일해야 한다는 것을 알고 있었다. 이는 정계에서 흔히 보아온 '백악관 입성'을 위한 리더십과 같았다. 그는 홀로 길을 돌아갈 필요가 없다는 점도 알고 있었다. 그는 평소 조언을 구하던 전직 프로 축구 선수 프

- 비밀리에 중요한 결정이 내려지는 장소.
- •• 자동차가 처음 나왔을 때는 모두 검은색이었다. 1913년 출시된 최초의 대량생산 자동차인 포드의 '모델 T'도 검은색이었다. 1950년대 도장 기술의 발전으로 '컬러 혁명'이 일어난 후에야 다양한 색상의 승용차가 등장했다.

랭크 비스카라°의 도움을 받아 자신만의 키친 캐비닛을 꾸리고 그를 '누들Noodle팀'이라고 불렀다.

누들팀은 두 달에 한 번씩 오헤어°° 근교의 평범한 호텔에서 비밀 모임을 가졌다. 고기 공급 업체에서 한 명, 햄버거 빵 업체에서 한 명, 코카콜라에서도 한 명이 참여했다. 여기에 경험 많은 점장 및 운영자 두 명, 마이크가 절대적으로 신뢰했던 현장 직원 두세 명, 정계 출신 시장 분석가 래리 챈들러, 그리고 우리 쪽 컨설턴트 두 명이 합세했다. 프랭크는 대화가 식상해지지 않도록 주기적으로 참가 선수들을 교체했다.

누들팀의 규칙은 간단했다.

- 모든 회의는 기록되지 않는다.°°°
- 모든 회의는 철저히 비밀에 부친다.
- 마이크가 방에 들어와 코트를 벗고 자리에 앉는 즉시, 진실만을 말해야 한다. 좋은 일이든 나쁜 일이든 말이다.
- 회의 테이블에는 아무것도 두지 않는다.
- 안건은 무조건 명료해야 한다.

  첫째, 무엇을 잘못하고 있는가?

° 　축구 선수 출신으로 20년 넘게 맥도널드 전략 부문에서 일하며 부사장 자리까지 올랐다. 회장과 대표에게 전략을 조언하는 코치 역할도 했다.
°° 　시카고의 국제공항이 있는 도시.
°°° 　노트북, 휴대폰 등 전자 기기의 사용이 금지되었다.

둘째, 제대로 하고 있는 것은 무엇인가?

셋째, 다음에는 무엇을 해야 하는가?

누들팀 회의를 통해 로버츠는 실적이 좋은 지점들과 상호보상조약 Quid pro quo을 체결했다. 그들 중 누군가가 좋은 아이디어를 내놓으면, 즉시 그것을 시장에 적용하기로 했다. 반대로 로버츠가 좋은 아이디어를 내면, 그들도 똑같이 그것을 적용키로 했다. 이 가맹점들은 실적도 좋고, 운영 시스템도 믿을 만한 곳들이었다. 그렇게 새로운 아이디어가 시장으로, 미국 전역과 세계 곳곳으로 빠르게 뻗어나갔다. 과거의 느려 터졌던 '아이디어 파이프라인'이 단번에 매끄럽게 코팅되자 새로운 아이디어가 콸콸 흘러나왔다. 누들팀은 혁명의 진원지였다. 사상 최악이었던 맥도널드의 실적은 팀이 꾸려진 지 1년 6개월도 안 된 시점에 사상 최고를 찍었다. 이러한 변화가 일어나는 4년 동안 맥도널드 안팎의 누구도 누들팀의 존재를 알지 못했다.

초창기 1~2년간 누들팀의 회의 분위기는 무자비하기 그지없었다. 로널드 레이건의 여론 조사관이었던 리처드 워슬린에게 교육받은 시장 분석가 래리 챈들러는 명석하면서도 철저히 냉소적이었다. 그는 "우리가 뭘 잘못하고 있죠?"라고 물으며 회의의 포문을 열었다. 질문에 대한 답은 직원뿐 아니라 소비자들의 입(과 배)에서 나왔다. 애당초 맥도널드 창업자인 레이 크록은 '품질' '서비스' '청결' 등 세 가지를 앞세우는 가맹점 사업을 구축했다. 그러나 당시 맥도널드 직원과 소비자들은 그 세 가지 모두에 실망한 상태였다. 레이 크록에게는 일종의 종교와도 같았던 그 기준을 무시하는 분위기가 회사 내부에도 팽배했다. 당시 맥도널드 고위급 간부 한 명은 칵테일 파티에서 눈을 찡긋하며 이렇게 말한 적이 있다. "알다시피 우리는 식품 사업을 하는 게 아닙니다. 부동산 사업을 하지요." 그제서야 왜 맥도널드 햄버거 맛이 그따위였는지 납득이 되었다.

초창기 누들팀 멤버들은 회의 때 별다른 소득 없이 우왕좌왕하다가 호텔 술집으로 향하곤 했다. 사실 우리 중 그 누구도 맥도널드가 부진의 늪에서 빠져나올 수 있으리라고 생각하지 않았다. 평범한 사람들이 구축한 뿌리 깊은 관료주의 탓이었다. 그러나 마이크 로버츠의 투지 넘치는 신조가 우리를 일깨웠다. "내가 있는 한 절대 안 돼Not on my watch!" 이는 어느새 우리의 유일한 구호가 되었다. 누들팀은 이렇게 자리를 잡았고, 맥도널드라는 멋진 브랜드를 한겨울에 지는 태양으로 내버려두지 않았다.

여기까지가 누들팀이 '승리 전략'을 '실제 승리'로 이끈 뒷이야기다. 이는 실패할 리 없었다. "우리가 있는 한."

'키친 캐비닛' '누들팀' 혹은 당신이 내키는 그 무엇으로 부르든 상관없다. 항상 진실만을 말하고 회사가 시장의 현실로부터 동떨어지지 않도록 만들어주는 용기 있는 비공식 그룹이 있기만 하면 된다. 구성원을 회사 내부 직원으로 꾸릴 수도 있지만, 회사 외부에서 데려올 수도 있다. 업계 전문가와 회사 안팎의 인사가 적절히 섞인 형태가 가장 이상적이다.

브루스 발래그는 미국 애틀랜타에서 글로벌이그제큐티브그룹GXG

을 이끌고 있다. GXG는 기업 내 리더와 유망한 예비 리더를 위한 서비스를 제공하는 회사다. 시장에는 이처럼 CEO나 회장이 사회 전반에 두루 신뢰를 주는 이사회를 꾸릴 수 있도록 직원, 소비자, 언론인, 활동가 등 다양한 분야의 후보를 추천해주는 업체가 많다. 물론 그런 일도 중요하다. 그러나 우리는 이사회에 완전히 솔직할 수 있는 CEO나 회장이 거의 없다는 사실을 깨달았다. 물론, 그들의 주변에는 그들에게 조언을 해줄 만한 사람이 한두 명쯤 있다. 하지만 그 사람들조차 도전과 변화에 온몸을 던지고 싶어하진 않는다. 그리고 그 어떤 CEO도 그저 앉아서 이사회의 말만 듣고 싶어하지는 않는다. 너무 수동적으로 보이기 때문이다.

발래그는 이러한 문제를 해결하기 위해 자문위원회를 구성해준다. 그들은 조직도에 드러나는 공식 조직은 아니다. 맥도널드에서 마이크 로버츠가 만든 누들팀처럼 비공식적이며 기록에 남지 않는 조직이다. 발래그가 만든 팀은 리더가 새로운 것을 배워나갈 수 있게 하고, 회사의 약점과 시장에서 맞닥뜨린 도전을 해결하는 데 지혜를 보태는 역할을 한다. IT 자문위원회가 적절한 예다. 자문위원회는 전·현직 IT 담당 임원, 컨설턴트, 연구자로 구성된다. 이들은 공식 이사회와 달리 리더에게 위협감을 주지 않고도 그의 의견에 반기를 들 수 있다. 그 과정에 부담 같은 건 없다. 경영진에게 사업이란 매일 치르는 시험과 같다. 발래그와 GXG 덕분에 경영인은 매일 더 자신감 있게, 더 나은 선택을 할 수 있다는 마음가짐으로 도전에 뛰어들 수 있다.

브루스 발래그나 프랭크 비스카라 같은 사람이 곁에서 이러한 조직

꾸리기를 돕고 그 과정을 관리해준다면 좋겠지만, 그러지 않더라도 당신에게는 비공식적인 배움과 조언을 제공하는 키친 캐비닛이 필요하다. 키친 캐비닛 회의는 격식을 갖춘 형태일 수도 있다. 방식이야 어떻든 회의록을 작성하거나 기록해서는 안 되고, 그 어떤 공식적인 메모도 남겨서는 안 된다. 대신 실제 행동을 담보하는 약속과 결심이 쏟아져야 한다.

사람들에게 그들의 솔직한 생각을 용기 내 말해달라고 하고 싶다면, 먼저 무슨 말이든 어떠한 불평 없이 기꺼이 들을 수 있어야 한다. 듣기 싫은 말을 들었다고 화를 낸다면 이후로 듣고 싶은 말을 더더욱 들을 수 없게 될 것이다. 참 안타까운 일이고, 어쩌면 비극이다.

키친 캐비닛 구성을 진지하게 고려하고 있다면 전문가의 도움을 받는 방법도 있다. 그중에서도 GXG는 경영진이 최고의 지도자가 될 수 있도록 돕는 외부 자문위원회를 구성하는 일에 정통하다. GXG를 이끄는 발래그는 일을 의뢰한 고객에게 최고위 리더 그룹과 해당 분야 전문가들을 연결해 자문 네트워크를 만들어준다. 그는 이를 '생태계'라고 부른다. 이는 크기와 범위가 확장된 강력한 키친 캐비닛처럼 보이지만, (규모와 상관없이) 작동 원리는 같다. 조직에 만연한 관료주의의 벽을 깨야 할 때 리더에게 필요한 대안을 제시해, 조직이 문제를 스스로 극복하도록 돕는 것이 그들의 역할이다.

핵심전략팀 조직하기

단도직입적으로 CEO의 일이란 현명한 결정을 내리고, 그 결정을 효과적으로 전달하는 것이다. 이 중 중요도를 순위 매긴다면 둘 다 공동 1위다. CEO가 이 같은 업무를 효과적으로 수행하기 위해서는 사내 모든 부서의 전략을 관통하는 하나의 핵심 전략을 개발해야 한다. 핵심 전략은 모든 커뮤니케이션과 연결되는 단일 소통 전략이다. 핵심 전략이 있으면 CEO는 자신의 역할을 더 효과적으로 해낼 수 있게 되고, 회사는 목표에 집중할 수 있게 된다.

다년간 우리와 함께한 회사 중에는 여러 전략을 동시에 펼치는 곳이 많았다. 이들 대부분은 핵심 전략 없이 여러 캠페인을 산발적으로 진행했다. '조직원과 회사가 해당 업무를 왜 해야 하는가'를 정하는 게 전략이라면, 전술은 그것을 '어떻게 행할 것인가'를 정하는 일이다. 다르게 설명하면 전략은 전체적인 계획이고, 전술은 계획을 실행하는 수단이다. 고대 중국의 장군이자 병법가인 손자는 "전술 없는 전략은 승리로 가는 가장 더딘 길이다. 전략 없는 전술은 패배 직전의 소란이다"라고 말했다. 많은 기업에서 이러한 '소란'은 당장의 필요에 부응하거나, 문제를 해결해주거나, 순간의 위기를 진정시켜줄 듯한 양상을 띤다. 그러나 이 같은 사후 대응적 전술은 지속이 불가능한 데다, 회사를 미래로 나아가는 전략으로부터 멀어지게 한다.

우리가 핵심 전략의 필요성을 제기할 때 CEO들은 흔히 "대기업 일이란 게 얼마나 복잡한지 모르시네요"라고 말한다. 그럴 때마다 우리는 "그것들이 얼마나 단순해야 하는지 이해를 못하시네요"라고 응수한다.

비전 수립과 전략 구축, 커뮤니케이션 및 업무 실행에 있어서 '단순함'은 의미에 집중하고, 소비자에 집중하고, 그들의 문제에 집중한다는 뜻이다. 이 때문에 우리는 '단일 핵심 전략'을 추구한다. 단일 핵심 전략을 구축하는 것이야말로 정치와 비즈니스, 전쟁을 승리로 이끄는 캠페인의 핵심이다.

마이크 타이슨의 말은 사실이다. "모든 사람은 그럴싸한 계획을 갖고 있다. 한 대 처맞기 전까지는." 사업은 살아 움직이는 인간이 하는 것이며, 삶의 본질은 역동성에 있다. 그런 까닭에 핵심 전략도 변화에 맞춰 조정되어야 한다. 드와이트 D. 아이젠하워 장군이 오마하 해변에서 변화하는 전황에 즉각적으로 응전하는 병사들을 보고 깨달은 것처럼*, 계획은 바뀔 수 있고 또 그럴 필요가 있다. 단, 그가 "계획을 세우는 것은 매우 중요하다"고 언급한 것도 잊지 말자.

이는 응축된 메시지다. 하나의 전략으로 통합할 수 있는 원칙을 세우는 것이야말로 개인과 팀, 나아가 기업이 성공할 수 있는 길이다. 최고의 인재들이 이 같은 중심 전략을 세우고 관리하도록 해야 한다. 그들이 중심 전략을 수정할 권한을 가질 수 있도록 힘을 실어주어야 한다.

* 제2차 세계대전의 분기점이 되었던 노르망디상륙작전에서 미군이 투입된 오마하 해변은 가장 치열하고 지옥 같은 전장이었다. 미군은 방어선 돌파에 성공했지만 3000명 이상이 전사하는 등 엄청난 인명 피해를 입었다.

그럼 어떤 사람들로 핵심전략팀을 꾸려야 할까?

파레토 법칙에 따르면 20퍼센트의 인력이 회사 일의 80퍼센트를 한다. 하지만 40년 넘게 다양한 분야의 크고 작은 기업과 일해본 결과, 파레토 법칙은 틀렸다. 전체의 8~10퍼센트가 회사 일의 92퍼센트를 해치운다. 당신이 회사의 더 높은 자리로 올라갈수록, 그 숫자는 더 편향될 것이다. 고위 경영진과 그 주변을 보면, 더 적은 수의 사람들이 실제적이고 가치 있는 업무를 더 많이 수행한다.

리더로서 당신의 업무 1순위는 그 8퍼센트에 집중하는 것이다. 이는 회사가 확보한 충성 고객의 비율과 매우 비슷할 것이다. 이들은 회사 일에 가장 깊이 관여하고, 가장 열중하며, 주어진 일을 완수할 가능성도 가장 높은 사람들이다. 그 8퍼센트가 회사에 보이는 충성도는 맹목적인 믿음이나 동료애, 아첨, 깨고 조지는 문화에서 나오는 게 아니다. 그보다는 개인적인 성취욕이나 사내에서 공유되는 개인의 업무적 가치에서 비롯된다.

가능한 한 모든 방법을 동원해 충성도 높은 직원을 붙잡아두고 싶겠지만, 각기 다른 재주를 가진 사람들을 한 가지 기준만으로 관리할 수 없다는 점을 명심해야 한다. 당신은 충성도 높은 직원이 업무 능력을 향상시키고 계속해서 학습하기를 원할 것이다. 그렇다면 그들이 차세대 리더가 될 수 있도록 도와라. 위대한 지도자들은 남북전쟁 당시 링컨의 '라이벌팀Team of Rivals'• 내각처럼 또 다른 위대한 지도자들과

•　　정적政敵까지 끌어안는 인사를 가리킨다.

함께 일했다. 당신에게 충성하는 사람들을 대내외적 소통을 위한 효과적인 수단으로 활용하라.

넷플릭스에서 14년간 최고인재책임자CTO로 일한 전설적인 인물 패티 매코드는 상위 3퍼센트 직원과 하위 3퍼센트 직원에 관한 통찰을 내놓았다. 회사가 상위 3퍼센트 직원에게 줄 수 있는 최고의 특전은 그들이 더 많은 상위 3퍼센트 사람들과 함께 일할 수 있도록 하는 것이었다. 패티 매코드는 글로벌 기업 내 인사 정책이 죄다 하위 3퍼센트 직원에 맞춰져 있다는 사실을 깨달았다. 하위 3퍼센트는 우리가 '강력 반대자'로 규정하는 그룹이다. 여기서 전하고자 하는 매코드의 조언은 뭘까. 애초에 그들을 고용하지 말라는 것이다. 그다음은 (하위 3퍼센트를 위한) 규칙 따위는 지워버리라는 것이다. 대신 '강력 지지자'로 분류되는 상위 5~8퍼센트 직원을 채용하고, 그들에게 집중적으로 동기를 부여하는 것이 리더가 해야 할 가장 중요한 일이다.

그다음으로 중요한 일은 상위 15~20퍼센트에 속하는 '온건 지지자' 직원들에게 좀더 생산적이고 집중적인 업무를 맡기는 것이다. 리더로서 당신의 핵심 전략이 빛을 발하려면 어떻게 해야 할까? 차세대 리더들의 커리어를 적극적으로 관리해줘야 한다. 시중의 인사 교육 프로그램을 회사에 들이지 마라. 대신 회사와 조직 문화, 개별 직원에 맞춘 진로 상담 및 역량 개발 프로그램을 도입하라. 당신과 핵심전략팀이 본보기가 된다면, 직원들로 하여금 꾸준히 학습하고 지속적으로 성장하게 만들 수 있다. 차세대 리더들의 성장이 멈추지 않도록, 할 수 있는 모든 것을 하라. 모든 면에서, 핵심전략팀은 사내 최고의 커뮤니케이션 수단이 될 것이다.

소위 핵심전략팀이라 불리는 조직은 전통적으로 성공적인 정치 캠페인의 중심이었다. 이는 우리가 그 명칭을 사용하는 이유이기도 하다. 정치 영역에서 핵심전략팀은 후보자, 캠페인 본부장, 이슈 전문가, 현장 전문가, 여론조사 담당자, 커뮤니케이션 전문가, 정책가 등으로 구성된다. 이들은 다른 모든 사람을 움직일 단일 핵심 전략을 구축하며, 그렇게 구축된 전략은 다른 모든 것을 뒤집는 거대한 전략적 축이 된다. 국가 차원의 정치 캠페인에서는 하나의 핵심 전략에 집중하는 게 당연해 보인다. 반면 비즈니스에서는 단일 핵심 계획을 다른 모든 것을 통솔하는 거대한 전략의 축으로 활용해야 한다는 인식이 거의 없다. 당신은 직원들이 끊임없이 핵심 전략에 어긋나는 행동을 한다는 사실을 알 것이다. 전술이 전략을 이끌도록 내버려두는 형국이다. 이 소리가 들리는가? 바로 패배의 소리다.

우리가 만나는 많은 기업 리더는 회사 내 부서 이기주의가 팽배한 까닭에 각 조직이 자신들의 이익만을 추구하며 따로 돌아간다고 불평한다. 이때 개별 부서 관리자들의 주장은 늘 매한가지다. "저는 제 부서의 손익을 책임지고 있어요. 그 책임을 다하기 위해 필요한 일을 하는 겁니다."

문제는 지하 감옥처럼 칸칸이 분절되어 있는 듯 보이는 부서들이 실제로는 따로 떨어져 있지 않다는 점이다. 이런 회사는 대체로 각 부서가 중구난방으로 움직인다. 이들은 잘돼봤자 부품을 단순히 합쳐놓은 형태의 지주회사가 된다. 최악의 경우, 짝짝이 양말로 가득 찬 서랍처럼 엉망진창이 된다. 회사 전체가 한 방향을 향하게 하는 힘은 조직 운영과 소통에 있어 회사의 의미를 확장하는 힘이며, 나아가 그 의미가 다양한 방식으로 작동하더라도 결국에는 항상 함께 작동한다는 걸 보여주는 힘이다. 그것이 진짜 힘이고, 애초에 회사가 설립된 이유다.

대기업의 부서 이기주의에는 또 다른 문제가 있다. 바로 서로 다른 규칙과 분리된 문화다. 외부의 행동주의 투자자들에게 이런 회사는 손쉽게 분리되고 쪼개져서 주주 이익을 실현시키기 좋은 먹잇감처럼 보인다. 아이들이 킷캣 초콜릿을 보듯 회사를 바라보는 것이다. 그들로서는 회사 하나 쪼개는 것쯤 손쉬운 일이다!

핵심 전략은 기업의 존재 의미와 목표를 하나로 묶어주는 접착제와 같다.

사업가들은 흥미롭고 재밌어 보이는 전술과 같은 '반짝이는 것'에 끌리곤 한다. 최근 소셜미디어 캠페인에서 흔히 보이는 것들 말이다. 우리가 리더들에게 "전략이 리더"라는 간단한 규칙을 적용해보라고 조언하는 이유다. '전략을 따른 게 맞습니까?'라는 단순한 질문에 대답해보는 것만으로도 모든 논쟁이 정리된다. 전략이 리더라면, 누구도 제멋대로 그 지위를 끌어내리거나 파워 게임을 시도할 수 없다. 전략만 있다면 아기자기한 전술에 마음을 줘도 좋다. 하지만 큰 틀의 전략이 어긋나면 끝장이다.

오늘날 기업들은 그간 회사의 비전이나 미션, 설립 목적, 문제 해결을 위한 전략을 구축해왔다고 말한다. 하지만 실제로는 비전, 미션, 목적, 미래의 포부 같은 것을 무시하고 있다. 이런 모습이 만연한 상황을 그 유명한 '존슨앤드존슨의 신조'에 담긴 단순함·보편성과 비교해 생각해보라. '존슨앤드존슨의 신조'는 회사 창업자 중 한 명의 아들이자 CEO이기도 했던 로버트 우드 존슨 2세가 70년 전, 단 342개 단어만으로 작성한 글이다. 존슨앤드존슨 홈페이지 '우리의 신조'난에서도 볼 수 있다.

우리는 의사, 간호사, 환자, 부모 등 우리 제품과 서비스를
사용하는 모든 사람에게 최우선의 책임을 진다.

이들을 만족시키기 위해서는
우리가 하는 모든 일이 수준 높아야 한다.

적정 가격 유지를 위해
꾸준히 비용 절감 노력을 기울여야 한다.

소비자의 주문은 신속하고 정확하게 처리되어야 한다.
우리에게 납품하거나 우리 제품을 유통하는 업체들이
반드시 정당한 이익을 남길 수 있어야 한다.

우리와 함께 일하는 전 세계 모든 직원에 대한 책임을 갖는다.

모든 직원은 개인으로서 인정받아야 한다.

직원들의 존엄성을 존중하고 그들의 장점을 인정해야 한다.

직원들은 안정적으로 일자리를 유지해야 한다.

보상은 공정하고 적절해야 하며,
근무 환경은 청결하고 질서 정연하며 안전해야 한다.

직원들이 가족에게 책임을 다하도록
도울 수 있는 방법을 염두에 두어야 한다.

직원들은 제안을 하거나 불만을 제기할 때
거리낌이 없어야 한다.

자격을 갖춘 직원에게는 고용, 역량 개발,
승진을 위한 기회를 공평하게 제공해야 한다.

우리는 직원들을 유능하게 관리해야 하고,
그 방식은 정당하고 윤리적이어야 한다.

우리는 우리가 살고 일하는 지역사회,
나아가 국제 공동체에 대한 책임을 가져야 한다.

우리는 선량한 시민으로서 좋은 사업과 자선단체를 지원하고
공정한 납세 의무를 진다.

우리는 시민사회의 발전과
더 나은 보건 및 교육 환경을 장려해야 한다.

우리는 환경 및 천연자원을 보호하면서
우리가 특권적으로 사용하는 자산을 잘 관리해야 한다.

우리는 주주들에 대해 최종적 책임을 진다.

우리 사업은 건전한 이윤을 남겨야 한다.

새로운 아이디어를 실험해야 한다.

연구는 계속되어야 한다. 혁신적인 프로그램을 개발하고,
부족한 점은 메워나가야 한다.

새로운 장비를 도입하고, 새로운 시설을 제공하고,
새로운 제품을 출시해야 한다.

어려운 시기를 대비해 예비금을 마련해야 한다.

우리가 이러한 원칙에 따라 사업을 운영할 때,
주주들은 정당한 이익을 실현할 수 있어야 한다.

이 문서는 신념과 책임에 대한 한 쪽짜리 정의다. 이렇듯 명료하게 기술된 원칙은 지난 세월 존슨앤드존슨에 근무했던 리더들이 언제나 "의사, 간호사, 환자, 부모 등 우리 제품과 서비스를 사용하는 모든 사람에게 최우선의 책임"을 진다는 사실을 떠올리게 만들었다.

비전 선언문이나 강령은 기업의 시선을 미래로 향하게 하는 좋은 방법이다. 그것은 회사가 어디로 향하는지, 그 목적지에 대한 설명이다. 또 기업이 믿는 바, 핵심 가치, 세상을 바라보는 관점 등 신념에 관한 설명이기도 하다. 문서에 적시되어 있지 않더라도 거기에는 선량한 시민 의식과 윤리적 기업 관행이 전제되어야 한다. 그러나 오늘날 대다수 기업에서 그것을 설정하는 일은 '좋은 기업 시민 사항Good Corporation

리더십 캠페인

Citizen issues' 체크난에 표시하는 일 정도로 여겨진다. 공장에서 일하던 누군가가 다쳐도 대체로 아무 일 없었다는 듯이 그냥 넘어가는 것도 이와 크게 다르지 않다. 비전과 영감은 단순히 체크난에 표시하는 것 이상을 요구한다.

핵심 전략은 단순하면서도, 비즈니스 전반을 아우를 수 있을 만큼 강력해야 한다. 그것이 바로 핵심 전략의 본질이다. 또한 명확한 언어와 빈틈없는 논리를 통해 회사가 목표에 어떻게 도달할 것인지를 규정해야 한다. 그 목표가 종착지다. 핵심 전략이란 회사가 그곳에 도달할 수 있도록 하는 로드맵이다.

충성도와 생산성이 높은 상위 8퍼센트에 속한 사람들로 핵심전략팀을 꾸려라. 만약 그들이 별로 생산적이지 않고 충성도만 높다면, 핵심전략팀에 배속될 자격이 없다. 회사에 특별한 충성도도 없으면서 생산성만 높은 사람도 마찬가지다.

따라서 핵심전략팀은 단순히 조직의 직급이나 직책이 아니라 능력 위주로 구성돼야 한다. 이 팀에는 다양한 배경과 관점이 필요하다. 이는 혁신 문화를 뿌리내리게 하기 위한 첫 번째 요건이다. 또 열린 협업이 가능한 업무 방식을 구축해야 한다. 간판만 보고도 무엇을 하는 회사인지 명확히 알 수 있어야 한다는 뜻이다. 자신의 의견을 말하는 것을 두려워하지 않으며, 다른 사람의 의견을 경청할 수 있는 사람도 필요하다. 참고로, 이는 매우 보기 드문 조합이다. 핵심전략팀은 다음과 같이 구성되어 움직여야 한다.

- 데이터에 따라 움직인다.
- 개인, 배경, 접근 방식이 다양해야 한다.
- 브랜드, 고객, 시장, 업계뿐 아니라 외부까지 아우르는 폭넓은 통찰력으로 정보를 얻는다.
- 일을 개방적으로 추진하며 다양한 의견과 접근 방식에 충분히 열려 있다.
- 모든 전략과 커뮤니케이션을 일관되게 정렬하는 데 주력한다.
- 핵심 전략의 실행을 관리하는 것이 팀의 주요 책무라는 점을 확실히 한다.
- 기업이 중앙집권화와 분권화의 사이클을 두루 겪는다는 점을 인지하고, 전략은 중앙집권적으로 짜고 실행은 분권화된 방식으로 한다.
- 가능한 한 현장에서 신뢰할 만한 통찰을 얻으려 애쓴다.
- 기꺼이 변화한다.
- 시장에 변화를 일으키는 데 몰두한다.
- 시장에서 어떤 변화가 일어날지 시나리오를 짜고, 새로운 도전과 기회를 포착하기 위한 새로운 행동 가설을 세울 줄 알아야 한다.
- 모든 프로젝트와 계획의 기한을 정한다. 선거일이 규정되지 않으면 프로젝트나 계획을 실행함에 있어 긴박감과 집중도가 떨어진다.

마이크 로버츠의 맥도널드 누들팀처럼, 핵심전략팀의 활동은 비공개로 진행되어야 한다. 만약 팀 구성원들이 나쁜 소식을 전하길 두려워한다면, 그 나쁜 일이 점점 더 핵심부로 다가오고 있다는 얘기다. 힐러리 클린턴이 2007~2008년에 겪은 것처럼 말이다. 팀원끼리 만날 때는 서로를 존중하면서도 솔직하고 정직해야 한다. 물론 서로를 존중하고, 서로에게 솔직하면서도 개방적인 분위기를 만드는 것은 당신이 해야 할 일이다. 외부의 의견을 흘려듣지 말고 경청하라.

핵심전략팀 내에는 팀의 활동을 주도하고, 그 결과로 도출된 실행방안을 점검할 쿼터백이 필요하다. 맥도널드에서는 프랭크 비스카라가 그 역할을 했다. 비스카라는 쿼터백, 코치, 심판 등 총 세 가지 역할을 해냈다.

어떤 사람은 타고난 재능과 에너지로 조직의 최고위직에 오를 것이다. 하지만 지속 가능한 동시에 성공적인 리더십은 탄탄한 하나의 팀을 만들 수 있는지 여부에 달려 있다. 당신이 꾸린 핵심전략팀은 조직 전체를 뒤바꾸는 엔진이 될 것이다. 당신의 리더십을 발판으로 회사 문화를 발전시키는 핵심 동력이 될 것이다. 변화의 리더십은 결국 회사 전체와 회사 시스템에 영향을 미칠 수 있어야 한다. 월트디즈니 CEO였던 밥 아이거의 도움으로 우리는 '강력한 문화'가 무엇인지 정의할 수 있게 됐다. 강력한 조직 문화가 있는 회사에서는 모든 직원이 다음 세 문장을 말할 수 있다.

1. 나는 위대한 일을 함께하고 있다.

2. 나는 변화를 만들 수 있다.

3. 누군가는 내가 만든 변화를 알아볼 것이다.

조직 문화와 회사 시스템 곳곳에 변화를 가져오는 일은 리더의 집무실에서부터 시작된다. 더 개방적이고, 포용적이며, 늘 진실된 리더가 되고 싶다면 접근 방식을 바꿀 수 있어야 한다. 이 세 가지 가치를 갖추기 위해서는 당신부터 변해야 한다. 그러지 않으면 당신은 시장의 현실, 기업 문화의 현실, '멍청한 생각'을 "멍청한 생각이야"라고 솔직히 말하는 세상의 현실로부터 멀어질 것이다.

옮긴이 노트	**키친 캐비닛**

앞서 살펴보았듯이 키친 캐비닛은 국정의 중요한 정책과 방향을 결정하는 일종의 '비선秘線 조직'을 뜻한다. 주로 대통령과 친분이 있을 뿐, 사적·정치적 이해로 얽히지 않은 사람들로 구성된다.

미국 제7대 대통령 앤드루 잭슨은 취임 직후인 1829년부터 공식적인 내각 회의를 열지 않았다. 대신 측근으로 꾸린 별도 모임을 비공식으로 구성했다. 잭슨 대통령은 참모진과의 불화로 자문이 필요할 때 행정부 바깥의 지인들을 식사에 초대해 그들과 격의 없이 국정을 논의한 것으로 알려졌다. 신문사 국장, 백악관 비서, 군 시절 동료 등이 그 일원이었으며, 대통령의 사촌까지 포함되어 있었다. 이들이 바로 키친 캐비닛의 시작이었다.

잭슨의 키친 캐비닛은 비공식적인 사적 조직이 국정의 사령탑 역할을 했다

리더십 캠페인

는 점에서 후세에 많은 비판을 받았다. 반면 그는 미국 역사에서 실질적 민주주의를 확대했다는 평가를 받기도 한다. 그는 '보통 사람들의 대변자'를 자처하며 기성 정치 세력과 대결했다.

그는 일반 국민의 경제적 이익을 가로막는다는 이유로 중앙은행 문을 닫게 했으며, 관료주의 개혁과 부패 청산을 국정의 핵심 철학으로 내세웠다. 법률안 거부권을 적극적으로 사용한 최초의 대통령이기도 했다. 잭슨 대통령 이후 키친 캐비닛은 일반적인 정치 용어로 굳어졌고, 오바마 대통령처럼 키친 캐비닛 멤버를 공식적으로 발표한 사례도 있다.

그렇다면 키친 캐비닛은 어떻게 구성해야 할까. 최소 여섯 명의 핵심 멤버가 필요하다. 캘리포니아대학 샌디에이고캠퍼스에서 정치학을 가르치는 새뮤얼 L. 폽킨의 저서 『후보자The Candidate』에 따르면, 키친 캐비닛에 꼭 포함되어야 하는 인물로는 후보자와 거의 동등한 권위를 갖는 비서실장, 후보에게 쓴소리를 하더라도 후보의 감정이 상하지 않는 피어, 전략에 깊숙이 개입하고 방향을 제시하는 네비게이터, 후보가 편안함을 느끼고 든든하게 생각하는 바디맨 또는 사이드키커, 전문가들과 후보의 가족, 친구를 조율하는 미디에이터(중재자), 선거에 앞서 후보의 가치를 최우선으로 수호하는 브랜드 프로텍터 등이 있다.

4단계

인사이드아웃
캠페인을 준비하라

> **"브랜드 파워를 이해하라. 이기는 프로젝트를 만들어라.
> '인사이드아웃' 커뮤니케이션의 힘을 이용하라."**

혁명은 내부에서 시작된다. 혁명은 카리스마 있고, 이상주의적이며, 헌신적인 지도자로부터 확산된다. 여기에 곧바로 핵심 신봉자 그룹이 합세하면서 지도자와 함께 충성도 높은 지지자들을 늘려나간다. 그렇게 다수의 추종자를 양산하는 단계가 되면 혁명은 멈출 수 없는 힘이 된다.

혁명적 발상의 힘은 내부에서부터 쌓아 올려야 한다. 많은 이가 "성가대한테 설교하지 말라"고 한다. 하지만 몇 가지 혁명의 사례를 공부하고, 때로 조언했던 우리의 생각은 다르다. 성공한 혁명은 실행 초반, 소수의 열성적인 신봉자로 구성된 성가대에 집중한다. 성공한 혁명가들은 먼저 이들 성가대를 감화시켜 선교사나 전도사로 만든 다음, 이들이 혁명적 발상의 신조를 널리 전파하게끔 한다.

우리가 아는 모든 종교는 이 길을 걸었다. 이와 비슷한 사례는 종교 백과사전, 아니 신화 사전에 달린 주석보다도 더 많다. 이 같은 방식은 정치나 사업에도 똑같이 적용된다. 당신 혼자서는 리더십에 도달할 수 없으며, 설령 도달한다고 하더라도 끝내 성공할 수 없다. 우리가 이야기를 꾸며내는 것 같은가? 역사가 그랬고 문명이 그랬다. 이는 율리우스 카이사르와 엘리자베스 1세, 나폴레옹, 예수그리스도, 마호메트, 마하트마 간디, 스티브 잡스, 테드 터너, 코라손 아키노의 이야기이자, 미국 건국의 아버지들의 이야기이기도 하다. 그리고 이들에게는 한 가지 공통점이 있다. 바로 강력한 추종자가 있었다는 점이다.

혁명적 지도자 중 추종자 없는 사람이 있는가? 물론 있을 수도 있다. 알루미늄 포일로 만든 모자를 쓰고 공원 벤치에 앉아 자신을 둘러싼 비둘기 떼를 향해 혼잣말을 중얼거리는 그런 사람 말이다.

리더가 되려면 당신과 당신의 생각에 대한 지지를 이끌어내는 능력을 갖춰야 한다. 이 능력을 발전시키려면 당신의 리더십 구축을 도울 키친 캐비닛과 핵심전략팀 역할을 할 멘토가 필요하다. 멘토와 함께 더 많은 '강력 지지자'를 확보하고, 적절한 시기가 되면 강력 지지자 그룹에 합세해 당신의 세력을 확장해줄 '온건 지지자' 층을 더해야 한다. 그렇게 되면 리더십도 확고해지고 회사와 팀을 이끌 혁명의 동력도 생겨날 것이다.

'당신'을 브랜딩하라

이번 단계에서는 '당신으로부터 시작되는 세상을 바꾸는 힘'을 어떻게 키울 수 있는지, 그 방법을 다룬다. 모든 정치 캠페인이 후보자로부터 시작된다는 것은 기정사실이다. 그렇다. 바로 당신 말이다. 오늘날 관점에서 후보자로서의 능력은 곧 당신이라는 브랜드의 의미와 강점으로 드러난다. CEO라는 직책과 직무가 당신의 브랜드를 입증하며 그에 의미를 더해준다. 하지만 리더십 브랜드는 'CEO'라는 글자가 명함에 새겨지기 한참 전부터 차곡차곡 형성되어야 한다.

세계적인 정치인들의 브랜드를 정의하는 일은 쉽다. '미국의 아버지' 조지 워싱턴, '위대한 해방자' 에이브러햄 링컨, '위대한 소통가' 로널드 레이건, '철의 여인' 마거릿 대처. 미국 대통령 중 몇몇은 이니셜만으로도 그가 누구인지 충분히 설명된다. TR(시어도어 루스벨트), FDR(프랭클린 D. 루스벨트), JFK(존 F. 케네디), LBJ(린든 B. 존슨). 블라디미르 푸틴, 버락 오바마, 김정은, 도널드 트럼프, 힐러리 클린턴 같은 사람들은 이름만으로 긍정 혹은 부정의 감정을 불러일으킨다. 파블로프의 개가 종소리만 들어도 침을 흘리는 것처럼 말이다.

당신의 회사에도 이 같은 브랜딩 관점을 적용해보자. 먼저, 회사에서 잘 아는 사람 다섯 명을 떠올려보라. 그리고 그들을 세 단어에서 다섯 단어로 묘사해보라. 좋은 말이건 나쁜 말이건 상관없이 일단 그 단어들을 음미해보라. 달콤한가? 시큼한가? 구미가 도는가? 역겨운가? 아니면 그저 밍밍한가? 잠시 미각을 가다듬고 다음 문장을 읽어

라. 당신이 방금 그들을 평가한대로, 그들도 당신을 평가할 수 있다. 실제로 사람들은 당신을 만나기 전, 만나는 동안, 만난 이후에도 매 순간 평가를 진행하고 있다.

이제 브랜드를 철저하게 관리하는 것이 왜 중요한지를 깨달았을 것이다. 모든 이해관계자 사이에 오가는 당신에 관한 이야기를 장악하라. 자기만의 브랜드 매니저가 되어야 한다. 스스로 브랜드를 관리하지 않으면, 경쟁자는 좋아라 하며 당신의 브랜드를 제멋대로 정의할 것이다. 그것도 아니라면 당신의 브랜드는 정보화 시대의 변덕에 맡겨질 것이다. 둘 다 최악이다. 이 점을 절대 잊어서는 안 된다.

이 책에서 여러 번 시인한 대로, 우리는 정치 후보자들에게는 브랜드 마케팅 측면에서 생각할 것을, 기업 리더들에게는 정치 캠페인 관점에서 고민할 것을 제안했다는 이유로 비난을 받곤 했다. 기소된 대로라면 우리는 유죄다.

보통 기업인은 정치인보다 브랜딩 개념을 더 쉽게 받아들이지만, 자기 스스로를 브랜딩하는 데 있어서는 양측 모두 다소 어색함을 느낀다. 브랜드? 브랜드는 스니커즈 같은 상품을 말하는 것이지, 스니커즈를 만드는 마스 CEO와는 상관없지 않은가? 스니커즈를 먹는 미국 상원의원과도 관련이 없지 않은가? 이 말이 맞냐고? 틀렸다. 완전히 틀렸다.

우리는 인류학자도, 심리학자도, 인식론자도 아니다. 어떤 검증된 권위를 갖고 인간이 브랜드 관점에서 세상을 바라본다고 말하려는 것이 아니다. 신학자도 아니기 때문에 종교가 신의 영감을 받아 브랜딩

리더십 캠페인

되었다고 말할 수도 없다. 하지만 우리는 현대 문화를 꽤나 잘 이해하고 있기에 이렇게 단언할 수 있다. 현대 문화에서 모든 것은 브랜드 그 자체로 이해된다.

브랜딩이 먼저냐 문화적 영향이 먼저냐를 논하는 것은 부질없는 일이다. 그저 브랜딩이 사물 또는 인물을 다루는 가장 빠르고 가장 설득력 있는 방법이라는 사실을 받아들이면 된다. 두 번째 밀레니엄이 지난 현 시점에 브랜딩은 마케팅 기법으로서 정교하게 개발되었고, 좋든 싫든 우리는 평생 마케팅을 배워왔다. 매스컴이 발전하고 그마저도 쌍방향 디지털 커뮤니케이션으로 빠르게 대체되면서, 브랜딩은 더 절박한 과제가 됐다. 140자 메시지가 대세인 시대에 브랜드 커뮤니케이션은 유용하면서도 절대적이며, 필수적인 요소가 되었다.

'문제 해결' 틀을 활용하라

제품 브랜드와 마찬가지로 개인 브랜드의 맥락도 마케팅에서 나온다. 우리 모두는 24시간 365일 내내 마케팅 메시지 속을 헤엄치고 있다. 마케팅은 그동안 빠르고 설득력 있는 커뮤니케이션, 포장 및 라벨링의 과학과 기교를 만들어왔다. '사라, 사지 마라' '해라, 하지 마라' 하는 마케팅적 판단은 우리 일상을 관통한다. 심지어 복잡한 의사결정도 소비자 마케팅의 맥락을 따른다. 가장 일반적으로 쓰이는 틀은 '문제 해결'이다.

문제: "배는 고프지만 밥이 당기진 않는다고요?"

해결: "스니커즈를 드세요!"

의식했든 못 했든, 소비자들은 이 틀을 활용해 소소한 구매 결정을 내린다. 여기에는 1달러가 채 안 되는 돈만 걸려 있는 것 같겠지만 200칼로리가 넘는 열량도 걸려 있다. 심지어 기술과 산업 분야에서는 이 틀을 활용해 수백만 달러가 걸린 결정을 내린다.

이를 정치 분야에 적용한다면? 용기 있고, 강인하고, 안보 전문가에, 인정 많고, 약간은 괴짜인, 마치 스니커즈 바와 같은 사람은? 존 매케인! 이런 식이다.

그러니 받아들여라. 당신은 브랜드다.

'다만'을 '그리고'로 대체하라

당신은 브랜드다. 물론 브랜드 그 이상이지만, 브랜드 그 자체이기도 하다. 당신은 결국 하나의 브랜드가 될 테니, CEO가 되기 한참 전부터 브랜드를 관리해야 한다. 어떻게 확신하느냐고? 아기 때부터 독방에 갇혀 자라지 않는 한, 모든 사람에게 일어나는 일이니까. 브랜드를 스스로 개발하든 안 하든, 당신은 누구나처럼 브랜드를 갖게 된다. 중요한 점은 다른 사람이 만들어준 브랜드를 그대로 받아들이는 건 온라인 계정을 만들 때 제공되는 기본 암호를 그대로 쓰는 것보다 훨씬 더 위험하다는 사실이다. 특히 그 사람이 당신을 그다지 좋아하지 않는다면 더욱 최악이다. 뒤의 6단계에서 배울 교훈 중 하나는 적이 당신을 정의하기 전에 스스로 자신을 정의해야 한다는 것이다. 다시 한번 말하지만, 당신의 적은 언제나 기꺼이 그 작업을 대신할 것이다.

설령 우호적인 경쟁자가 당신의 브랜드를 정의해줄지라도, 회사 내다른 구성원들의 브랜드와 구별되는 당신의 브랜드에는 대개 '다만but'이라는 단어가 끼어들 것이다. 이런 식이다.

"매우 똑똑합니다…… 다만…… 좀 못됐죠."
"해결사죠…… 다만…… 최고의 팀원은 아니에요."

휴게실이나 퇴근 후 들른 칵테일 바에서 누군가 무심코 하는 얘기를 엿듣게 된다면 당신은 무의식적으로 '다만'이라는 말이 튀어나오기를 기다릴 것이다. '다만' 뒤에 나올 말이 핵심이라는 걸 알기 때문이다. 그러니 시간을 내서 자가 진단을 해보라. 다만, 있는 그대로. 당신의 '다만'은 무엇인가? 애써 추측할 필요가 없을지도 모른다. 그 '다만'은 다년간 해온 일을 돌이켜보면 자연스럽게 도출되기 때문이다. "이 분야에 정말 정통하다…… 다만…… 도전에 적극적이지는 않다."

그러니 괜히 헤매지 말고 그냥 인정하라. 좋은 직장 동료 한두 명에게 당신의 브랜드에 어떤 모순이 있는지 솔직하게 말해달라고 하자. 여기서 모순이란 당신의 업무 능력이나 성과와 관련된 '다만'을 의미한다.

"스니커즈는 훌륭하고 만족스러운 간식입니다…… 다만…… 설탕이 98퍼센트죠."

"버락 오바마가 똑똑한 사람이라는 데는 의심의 여지가 없습니다…… 다만…… 그는 진짜 지도자가 아닙니다."

'모순'은 기업 브랜드든, 정치 브랜드든 특정 브랜드를 평가절하하고 브랜드 가치를 파괴할 수 있다. 존 에드워즈를 기억하는가? "멋진 헤어스타일을 하고, 가난하고 억압받는 사람들에게 마음을 썼던…… 다만…… 죽어가는 아내를 두고 바람을 피운."

개인 브랜드가 손상되는 데는 꼭 존 에드워즈가 저지른 수준의 행위까지 갈 필요도 없다. 요즘의 똑똑하고 냉소적인 대중은 브랜딩에 어긋나는 제품을 가차 없이 응징한다. 소수가 겪은 부정적인 브랜드 경험은 입소문을 타는 것은 물론, 소셜미디어를 통해 증폭되며 파장을 일으킨다. 이는 나쁜 제품 경험에도, 나쁜 업무 경험에도 해당되는 얘기다.

브랜드를 만들 때는 '다만'을 찾아낸 뒤, 그것을 '그리고'로 대체할 방법을 고민해야 한다. "그는 매우 똑똑합니다…… 그리고…… 팀을 잘 조직합니다."

모든 것은 서로 소통한다

존 에드워즈, 게리 하트 또는 '47퍼센트'의 밋 롬니*를 떠올려보라. 정치권에서 브랜딩에 실패한 사례는 명사 한 단어, 동사 한 단어로 이루어진 뼈아픈 교훈을 남겼다. 모든 것은 소통한다Everything communicates.

모든 디테일이 당신의 브랜드를 형성한다. 선반 위에 놓인 제품을 고른다고 생각해보라. 모든 조건이 동일하다면, 중요한 누군가가 특정 브랜드 제품을 사오라고 시킨 게 아니라면, 당신은 품질이나 신선도, 또는 천연 재료의 사용 등 사소하고도 긍정적인 디테일에 영향을 받을 것이다. 부정적인 디테일은 정반대 효과를 낼 수 있다. 심각한 하자가 있는 제품이라면 매대에서 오래 버티지도 못할 테지만, 긍정적 요소와 부정적 요소가 적당히 섞인 제품 역시 선택받기 어렵다. 명확하고 일관되게 긍정적인 브랜드 메시지만이 살아남는다. 이 교훈을 개인 브랜드를 분석하고 개발하는 데 적용하라. 개략적인 특징이나 모호한 가치를 넘어 디테일의 관점에서 당신의 브랜드를 생각해보라.

그러나 이것도 조금 앞선 이야기임을 기억하라. 고전적인 토끼 스튜 레시피의 첫 단계는 '토끼를 잡아라'다. 강력한 개인 브랜드를 구축하는 첫 단계는 강력한 제품 브랜드를 구축하는 것이다. 먼저, 멋진 제품을 만들어라.

당신이 누구인지를 보여주는 브랜드를 구축하기 전에, 당신이 어떤

---

* "47퍼센트의 미국인이 정부에 의존하면서 자신들을 피해자라고 생각한다"라는 발언을 했다.

사람인지부터 명확히 하라. 잘 꾸며진 연간 성과 평가도 살펴봐야겠지만 멘토와 신뢰하는 동료, 심지어 당신과 직접적 관련이 없는 사람들에게까지도 솔직한 평가를 구해보라.

만약 조직에서 한창 성장하고 있다면, 개인의 목표 및 가치를 기업과 현 리더십의 목표 및 가치와 어떻게 맞춰갈지 고민해야 한다. 어떤 성과로 당신의 목표와 가치를 뒷받침할 것인가? 어떻게 더 효과적으로 강점을 펼쳐보일 것인가? 어떻게 약점을 보완하고 문제를 해결할 것인가?

당신의 브랜드를 구축하라

지성과 재능, 진취성은 행동에서 드러난다. 리더에게 요구되는 대인관계 기술과 의사소통 능력도 그렇다. 제품 품질과 사용 경험만큼 브랜드 가치를 분명히 전달하는 것은 없다. 우리의 행동과 타인과의 상호작용은 원하든 원치 않든 늘 진실을 말한다.

시장을 선도하는 기업들조차 브랜드 가치 향상을 위한 제품 개선에는 게으른 모습을 보인다. 도전자가 위협해오면 그제서야 의미 있는 변화를 꾀할 뿐이다. 오늘 당장 슈퍼마켓의 진열대를 살펴보라. 기존 브랜드 옆에서 새로운 브랜드들이 더 나은 모습으로 참신하고 이국적인 소비자들의 취향에 어필하고 있을 것이다. 개인 브랜드 구축에 있어 가장 중요한 일은 제품을 점진적인 방식이 아닌 실질적인 방식으

리더십 캠페인

로 개선하는 것이다. 그런 뒤에도 지속적으로 제품을 개선하고, 작업 내용과 방식을 재점검하며, 수정하고 또 수정해야 한다.

실질적인 개선은 회사 브랜드 강화를 위해 할 수 있는 가장 중요한 일이기도 하다. 개선 작업에는 리더와 관리자, 직원들의 자질 향상이 포함된다. 우리가 교육 및 코칭 사업에 뛰어든 이유는 기존 교육 프로그램들이 마치 수제 맥주가 등장하기 이전에 대량 생산되던 맥주 수준에 머물러 있기 때문이다. 우리는 '크래프트 트레이닝Craft training' 이 새로운 교육 프로그램이라고 믿는다. 직원의 업무 수준, 진취성, 민첩성만큼 합리적인 비용으로 확실하게 향상시킬 수 있는 기업 가치는 없다.

코어스트래터지그룹에서 개인 코칭을 받는 것에 더해, 당신이라는 '제품'을 향상시킬 방법 역시 고민해야 한다.

- 회사의 제품, 고객, 시장 및 업계 경쟁 판도를 살펴보면 항상 배울점이 있다.
- 당신의 전공 분야가 아니더라도 회사에 꼭 필요한 비즈니스 분야가 있다면 배워야 한다. 재무는 너무나 중요해서 최고재무책임자CFO에게만 맡겨둘 수 없는 분야다. 아울러 CFO는 거래 가치를 높이기 위한 수단으로 마케팅을 배워야 한다. 단언컨대 마케팅 역시 너무 중요하기에 이를 마케터들에게만 맡길 수 없다.
- 예술, 역사와 같은 개인적 관심사를 탐구함으로써 학습 능력을 자극하라. 여러 영역을 넘나드는 지식을 업무에 교차 적용해보

는 것이 도움이 된다는 사실을 깨닫게 될 것이다. 우리가 함께 일해본 최고의 리더들은 비즈니스와 거리가 먼 분야에서도 항상 사업에 유용한 맥락과 그에 상응하는 배울 점을 끊임없이 발견 해냈다.

- 대인 관계와 의사소통 능력을 향상시켜라. 가장 쉬운 방법은 이 책을 읽는 것이다.
- 체력 단련을 통해 외모, 활력, 집중력, 신체적 능력뿐 아니라 지력도 향상시킬 수 있다. 철인 레이스, 요가, 태권도 같은 체력 훈련은 리더십 훈련만큼이나 중요하다.

기량과 성과 향상을 최우선 순위로 삼아라. 그런 다음 개인 브랜드의 구성 요소를 어떻게 개발할지 고민해야 한다. 조금 더 직접적으로 말하면, 그것은 '4월의 신선한 향을 더한 강력하고 깨끗하며 새로운 섬유 유연제 다우니'와 같다. 새롭다는 것도 하나의 브랜드다. 당신도 하나의 브랜드다. 제품, 조직, 개인을 막론하고 모든 브랜드를 이루는 구성 요소는 동일하다.

1. 존재와 인식
2. 연관성
3. 차별성
4. 신뢰성
5. 이미지

1. 존재와 인식

"오늘 미팅에서 '어떤 여성분'이 좋은 질문을 많이 하시더라고요."

맞다. 브랜드 가치 구축은 브랜드 인식에서부터 시작된다. 당신은 미팅에 참가해야 하고, 미팅 참가자들은 당신이 누구인지 알아야 한다.

마케터들은 무엇보다 '단순함'을 신봉한다. 그 룰을 따르라. 절대 당신의 이름을 있는 그대로 사용하지 말라. '엘리자베스 롤런드 스미스'를 '리즈'로, '윌리엄 데이비드 스미스 주니어'를 '빌'로 압축하는 데서부터 시작하라. 유구한 역사적 가치가 있는 게 아니고서야 오늘날은 대체로 호칭에 격식을 차리지 않는다. '성 요한의 예루살렘과 로도스와 몰타의 주권 구호 기사수도회'도 스스로를 '몰타 기사단'이라고 부른다. 세계에서 가장 강력하고 존경받는 기업가 중 한 명인 존슨앤드존슨의 CEO도 60개국에 그저 '앨릭스'로 통용된다. 오늘 밤 가려는 술집에서 '안호이저부시의 버드와이저'와 '버드' 중 당신은 무엇을 마시겠는가?

격식을 깨고 직원들이 당신에게 쉽게 접근할 수 있도록 하라. 리더라면, 직원들과 당신 사이에 장벽이 있는 것을 원치 않을 것이다. 또한 당신의 조직과 고객 사이를 가로막는 어떠한 장애물도 결코 원치 않을 것이다. 단순하고 캐주얼하며 명확하고 공손한 표현으로 말하고, 쓰고, 서명하라. 더 나아가 이메일이나 문자에 이를 적용해 직원들을 축하하고, 격려하고, 그들에게 공감하라.

부르기 쉬운 이름을 만드는 게 가장 좋은 방법이다. 거드름을 피우거나 너무 아첨하는 듯한 이름은 안 된다. '콧대 높은 리즈'나 '간신배

빌'은 끔찍한 브랜드가 될 것이다.

작명의 또 다른 원칙은 문제 해결을 연상시키는 수사를 전면에 내세우는 것이다. '해결사 리즈' '앞장서는 빌'처럼 말이다. 제품 브랜딩은 사용됨으로써 비로소 수용된다. 개인 브랜드를 쌓기 위해서는 당신이 누구인지 알려야 한다. 그래야만 당신이 리더의 물망에 오를 수 있다. 게임 전면에 이름을 내걸어야 한다. 그리고 그 자리를 계속 지켜야 한다.

2. 연관성

모든 성공한 브랜드는 목표 고객을 정조준한 혜택을 제공한다. 마케터들은 이것을 '연관 이익Relevant benefit'이라고 부른다. 브랜드는 문제를 해결하고, 고충을 없애주고, 욕망을 충족시키고, 열망을 실현하는 데 집중해야 한다. 소비자나 관련 집단과 연관성이 높을수록 좋다. 예를 들어 정치 공약은 항상 선거인단의 고충을 겨냥한다. '문제는 경제야, 바보야!'나 '망가진 이민 시스템' '고물가'처럼 말이다. 또는 단순히 '정치 엘리트'로 대표되는 집단이나 거대 정당, 기성 권력, 로비스트, 대기업, 노조, 대형 은행, 특수 이익 집단, 기성 미디어를 향한 널리퍼진 실망감을 조준할 수도 있다.

40년간 대통령 선거를 치러온 미국인들은 계속해서 변화에 표를던졌지만, 실제로 변화한 것은 거의 없었다.

정치인들은 유권자들에게 그저 보여주기식으로, 이미 오래전 해결된 문제들을 자신의 업적이라며 나열할 것이다. 사실상 요즘 의회에서 문제를 실제로 해결하는 의원은 거의 없기 때문에, 그들은 기존에 '싸워오던' 문제들을 재탕할 것이다. 이는 일종의 '의회 암호'다. 따라서 이는 회의에 참석해서 준비된 성명서를 읽을 때 쓰는 말 정도로 치부하면 된다. 반대로 도전자들은 문제를 어떻게 다르게 해결할지를 약속한다. 비즈니스라면 '당신이라는 브랜드'와 고객과의 연관성을 어떻게 구축하겠는가?

- 우선 '문제 해결' 브랜드가 되어야 한다. 간단한 문제 해결 틀로 프로젝트를 설명할 수 있어야 한다.
- 문제를 정의해야 한다. 그리고 그 정의가 명확하며 오류가 없는지 확인해야 한다. 애초에 잘못 설정된 문제를 해결하려고 골머리를 앓는 경우가 너무 많다. 문제를 정의할 때는 모든 각도에서 접근해야 한다.
- 수요 부족이 문제라면 철저한 시장조사를 해야 한다. 포커스 그룹의 심층 인터뷰 영상을 차분하게 살펴보라. 정신과 의사가 참을성 없는 환자를 다루듯, 문제를 면밀히 이해하는 것만이 유일하고도 영속적인 해결책이다.

우리는 문제를 명확히 정의하기 위해 심리학의 '패턴 인식Pattern recognition' 개념을 사용한다. 우리에게 패턴 인식이란 서로 다른 데이터 조각들을 모으고 연결해 인식할 수 있는 형태로 전환하는 일종의 '아하 모멘트Aha moment'다.

우리는 다년간 정치 및 경제 영역에서 경험을 쌓으며 종종 이런 아하 모멘트를 만났고, 그때마다 이렇게 기록했다. "이 영화 전에 본 적 있어!"

문제를 정의하는 초기 단계, 즉 고작 한 단어나 간단한 구문만을 사용하는 단계에서도 가능한 해결책을 적기 시작해야 한다. 가장 확실한 것부터 시작하라. 양동이에 구멍이 났으면 구멍부터 막아라. 해결책을 마련하고자 제기된 가설들을 실용적이지 않다는 이유로 폐기하지 않도록 주의해야 한다. 만약 해결책이 너무 많은 비용을 요하거나, 너무 오랜 시간이 걸리거나, '그 해결책을 절대 사용하지 않을' 파트너에게 가로막혀 있다고 해도 가설을 바로 소거해선 안 된다. 몇 해 전 캐스트롤엔진오일과 일할 때의 일이다. 우리는 회사의 기술 전문가들로부터 브리핑을 받았는데, 그들은 모든 엔진오일이 똑같다고 말했다. 심지어 10W-20, 10W-30, 10W-40 간의 차이도 무의미하다고 말했다.•

"엔진오일을 개선하거나 다르게 만들 방법은 없습니까?"

답답한 우리가 물었다.

그러자 한 엔지니어가 "글쎄요. 요즘 4기통 엔진이 쉽게 과열돼서 오일 점도를 더 높이면 좋을 것 같아요"라고 답했다.

"그렇다면 그렇게 할 수 있습니까?"

• 뒤의 숫자는 엔진오일의 점도를 나타내는 숫자로, 숫자가 클수록 점도도 높다. 일반적으로 점도가 낮으면 연비는 올라가지만 엔진 온도가 높아지는 고속 주행 시에는 엔진 보호 능력이 떨어진다.

우리는 계속 밀어붙였다.

"그러려면 정말, 정말 많은 돈이 들 거예요."

그는 자기 아이디어를 그렇게 뭉갤 작정이었다.

"얼마나 드는데요?"

"아마 20만 달러에서 30만 달러는 있어야 할 거예요."

자신의 말이 모순적이라는 일말의 자각도 없는 대답이었다.

지금은 고인이 된 위대한 CEO 마틴 J. 도너휴는 이 직원이 말한 '오일 점도' 개선책을 전폭 지원했다. 이때의 개선으로 캐스트롤은 향후 30년 동안 '소형차를 위한 최초의 맞춤형 오일'을 생산할 수 있었다.

잠재적인 해결책을 공식 가설로 발전시키고, 그것이 회사의 궁극적인 목표 및 전략과 일치하는지 살펴보라. 그러기 위해선 해결책과 전략의 핵심 요점을 문자 그대로 선을 그어 서로 연결해봐야 한다. 이를 통해 가설의 어떤 점이 회사의 비즈니스 목표와 부합하는지, 어떤 선이 다른 엉뚱한 것과 이어지는지를 확인할 수 있다. 회사 목표 및 전략과 일치하는 해결책을 중심으로 실제 원을 그려보라.

당신은 회사의 가치를 더하고 축적하며, 제품과 기업 브랜드의 영구적인 가치를 창출하는 데 모든 에너지를 집중해야 한다. 대다수 프로젝트가 그저 문제를 '도출 중'이라거나 무엇이 도전 과제인지 '언급'하는 데 그치고 만다. 이것만으로는 진정한 연관성을 도출할 수 없다. 모든 계획과 프로젝트를 문제 해결의 기회로 삼아라. 다음과 같이 적용해보라.

- 문제 찾기
- 해결하기
- 고통 없애기
- 새로운 가치 창출하기

위의 방식으로 개인과 제품 및 기업 브랜드에 고객과의 연관성을 부여하면 고객 맞춤형 이익을 제공할 수 있다.

3. 차별성

가치가 동일성이 아닌 희소성에서 나온다는 사실은 모든 시장에서 통용되는 진리다. 자신만의 고유한 방식으로 시장 문제에 접근하는 것은 스타벅스나 구글, 포르셰, 새뮤얼애덤스와 같은 기업들이 한결같이 추구해온 가치다. 이는 당신을 위한 방법이기도 하다. 같은 포지션에 있는 상위 다섯 명과 똑같이 행동하고 있는 것만으로는 부족하다. 사실 이는 한심한 일이다.

문제를 무시하는 대신 실제로 해결해낸다면, 조직에 이로울 뿐 아니라 스스로도 차별화를 이룰 수 있다. 해결책에 집중하는 것이 핵심이다. '언제까지'를 정의하는 것은 적절한 차별화 요소다. 직장에서는 어리바리하게 굴지 않고 빠릿빠릿하게 일하면서도 도움을 주는 사람이 되어야 한다.

해결책에 몰입하는 능력은 개인 브랜드의 주된 차별화 요소가 될 수 있다. 더불어 성과와 작업 프로세스, 배경, 경험 및 개인적인 해결

방식도 차별화 요소에 포함된다. 당신의 뛰어난 장점을 발휘하되, 연관성이 떨어지는 차별화 요소는 기껏해야 겉치레일 뿐이라는 점을 절대 잊어선 안 된다. 각각의 차이가 브랜드의 장점과 어떠한 관련이 있는지 제대로 파악해야 한다. 우리가 마케터들에게 거듭 확인하듯, 차별적 요소들이 진짜 차이를 만들어내는지 확인하라.

마지막 조언이다. 차이를 말하거나 행동하는 것만으로는 부족하다. 업무가 매우 빠른 속도로 돌아가는 오늘날에는 '경청'의 힘이 오히려 개인 브랜드의 강력한 차별화 요소로 떠오르고 있다. 대부분은 다른 사람들이 하는 말을 들을 시간이 없다. 회의에서 자신이 한 말과 관련된 발언들만 선별적으로 들을 뿐이다.

한쪽이 작게 중얼거리는 건지, 아니면 다른 한쪽에 보청기가 필요한 건지를 두고 소득 없는 말싸움만 반복하던 한 부부는 어느 날 청력 테스트를 받아보기로 했다. 말싸움을 끝내려는 것보다는 치료가 목적이었다.

"의사가 내 청력은 문제 없대!" 한쪽이 말했다.

"그럼 당신은 듣는 능력이 부족한거네!" 다른 한쪽이 받아쳤다.

소리만 듣지 말고 내용에 귀를 기울여라. 반응하고 대답함으로써 당신이 듣고 있다는 사실을 증명하라. 너무 쉬운가? 반대로 너무 버거운가? 경청하는 능력이 갈수록 귀해지는 현상은 식사 자리나 직장에서 들을 일이 점점 더 줄어들고 있다는 단순한 이유에 기인한다.

희소성이 곧 차별점이며 가치 있는 일이다. 게다가 집중해서 들으면 실제로 무언가를 배울 수 있을지도 모른다.

4. 신뢰성

회사나 팀에서 일할 때, 신뢰도는 개인 브랜드의 기초가 된다. 신뢰도는 당신이 한 약속의 합에서 이행한 결과를 뺀 나머지로 측정된다. 실제 이행한 것보다 더 많은 일을 약속했다면, 신뢰도가 낮아질 것이다. 반면 이행한 것보다 약속한 게 더 적으면 신뢰도가 높아질 것이다. 단순하면서도 어려운 일이다.

최근 들어 신뢰의 문턱이 더 높아진 배경에는 대중적으로 팽배한 냉소주의가 있다. 냉소주의는 정치인들의 과대 공약과 공약 불이행 외에도 저조한 성능의 제품을 과대 포장하는 기업의 마케팅 전략 탓에 심화됐다. 상황이 이렇다 보니 냉소주의가 확산되는 것도 당연하게 보인다.

마이크로소프트와 우리는 성공적인 고객 만족 모델을 찾기 위해 오랫동안 항공 업계 고객 만족 부문의 선두였으며, 그 외 다른 많은 부문에서도 1등을 놓치지 않은 사우스웨스트항공 사례에 초점을 맞췄다. 이를 통해 우리는 제품과 팀, 개인의 신뢰도를 구축하는 다음 공식을 만들었다.

$$D + O + C = S$$

D는 '기대치를 미리 정의하라Define'는 뜻이다. 업무와 프로젝트, CEO 리더십 플랫폼Leadership platform을 통해 달성하고자 하는 목표를 명확하게 정의해야 한다.

모호함이 없는 상태를 뜻하는 명확성은 자기 자신과 팀, 결과를 판단할 모든 사람, 즉 모든 이해관계자를 집중시키는 데 필수적이다. 기대치가 미리 명확하게 제시되지 않으면 사람들은 당신이 설정한 기준으로 당신을 판단하지 않을 것이다. 당신과 당신의 리더십에 관한 이야기를 장악하는 것이 성공적인 리더십의 필수 조건이다. 다시 말해, 문제를 명확하게 정의한 다음, 바로 그 명확한 용어로 해결책을 정의해야 한다.

기업 리더로서 당신은 여러 문제에 직면할 수 있으며, 각 문제는 서로 다른 해결책을 필요로 한다. 그럼에도 매 도전에 동일한 전략적 틀을 적용할 수 있다.

해결책을 제안할 때, 기대치를 적당히 설정하는 '사우스웨스트 패러다임'을 따르라. 사우스웨스트항공은 경쟁사와 달리 좌석 예약이나 퍼스트클래스, 업그레이드 서비스를 제공하지 않는다. 식사나 고급 와인도 제공하지 않는다. 사우스웨스트항공은 다른 항공사들이 이러한 서비스를 제공한다는 명목으로 부과하는 터무니없는 요금을 빼버리고, 대신 탑승 경쟁이 없는 단순하고 단일한 서비스를 약속했다.* 이런 식으로 실제 추진하는 해결책 그 이상을 약속하지 않아야 한다. 최대한 단순하고 무난한 약속을 하라.

O는 '소비자 연관성이 높은 부분에 초과 공급하라Over-deliver'는 뜻이다. 사우스웨스트항공은 빅3 경쟁사인 델타와 아메리칸에어, 유

---

* 사우스웨스트항공은 저가 항공을 이용하는 승객들의 니즈를 파악해, 도착한 순서대로 기내에 앉히는 심플한 서비스를 도입했다.

나이티드항공과는 비교가 안 될 정도로 높은 서비스 질을 유지하고 있다.

비교조차 사치다. 다른 항공사들은 호언장담해놓은 서비스를 제공하는 데 급급해 업그레이드, 좌석 변경, 수하물 요금 산정을 두고 승객들과 논쟁을 벌이기 바쁘다. 반면 사우스웨스트항공은 단 하나의 서비스에 집중한다. 이렇다 보니 그들은 해당 서비스에 있어서는 다른 곳과 비교가 불가능할 정도로 독보적인 수준을 자랑한다.

사업 초기 그들은 저렴한 운임의 비즈니스 좌석으로 명성을 쌓았다. 이제 더 이상 그들의 항공료가 가장 싸다고는 할 수 없지만, 빅3와 비교하면 여전히 가장 저렴한 편이다. 애당초 운임에 포함되어야 할 서비스 비용을 고객에게 전가하는 빅3 전략을 떠올리면 더욱 그렇게 보인다.

당신의 해결책을 초과 공급하라. 기대치를 낮게 설정할수록 초과 공급이 더 쉽다는 점을 기억하라.

C는 '주요 이해관계자들과 함께 당신의 성공을 주장하라Claim'는 뜻이다. 여러분이 과제나 프로젝트, 계획을 시작할 때 설정한 기대치를 얼마나 초과 달성했는지 확인해야 한다. 자랑은 말되, 사실은 기록하는 것이 좋다. 반드시 서면으로 작성해야 한다. 성공 지표를 전달할 수 있는 문서를 남겨라. 운이 좋다면, 숫자들은 합계되지 않을 것이다. 목표를 초과 달성하여 약속한 바 이상을 이뤄냈을 경우, 창출해낸 비용, 절감한 비용, 생산한 단위, 이끌어낸 만족도를 통해 이를 입증할 수 있다.

당신이 성공을 이뤄냄으로써 일, 프로젝트, 계획의 주요 타깃들이 어떻게 다르게 생각하고, 느끼고, 행동하게 될지를 제시하라. 반드시 '성공'을 '목표'로 정의하라. 항상 성공의 의미를 장악하라. 이를 절대 다른 사람에게 맡겨서는 안 된다.

S는 '고객 만족Satisfaction'이다. 긍정적인 개인 브랜드를 구축한다는 건 프로젝트 결과를 판단하는 모든 이를 만족시킨다는 의미다.

이는 마케터들이 브랜드 형상화Brand imagery라고 부르는 영역이다. 특히 개인 브랜드에서는 신뢰성이 중요한 특성이 되어야 한다. 물론 당신의 브랜드 이미지는 분명한 성과와 명확한 의사소통에 기초해야 한다.

제품이든 서비스, 회사, 조직, 정당, 정치 후보, CEO 또는 개인이든 모든 브랜드는 이미지의 영역에 있다.

그리고 고객 경험은 다른 모든 형태의 이미지를 형성하고 압도한다. 그 어떤 화려한 포장이나 재미있는 광고로도 소비자의 부정적인 제품 사용 경험을 극복할 수 없다. 당신은 외모를 가꾸고, 패션 감각과 유머를 갈고닦아 많은 이와 어울리는 식으로 개인 브랜드와 소비자 간 연관성을 강화할 수 있다. 궁극적으로 이런 겉포장은 긍정적인 '사용 경험'을 증폭시키는 결과로 이어질 때에만 의미가 있다. 개인 브랜드 사용 경험은 당신과 당신을 위해 일했던 전반적인 경험뿐만 아니라, 당신의 행동과 성과로도 결정된다. 이것이야말로 리더의 가장 진실한 이미지다.

큰 목소리나 주름 하나 없는 정장 바지가 중요한 게 아니다. 모든 것은 성과에서 시작되고 성과에서 끝난다. 미국을 비롯한 대부분의 국가에서 보여주기식 정치가 많아졌다. 그렇다 보니 유사 지도자들이 만들어낸 이미지는 그야말로 우스꽝스럽다. 많은 정치인이 과대 선전, 가짜 권력의 상징, 이상한 머리 스타일에 감염되어 있다. 덕분에 우리는 스스로를 부풀리고 자칭 업계 리더라고 떠들어대는 이들의 꾸며진 모습을 가려내는 연습을 자주 한다. 은행원 복장을 한 은행원이나 반소매 셔츠를 입은 기술자, 일반 직장인과 거리를 두기 위해 청바지를 입은 IT 스타트업 CEO의 닳고 닳은 이미지는 더 말하기도 지겨울 정도다. 창의성을 뽐내듯 사무실 곳곳에 어지러이 널려 있는 장난감들을 보면 탕비실 냉장고 속 유기농 식품에 핀 곰팡이가 자동으로 연상된다.

오늘날 거의 모든 문화권에 만연한 마케팅 전략의 폐해로, 우리 모두는 리더십이라는 무대에 질릴 대로 질려버린 비평가가 됐다. 하지만 사람들의 '정치권 헛소리 측정기'는 언제나 민감하게 반응하기 때문에 주의해야 한다.

'파워 타이'*를 기억하는가? 이제 넥타이는 잊어라. 중요한 건 타이 뒤에 숨은 권력이다. 가장 효과적인 이미지 메이킹은 행동을 전면에 내세우는 것이다. 말도 안 되는 패션은 오히려 패션이 아닌 실력으로 평가받고 싶다는 의미를 내포할 수 있다.

---

* 힘과 권력을 상징하는 붉은 넥타이.

리더십 캠페인

회사를 브랜딩하라

회사의 리더이자 업계 선두 주자로서 당신은 회사 브랜드와 개인 브랜드가 상부상조할 수 있는 브랜딩 전략을 짜야 한다. 문제는 기업 총수 대부분이 '브랜드'라고 하면 로고와 같은 피상적인 이미지를 먼저 떠올린다는 점이다.

이런 발상은 기업이 이미지 타격을 입었을 때 발동된다. 리더들은 위기에 봉착하면 디자이너와 컨설턴트를 불러 로고를 다시 디자인하고 새로운 사명을 만든다. 필립모리스가 알트리아로, 컴캐스트가 엑스피니티Xfinity로, 이라크 전쟁 동안 부정한 행위를 저질러 유명해진 민간 경호 업체 블랙워터가 2009년 2월 지Xe로, 다시 2011년 12월 아카데미Academi로 이름을 바꾼 것처럼 말이다.

앞서 말했듯 피츠제럴드는 『라스트 타이쿤』에서 "미국인의 삶에 제2막은 없다"고 썼다. 비록 그는 그렇게 말했지만 미국인들은 두 번째 기회를 주는 데 관대해 보인다. 미국은 오랫동안 기회의 땅이었다. 또한 재기의 땅이기도 하다. 미국인은 재기를 환영하며 다시 일어설 기회를 부여한다. 물론 아래 조건이 충족되었을 때 얘기지만 말이다.

- 첫 번째 기회의 결과를 책임지고 수용했을 때.
- 진심으로 잘못을 회개했을 때. 다카타 대란*이 일어나기 전까지는 일본 재계 지도자들도 이 조건을 매우 잘 충족시켰다.
- 변화하기 위해 뚜렷한 노력을 할 때.

세 가지 조건이 충족되지 못하면, 200만 달러를 들여 새 로고를 만들어도 이해관계자들의 냉소적인 시선을 바꿀 수 없을 것이다. 엑스피니티는 네로 황제 이후 최악의 평판을 기록했던 컴캐스트의 여론을 성공적으로 반전시켰다.[**] 사명 변경도 괜찮은 전략일 순 있지만, 고객 서비스와 고객과의 관계를 근본적으로 재설계한 새로운 비즈니스 방식이 좀더 유효했다. 이러한 과정 없이, 새로운 이름과 로고만으로는 아무것도 바꿀 수 없다. 모든 정보가 투명하게 유통되는 환경에서 얄팍한 눈속임은 오래가지 않는다.

모든 기업이 로고를 가지고 있지만, 제대로 된 로고를 가진 기업은 드물다. 존디어[***]를 떠올려보라. 1837년에 설립된 이 회사는 초록 바탕에 노란 사슴이 도약하는 시대를 초월한 로고와 이에 걸맞은 슬로건("사슴처럼 뛰는 건 없다")을 갖고 있다. 또한 로고와 완벽한 조화를 이루는 높은 성능의 제품을 생산한다. 이미지와 본질이 일치할 경우, 성공적이면서도 지속 가능한 브랜드가 될 수 있다. 존디어의 이미지와 제품 성능은 완벽한 조화를 이루고 있으며, CEO들의 개인 브랜드 또한 회사 브랜드와 불협화음을 일으키지 않는다. 좋은 기업 브랜드의

- 자동차 안전 부품을 생산하는 일본 대기업 다카타는 기술진의 반대에도 상업용 폭약에 사용되는 질산암모늄을 에어백에 사용했다가 연이은 폭발 사고로 전후 일본 제조업 사상 최대 규모의 파산 보호를 신청했다.
- [**] 컴캐스트는 높은 가격, 낮은 안정성, 형편없는 고객 서비스를 제공하는 케이블 회사라는 이미지를 벗기 위해 2010년 엑스피니티로 일부 사명을 변경했고, 인터넷 속도와 채널 품질 및 고객 서비스를 개선했다.
- [***] 세계적인 미국 중장비·농기계 제조사.

두 가지 구성 요소는 다음과 같다.

무엇을 하는지 + 어떻게 하는지

이는 시간이 지나면 이렇게 된다.

무엇을 하는지 + 어떻게 하는지 = 기업 평판

우리가 연구한 결과, 기업 평판은 분명하고도 강력한 '사실'이다.

회사의 평판은 모든 거래와 관계, 모든 대화와 상호작용에 영향을 미친다. 이는 평판이 곧 브랜드의 시장 가치, 효율적인 수요와 공급, 인재 채용 및 유지, 주주와 분석가의 태도, 지역 및 국가와의 관계에 영향을 준다는 뜻이기도 하다. 결국 평판은 '당신이 무엇을 하는지'와 '당신이 어떻게 하는지'의 총합에 기반한다.

회사 브랜드 역시 상표나 개인 브랜드처럼 고객과 한 약속을 이행해야 한다. 또 요구를 충족시키고, 해결책을 제공하며, 고통을 없애야 한다. 이는 최근 몇 년 동안 널리 퍼진 형식적인 '기업 시민 의식' 조사와는 달리, 실제 고객을 관리하는 데 있어 회사 브랜드가 해가 되지 않으면서도 실질적인 도움을 주어야 한다는 뜻이다.

리사는 온라인에서 매트리스를 판매하는 업체다. 우리의 친구 데이비드 울프와 제이미 다이아먼스타인이 설립한 이 신생 기업은 소비자가 백화점과 브랜드 매트리스 매장에서 경험하는 불편하고, 신뢰할 수 없으며, 비용만 높은 마케팅 방식을 폐기함으로써 매트리스 산업을 전복시켰다. 리사는 템퍼페딕을 비롯한 명품 폼 매트리스 제조사들이 다년간 진행한 광고 덕을 톡톡히 봤지만, 전통 방식의 광고를 한 적은 한 번도 없다. 대신 백화점에서 매트리스를 구매하는 기존 방식을 '100일 보증'으로 대체했다. 이는 그 어떤 광고나 인증서로도 대체 불가능한 품질 보증서이자 제품과 고객 경험에 대한 자신감의 표시였다.

그 어떠한 스트레스도 없이, 즉 외출 준비를 할 필요도 없고, 담배도 피우면서 매트리스를 주문할 수 있게 됐다는 뜻이다. 업계를 뒤흔든 이 구매 경험은 배송으로까지 이어졌다. 템퍼페딕 가격의 절반 이하로 판매되는 리사의 매트리스는 영업일 기준 3~5일 이내에 주문 제작되어 배송됐다. 상자에 담겨 배송된 매트리스를 언박싱하는 경험은 리사의 얼리 어댑터들만이 향유하는 비밀이 됐다. 이 비밀은 동영상으로 소셜미디어에 공유됐다. 리사의 포장을 뜯으면 고품질의 편안한 킹 사이즈 매트리스가 펼쳐진다. 실제로는 더 대단했다. 접혔던 매트리스는 마치 분자가 살아 움직이듯 펼쳐지며 완벽한 형태로 변신했다.

리사는 브랜드를 더 특별하게 만들기 위해 매트리스 하나가 판매될 때마다 한 그루의 나무를 심는다. 리사가 심은 나무의 범위를 알게 되면 더 놀랄 것이다. 리사의 나무 심기는 세계적으로 손꼽히는 구글의 나무 심기 성과를 뛰어넘었다. 또 리사는 매트리스가 열 개 팔릴 때마다 노숙인 쉼터에 매트리스 한 개를 기부한다. 뉴욕시에 있는 노숙인

보호소 세 곳에는 이미 리사 매트리스가 완비되어 있으며, 더 많은 매트리스가 전국, 전 세계의 보호소로 배달될 것이다. '영리' 뿐 아니라 '의미'도 추구하는 데이비드 울프의 브랜드 가치는 사회·정치적으로 깨어 있는 고객들과 강하게 연결된다.

리사는 매트리스 자체보다 수면의 질을 담보하는 경험을 판매한다. '100일간의 무료 이용'이 그 예다. 이 브랜드는 서로 연결되어 있는 젊은 소비자들을 타깃으로 삼는다. 리사는 소셜미디어를 제품 홍보 수단이 아닌, 고객 만족과 소비자 불만을 파악하는 창구로 활용한다. 그 결과, 제품과 구매 경험, 보증, 사회적 의제가 목표 고객에게 딱 맞는 방식으로 맞춰지며, 일관되면서도 도전적인 내러티브가 만들어질 수 있었다.

모든 전략과 커뮤니케이션을 일관되게 맞추는 것은 설득력 있는 브랜드 개발을 위한 필수 목표다.

리사의 리더들은 자기들이 '무엇을 하고' '어떻게 하는지'를 명확히 보여준다. 유통, 브랜딩, 포장, 로고, 광고, 홍보, 기업 시민 의식, 고객 관계 관리CRM, 직원 관계 등 모든 요소가 뉴욕의 크리스마스 로키츠 공연처럼 대열을 갖추고 있다. 따라해보라. 효과가 있을 것이다.

이러한 배열은 회사의 존재 의미를 강화한다. 또 집중과 반복에서 오는 힘, 여러 채널과 다양한 표현을 통한 의미의 반복을 만들어낸다.

오늘날 기업이 숨길 수 있는 것은 없다. 이 점을 절대 잊어선 안 된다. 연속성은 진정성을 내포하고 신뢰도를 향상시킨다. 보통 사람들은 자선 행위에 감동할지 모르지만, 정보에 눈이 밝은 사람들은 선행 뒤에 숨겨진 의도를 궁금해할 것이다. 사실 우리는 이해관계자의 호기심이 양파 까기와 같다고 생각한다. 어떤 사람들은 표피에 있는 정보만으로 만족할 것이다. 그러나 어떤 사람들은 원하는 정보를 얻을 때까지 속을 파헤치고 또 파헤칠 것이다. 진실에 접근할 수 없도록 감춘다고 해서 그런 시도를 막을 수는 없다. 은폐는 오히려 그들을 화나게 할 뿐이다. 당신도 그걸 원하진 않을 것이다.

대형 포장재 회사의 의뢰로 그들이 오랫동안 진행한 '자선 활동'과 '강력 지지자·온건 지지자의 충성도 약화' 간의 상관관계를 조사한 적이 있다. 먼저 우리는 회사의 선행을 나열한 목록을 소비자들에게 보여줬다. 그렇게 돌아온 답변은 놀랍도록 한결같았다. "좋은 일이죠. 그들은 크고 부유한 회사이니까 이런 일을 하는 건 당연하다고 생각해요."

그런 뒤, 곧 이런 질문이 돌아왔다. "근데 이걸 저에게 왜 보여주는 거죠?"

소비자들이 이러한 의문을 제기하는 배경에는 고상한 자선 행위가 마치 마술사의 '속임수', 즉 시선을 분산시키는 무대 전술일 것이라는 의심이 깔려 있기 때문이다. 이게 바로 오늘날 정보로 무장한 소비자들의 냉소적 단면이다. 그들을 비판해서는 안 된다. 오히려 마케팅을 탓해야 한다. 수 세대에 걸쳐 마케터들이 소비자들로 하여금 최악의 상황을 의심하고 예상하게끔 훈련시켰기 때문이다.

기업들은 책임 의식을 가지고, 공동체의 요구에 부응해야 한다. 회사에 시민으로서의 옳은 행동과 자선 활동을 독려하는 문화가 있다

리더십 캠페인

면 더 좋다. 이는 단순히 대외적으로 좋은 의도를 보여주려는 것이 아니라, 시장 분석상 숫자로만 존재하는 사람들과 당신의 직원들을 실제로 연결하는 좋은 방법이다.

1990년대와 2000년대에는 "좋은 일을 함으로써 번성한다Doing well by doing good"라는 말이 유행했다. 보통 기업들이 나쁜 일을 하거나, 법만 겨우 지킨다는 경각심에서 나온 말이었다. 고객과의 정직한 관계, 일자리, 급여, 이익, 세금 및 주주 환원 등을 따져 상품을 만드는 방식은 실제로 기업에 많은 도움이 됐다. 그것들이 고객과 공동체에 중요한 요소였기 때문이다. 하지만 자선 활동과 커뮤니티 활동은 케이크 위의 체리 같은 것이다. 먼저 케이크를 구워야 체리도 얹을 수 있다. 회사 본연의 일을 잘한다는 전제가 가장 중요하다는 뜻이다.

정보에 밝은 동시에 냉소적인 오늘날의 소비자를 고려할 때, 기업 광고는 오히려 위험한 전략일 수 있다. 모빌Mobil이 1980년대에 공개한 광고는 대중에 널리 알려졌지만 그러면서 회사에 오명을 남기기도 했다. 모빌은 친환경 시대를 맞아 '에너지 회사'로 정체성을 바꿨지만 해당 광고 탓에 과거 '석유 회사' 이미지를 벗을 수 없었다. 당시 모빌에서 만든 광고는 모빌을 '마을에서 가장 키 큰 난쟁이'*로 포지셔닝하는 역효과를 낳았다.

고객에게 회사의 선의를 기꺼이 알아봐주고 사랑해달라고 하는 것은 제 발등을 찍는 일이다.

---

* 누군가 어떤 일을 가장 잘하는데 그 일에 아무 의미가 없을 때를 비유하는 말.

그럼에도 당신이 무엇을, 어떻게 하고 있는지 홍보할 필요는 있다. 요즘 유료 매체를 통해 이러한 커뮤니케이션을 진행하는 경우가 자주 있다. 시민들이 코크 형제*를 처음으로 인식한 건 정치 뉴스에 출연한 전문가 패널을 통해서다. 그들은 종종 정치 바닥에서 어두운 세력으로 묘사됐다. 주류 언론은 "도대체 이 사람들은 누구인가?"라며 의문을 제기했다(「심슨 가족」의 번즈와 「스타워즈」의 다스 베이더 사이 그 어딘가에 답이 있을 지도 모른다). "우리는 코크다We are Koch"라는 광고는 창의적이거나 우아하지는 않지만, '코크'라는 이름 뒤에 많은 일상 용품과 노동자가 있다는 점을 명확히 알렸다.

당신이 무엇을, 어떻게 하고 있는지에 대한 정직한 의사소통을 바탕으로 회사 브랜드를 구축해야 한다. 최고의 기업 광고는 기업 활동이 광고에 한발 앞서 있다는 인식에서부터 형성된다.

'인사이드아웃' 문화를 만들어라

당신은 사업부나 지부, 회사의 리더가 되기 훨씬 이전부터 프로젝트 리더 자리에 오를 것이다. 프로젝트 리더라면 무엇이 문제인지를 명확하게 정의하고 해결해야 한다. 아마도 당신은 조금 덜 약속하고

* 석유 재벌 찰스 코크와 데이비드 코크는 미국 보수 정치계의 큰손으로 불릴 만큼 공화당에 어마어마한 정치 후원금을 댔다. 동생인 데이비드 코크는 지난 2014년 사망했다.

더 많이 주고 싶을 것이다. 한편으로는 성과를 인정받고자 할 것이다. 동시에 팀 문화를 개혁하고도 싶을 것이다. 왜 그럴까? 그것이 회사 전체 문화를 조성하는 시작점이기 때문이다.

이를 위해서는 몇 가지 기본 규칙을 설정해야 한다.

1. "늘 이렇게 해왔으니까 이렇게 할 것이다"라는 말을 따르지 말라.
2. 회사의 오래된 문화를 의식적으로 위반하고, 변화에 대한 두려움과 마주하라.
3. 규칙을 바꿔라. 변화는 사실 가장 큰 두려움이다. 그러니 지금 당장 바꿔라.
4. 한 팀으로서, 문제가 무엇인지 합의된 정의를 내려라. 그런 다음 이를 해결할 가설을 세우되, 어떠한 제약도 두지 마라. 이것은 단순히 의견을 일치시키는 문제가 아니라, 개방형 개발 플랫폼을 만들고, 현상 유지에 이의를 제기하는 방식에 관한 것이다. 이렇게 하면 팀원 모두가 전략적 접근 방식에 대한 궁극적인 소유권을 갖게 된다. "침묵은 우레와 같은 찬성을 의미한다"는 말은 적극적인 참여를 독려하는 유용한 경고다.
5. 프로젝트 전략을 짤 때에는 신중하게 기회를 잡아라. 전략을 활용해 더 공격적으로 나서라.
6. 팀이 모멘텀 확보를 돕는 교란자 법칙, 즉 '실행 가능한 것을 한다'는 목표를 갖고 일할 수 있도록 지원하라. 이를 위해 '움직일 수 있는 대상을 움직'이려 할 때는 그 '대상'을 대내외적으로 정

의하자고 주장하라.

7. 승리를 위해 움직여야 하는 유권자를 파악하라.

8. 항상 공격적으로 행동하라. 절대 수비하지 마라. 절대 합의를 위해 원칙을 타협하지 마라. 대신, 팀의 아이디어를 가능한 한 모든 과정에 끌어들여라. 그 순간부터 전략이 보스가 된다.

9. 당신의 전략이 아닌 '우리'의 전략을 만들어라. 인계받은 일을 혼자 해내는 사람은 훌륭한 직원일 순 있어도 훌륭한 리더일 순 없다. 훌륭한 직원인 동시에 훌륭한 리더가 되어야 한다.

전략 및 전술을 팀원들이 직접 개발하게 되면, 그들은 계획이 제대로 진행될 수 있도록 더 많은 노력을 기울이게 될 것이다. 이를 제대로 인식하고 보상하는 것이 중요하다. 변화의 원동력을 강화하기 위해 칭찬과 비판, 보상을 활용하라. 다만 여기에는 일관성이 있어야 한다. 먼저 행동하고 공격적으로 나서는 이들을 보상해야 한다. 물론 그러다 자칫 선봉대의 실수까지 보상하게 될 수도 있다. 왜냐하면 '행동에 옮기기' 자체가 실수를 유발하기 때문이다. 드문 일이지만 정직하지 않게 행동했거나 다른 팀원을 완전히 무시한 팀원을 공개적으로 처벌할 수도 있다. 하지만 '교정'이 필요한 모든 상황은 비공개로 처리하라. 문제를 분명하게 전달하되, 이것이 잘못된 행동에 대한 지적이 아닌 배움의 기회가 되도록 해야 한다.

언제나 인사이드아웃 커뮤니케이션을 하라

내부로부터 시작되는 커뮤니케이션의 중요성을 항상 기억하라. 경영진이 흥분하거나 겁을 먹으면 앞의 규정을 위반할 수 있다. 회사의 성장이나 인수합병과 같은 긍정적인 소식이 있을 때, 경영진은 『월스트리트저널』에 발표하거나 CNBC와 인터뷰하고 싶을 것이다. 또 애널리스트 및 주주를 대상으로 회견을 열고 싶어 안달이 날 것이다. 위기 상황이나 부정적인 소식이 발표될 때도 마찬가지다. 간부들은 사무실 문을 걸어 잠글 테고, 복도에선 확인되지 않은 이야기만 무성히 오갈 것이다. 정작 직원들은 정확한 소식을 가장 마지막에 듣게 된다. 그럴 때 직원들은 더 게을러지고, 더 냉소적으로 변하며, 이직과 같은 다른 기회에 촉각을 곤두세우게 된다. 무슨 일이 일어나는지 파악하기 위해 상상의 나래를 펼쳐야 하고, 그 상상은 대체로 부정적인 방향으로 흐르기 때문이다.

사람들은 자신들(직원, 동창, 공급 업체, 시장 파트너 및 강력 지지자, 주주, 애널리스트, 인플루언서 등)이 내부자라고 느낄 때 회사를 더 적극적으로 지원하고 전략이 잘 수행되도록 자신의 위치를 조정하게 된다. 또 당신의 주요 메시지를 전파하는 데에도 더욱 적극적으로 임할 것이다.

2000년대에 제기됐던 마이크로소프트에 대한 미국 정부의 반독점 소송은 양측 모두에 자랑할 만한 일이 못 됐다. 해당 사건은 정부 측, 특히 미 법무부 차관보 조엘 클라인의 정치적인 행동이었다. 당시 빌 클린턴 행정부의 눈에는 마이크로소프트가 과거 드렉셀버넘램버트Drexel Burnham Lambert와 같은 전형적인 독점 기업으로 비쳤다(그러나 클린턴 재단에 대한 막대한 기부는 대기업의 과잉 사업으로 간주되지 않았다).

당시 CEO였던 빌 게이츠의 태도 탓에 그와 함께 일하는 게 무척 힘들긴 했지만, 우리는 오랜 고객이었던 마이크로소프트를 도왔다. 게이츠는 같은 말만 반복했다. "우리가 옳다. 그들은 틀렸다. 우리가 이길 것이다." 게이츠가 한 실수는 정치적인 사건을 단순한 법리 다툼으로 치부했다는 점이다. 물론, 마이크로소프트는 유리한 사실을 등에 업고 있었다. 하지만 그것은 미 법무부와의 합의에 큰 도움이 되지 못했다. 게이츠가 정치라는 음악에 귀가 어둡다는 사실은 대중의 눈에 마이크로소프트가 몰락할 전조로 보였을 것이다(해당 사건은 미 법무부와 증권거래위원회가 나서서 다뤘기 때문에 시작도 전에 결과가 정해진 셈이었다). 그나마 한 번의 전투는 승리할 수 있었다. 우리는 마이크로소프트에 '프렌즈 앤드 패밀리' 프로그램을 채택하라고 권고했다. 이 명칭은 AT&T에 대항하기 위해 MCI가 취했던 교란자적 공격에서 따온 것이었다. 내부 인터뷰 결과, 마이크로소프트의 직원, 공급 업체, 파트너, 대기업 고객을 비롯한 지지자들은 마이크로소프트 편을 든다는 이유로 주변에서 끊임없는 인신공격을 받고 있었다. 직원들은 동네 바비큐 파티나 업계 행사, 심지어 비행기 안에서도 서류 가방에 있는 마이크로소프트 로고가 드러날 때마다 곤란한 상황에 직면해야 했다.

"어떻게 그런 깡패 같은 회사랑 일할 수 있어요?!"

우리는 마이크로소프트가 방어 무기를 만들 때가 됐음을 직감했다. 첫째, 마이크로소프트 직원들의 사기 유지를 위해서는 이것이 반드시 필요했다. 둘째, 그들이 스스로를 효과적으로 방어하는 것은 마이크로소프트를 효과적으로 방어한다는 의미였다.

우리는 모든 직원과 이해관계자에게 마이크로소프트의 포지셔닝을 뒷받침하는 3×5 카드 메시지와 역시나 이 메시지를 뒷받침하는 근거들을 제공했다. 또한 '프렌즈 앤드 패밀리'가 마이크로소프트에 관한 새로운 사실을 대중보다 직원들에게 먼저 알릴 것을 약속했다.

마이크로소프트가 정부와의 전쟁을 통해 꾸준히 성장한 것 자체가 우리 프로그램의 효과를 증명하는 것이었다. 그리고 내부자들이 이탈하지 않고 회사에 남아 있었기에, 이 모든 변화를 이끌어낼 수 있었다.

마지막으로 한 가지 짚고 넘어가야겠다. 정치에서 충성심은 무엇을 주느냐가 아닌 무엇을 요구하느냐에 달려 있다. 미친 소리처럼 들릴지도 모른다. 민주당과 공화당은 유권자들에게 이런저런 지원을 약속한다. 이는 여전히 변함없는 사실이며, 우리는 지난 30여 년간 전 세계에서 다양한 정치 캠페인을 펼치면서 이런 모습들을 반복적으로 목격했다. 핵심전략팀 구성원에게 전략 개발을 요청하는 것과 마찬가지로 지지자에게 무언가를 부탁하는 것은, 프로젝트의 일부분과 성패에 대한 일정량의 지분을 부여하는 일이다. 이런 요청은 그들의 충성심을 굳건하게 만든다. 독재자는 항상 가장 가까운 동맹에게 자신을 위해 누군가를 죽여달라고 한다. 그것이야말로 궁극적인 희생이자 정치적 동맹을 굳건하게 할 고릴라 접착제*다. 이상하게 들리겠지만 사실이다.

당신이 어려운 도전은 혼자 하는 게 더 낫다고 생각하는 유형일 수도 있다. 하지만 그건 팀이 팀 자체에든 당신에게든 가치를 증명할 기회를 빼앗는 행위다. 도움을 요청해야 한다. 조직의 대의에 대한 기여를 요구하라. 우리가 디즈니의 밥 아이거와 함께 기업 문화에 대한 정의를 어떻게 발전시켰는지 상기해보자.

- 나는 위대한 일을 함께하고 있다.
- 나는 변화를 만들 수 있다.
- 누군가는 내가 만드는 변화를 알아볼 것이다.

일부가 되는 것은 중요하다. 그리고 변화를 만들 수 있는 기회를 갖는 것이야말로 모든 직원이 꿈꾸는 바다. 나이키처럼 "그냥 한번 해보라Just Do It". 우승에 기여할 기회를 지지자들과 나눠라.

- 접착력이 우수한 접착제로 사물의 외관을 수리할 때 주로 사용된다.

5 단계

출마를 선언하라

> "유세 연설을 보강하라.
> 당신이 추구하는 변화를 추구하라.
> 공격적으로 행동하라."

너무나 익숙해서 눈 감고도 상상할 수 있는 장면이 있다. 말쑥하게 단장한 후보자가 미소를 띤 채 손을 흔든다. 군중 속의 이름 모를 누군가를 가리킨다. 연단 뒤편에서는 선거운동원들이 환호하고 있다. 색색의 깃발이 사방에 걸려 있고, 무대 위에서부터 빨간색, 하얀색, 파란색 풍선이 쏟아져 내려온다. 단상 한쪽엔 후보자의 배우자와 자녀가 상냥하면서도 어색한 표정으로 서 있다. "당신의 대통령"이라고 쓰인 현수막이 새로운 로고와 함께 연단에 선 후보자 등 뒤에 걸려 있다.

바로 이것이다. 공화제의 역사만큼이나 오래되어서 이제 그 누구도 어색하게 여기지 않는 일종의 정치극, 이른바 '출마 선언'이다.

프롬프터만 제대로 작동해준다면, 모든 것이 계획한 대로 흘러갈 것이다.

"오늘, 저는 미국 대통령 선거에 출마할 것을 선언합니다!"

풍선이 공중으로 흩어진다.

정치에서의 출마 선언은 이렇듯 관습화된 의례에 따라 치러진다. 반면, 기업에서의 출마 선언은 이보다 훨씬 모호하며, 의례와는 거리가 멀다. 사실 요즘 리더가 되겠다고 선언하는 건 누구나 할 수 있는 일이다.

A. "오랜 기간 공들였습니다. 저는 6년 동안 수석 부사장으로 있었어요. 아, 이번에는 제발!"

B. "데이브가 저에게 다음 CEO 자리를 약속했어요."

C. "최근 2년 동안 회사의 주요 임원으로 근무했습니다. 제가 대표가 되는 건 확실합니다."

D. "저야말로 이 회사를 위해 데이브의 전략과 비전을 물려받을 사람입니다."

E. "이제는 제 차례예요."

F. "저는 위 모두와 다릅니다."

소위 '당위적 승계'라 불리는 관례는 재계에선 과거의 유산이 되고 있다. 이런 경향은 정계에서도 마찬가지일 것이다. 우리는 앞으로 벌어질 거의 모든 승계 작업이 이처럼 무질서하면서도 파괴적일 거라고 예측한다.

왜 이렇게 생각하느냐고?

대통령 선거운동을 보자. 지금껏 쌓아온 리더십을 당신 스스로 무너뜨리거나 경쟁자가 무너뜨리려는 상황이 벌어질 것이다. 경쟁자가 방해하는 경우일지라도, 크게 문제될 건 없다. 그때쯤이면 첫 번째 구명정이 출발해, 당신은 이미 얼음으로 뒤덮인 대서양에서 멀찌감치 떨어져 있을 것이기 때문이다. 이사회도 이렇게 비교적 단순한 현실을 막 알아차리기 시작했을 것이다. 이처럼 변화가 어떻게 일어날지는 아무도 알 수 없다.

앞서 언급했듯이 보이지 않는 곳에서도 분자는 쉴 새 없이 움직인다. 이는 변화가 발생하고 있음을 의미한다. 변화의 'ㅂ'만 들어도 '아…… 골치 아파'라고 하는 사람들이 있을 것이다. 이 같은 변화 때문에 세계 곳곳의 많은 이사회가 지금도 골머리를 앓고 있다. 이제는 가장 성공한 CEO들조차도 "아무것도 바꾸지 말자"를 은유적으로 표현한 '크루즈 컨트롤'* 전략을 고수할 수 없게 됐다.

그 전략은 더 이상 통하지 않는다.

새로운 CEO는 미국의 차기 대통령이 마땅히 그래야 하듯, 변화를 대변하고 변화를 이끌어내야 한다. 그러지 못하면 재선에 도전해 보여줄 수 있는 것이라곤 '미완의 변화'뿐일 것이다. 이는 우리가 모든 시장, 모든 분야, 모든 공동체 그리고 모든 국가에 영향을 미칠 만큼 변

---

* 자동차에서 엑셀을 밟지 않아도 속도를 일정하게 유지해주는 장치.

화의 힘이 막강한 환경에 살고 있기 때문이다. 정보가 금세 퍼지고 그로 인해 여론이 확확 바뀌는 환경은 변화를 추동하는 원동력이다. 이러한 상황에서 한발 앞서 변화하지 않는다면 변화'당할' 수밖에 없을 것이다.

이는 일찍이 위기 상황에 봉착한 기업들만의 이야기가 아니다. 이미 성공한 조직을 더 성공적으로 운영하기 위해서라도 변화의 힘은 필요하다. 갑자기 튀어나오는 장애물을 피하고 부지불식간에 찾아오는 기회를 잡아채야 하기 때문이다. 정부가 무능해지고 부패할 수밖에 없는 이유를 여기서 찾을 수 있다. 미국독립혁명의 정신이 계승되길 바랐던 제3대 대통령 토머스 제퍼슨과 건국의 아버지들은 '끊임없는 변화'를 대대적으로 외쳤다. 그러나 건국 이후 지난 240년간, 당대 재임자들은 계속해서 권력을 쥐고 놓고 싶어하지 않았다. 그들은 변화에 저항하는 시스템을 구상했다. 스스로 바뀌거나 남이 우릴 바꾸게 놔두라고? 둘 다 싫다!

우리는 당신이 추구하는 리더십 캠페인의 핵심이 무엇인지 이미 알고 있다. 그것은 '변화'다. 반드시 변화해야만 한다. 만약 당신이 속한 기업이 급변하는 시대의 흐름에 맞춰 스스로를 탈바꿈하는 데 무관심하다면? 당장 다른 회사를 찾아라.

이처럼 무질서한 세습의 시대에서 마냥 내 차례가 오기만을 넋 놓고 기다릴 순 없다. 갑자기 예상치 못한 사건이 터질 수도, 임원직에 오를 차례가 영영 오지 않을 수도 있다. 설령 그만둘 때 두더라도, 도전은 한번 해봐야 할 테다.

그렇다면 출마 선언은 어때야 하는가?

최소한 당신의 커리어 전체를 담아야 한다. 리더답다고 할 만한 아주 사소한 자질을 드러내기 시작한 순간부터, 직원들을 이끌고 공동의 목표를 달성했던 순간까지 그 전부를 말이다. 이런 이유로 출마 선언은 그 자체만으로도 독립적인 활동이라고 할 수 있다. 경영적 시각에서 봤을 때 출마 준비 과정에 들어서거나 그것을 선언하기로 마음먹은 그 순간부터 당신은 이미 리더가 되겠다는 출사표를 던진 것이나 마찬가지다.

앞서 언급했듯이 모두가 리더가 되고 싶어하는 건 아니다. 그래도 상관없다. 아무런 문제도 생기지 않는다. 기업에는 개인에게 업무 동기를 부여하고 독창적인 일을 시키면서도 높은 연봉을 주는 일자리가 많다. 같은 원리로 정치 영역에서도 모두가 선거에 출마하기를 꿈꾸는 건 아니다. 하지만 리더가 되고 싶다면, 한 잡지사 발행인에 의해 길거리에서 캐스팅 된 라나 터너처럼 그저 누군가가 날 알아봐주기만을 바랄 순 없다. 리더십은 거저 주어지는 것이 아니다. 어떤 리더들, 특히 정치 지도자들은 자신들에게 권력이 주어졌다는 허상을 즐기며, 자신들이 리더일 수밖에 없다는 생각을 한다. 그것이 바로 대중도 원하는 바라고 착각하면서. 그건 망상일 뿐이다. 능수능란한 영업 사원이 당신에게 '이 모델이 당신이 찾던 바로 그 차'라면서 자동차를 팔아넘기려고 하는 수준의 망상이란 말이다. 리더십은 저절로 주어지는 게 아니다. 노력해서 얻는 것이며, 궁극적으로는 쟁취하는 것이다. 리더가 되고 싶다면 당장 리더답게 행동하라.

모든 기업은 모든 리더를 필요로 한다

우리는 당신의 회사를 모른다. 하지만 지금 리더십이 필요하다는 사실만큼은 안다. 우리가 경험한 바에 따르면, 규모나 업태에 관계없이 전체 기업의 약 5퍼센트만이 능력과 비전을 갖추고 있다. 뉴스를 보면 전 세계적으로 '리더십 부족' 현상이 대두되고 있음을 알 수 있다. 이는 매우 중요한 사실이다. 최상위 기업뿐만 아니라 일반 기업과 정부도 동일한 위기에 처했다. 반면, 일부에서는 매우 다행스러운 사례도 있었다.

- 스티브 잡스가 지병으로 CEO를 그만뒀을 때, 팀 쿡은 곧바로 리더십을 발휘해야 했다. 그렇다고 잡스의 전략을 그대로 베낄 순 없었다. 테크 영역에선 모든 게 급변하기 때문이었다.
- 윌리엄 클레이 포드*는 2008년 금융 위기 당시, 가문의 이름을 건 회사를 살리려면 외부 인사를 영입해야 한다는 사실을 깨달았다. 그 외부 인사가 바로 보잉 CEO였던 앨런 멀럴리였다.
- 사티아 나델라**는 스티브 발머 재임 당시 부족했던 '제품 중심' 리더십을 발휘했다. 마침 마이크로소프트에 필요한 변화였다.
- 이베이에서 훌륭한 리더십을 보여준 메그 휘트먼***은 위기를

- 미국의 자동차 제조업체 포드모터컴퍼니의 회장.
- ** 마이크로소프트 사 회장 겸 CEO.
- *** 1998~2008년 이베이 CEO. 30명 규모였던 이베이를 세계적인 규모의 회사로 키웠다는 평가를 받는다.

맞은 HP를 구제할 만한 외부 인사로는 보이지 않았다. 그러나 당시 HP 이사회는 리더십 부재 상황에 놓여 있었다.

모든 회사에는 리더십이 필요하다. 지역사회에도 리더십이 필요하다. 지구상의 다른 나라들처럼, 이 나라에도 문제가 터지면 회피하지 않고 맞서 싸울 사람들이 필요하다. 훌륭한 명분을 바탕으로 사람들을 한마음으로 모을 수 있는 인물이 필요하다. 더 나은 미래를 향한 비전을 품은 인물이 필요하다. 그러나 불행히도 대부분의 기업과 지역사회, 국가는 사람들이 필요로 하는 리더십이 부재한다. 평범한 사람들 사이에 있는 진정한 리더가 단연 돋보일 수밖에 없는 이유다.

물론 키가 크거나, 힘 있는 목소리를 갖고 있거나, 영민하고 눈치가 빠르다는 건 장점이다. 그러한 유전적 특성이 리더가 되는 데 도움이 될 수는 있지만, 태어날 때부터 리더 자질을 갖춘 사람은 매우 드물다. 태생적으로 리더의 특성을 지닌 사람을 제외하고는 우리 모두 리더가 되는 법을 배워야 한다. 당신이 이 책을 읽어야 하는 이유다. 우리 경험에 따르면, 리더십을 학습하는 훌륭한 사람들은 타인에게 리더십을 가르치는 순간에도 리더십을 배운다. 강력한 군대로 손꼽히는 미군은 '리더십은 배울 수 있다'란 사실을 지속적으로 증명해왔다. 확실하면서도 화려한 결과를 보여줌으로써 말이다.

출사표는 던져졌다

리더십을 키우기로 결심한 순간, 아니, 첫 프로젝트의 리더를 맡은 그 순간 당신은 CEO 출사표를 던진 것이나 다름없다. 알게 모르게 친구들, 멘토, 경쟁자들은 당신을 예리한 눈으로 주시하고 있다. 그들은 링 위에 뛰어든 당신을, 그리고 링 위에 던져진 모자를 바라볼 것이다.° 이제 무엇을, 어떻게 해야 하는가?

다년간 우리는 기업 임원과 연설가, 코치들이 "리더처럼 행동하라!"고 말하는 걸 귀에 못이 박히도록 들었다.

리더가 되고 싶다면 리더의 행동을 따라 하라. 이 말은 상식적이고 그럴싸해 보인다. 오늘날 물리학의 토대를 세운 알베르트 아인슈타인은 "상식은 열여덟 살 때까지 습득한 편견의 집합"이라고 단언한 바 있다. '리더처럼 행동하라'는 지령은 리더의 행동을 모방하는 사람들을 다시금 모방하라는 소리에 지나지 않는다.

가장 중요한 점은 리더는 '연기Act하지 않는다'는 사실이다.

맥도널드 가맹점주들로 가득 찬 강당에서 강연을 한 적이 있었다. 당시 우리는 "여러분은 일하는 내내 '리더처럼 행동하라'는 말을 들었을 거예요"라는 말로 포문을 열었다.

어쨌거나 맥도널드는 업계의 선두 주자다. 당신은 맥도널드 창업자 레이 크록과 같이 훌륭한 리더들이 남기고 간 기업가 정신을 학습했

• 　권투에서는 챔피언에 도전한다는 의미로 링 위에 모자를 던진다. 여기선 출사표를 던지는 행위를 뜻한다.

을 것이다. 하지만 고객과 직원, 회사를 생각한다면 부디 리더처럼 행동하지 마라!

리더들은 바람직한 조언을 듣고도 못 들은 것처럼 행동한다. 리더들은 마치 자신들이 평생 최고의 자리에 임명된 것처럼 군다. 리더들은 회사나 업계에서 만난 자기네 선배처럼 걷고, 입고, 말하며, 허세도 부려야 한다고 믿는다.

절대 그러지 마라. 레이 크록은 그런 방식으로 리더가 된 게 아니다.

레이 크록을 리더로 만든 방식을 따르라. 고객이 조금이라도 부족함을 느끼기 시작하면 그러는 족족 그것이 당신의 일인 듯이 행동하라. 대체재가 가득한 시장에서, 당신의 회사만이 고객의 선택을 받을 만한 유일한 업체라는 듯이 행동하라. 최고 실력을 갖춘 직원을 뽑고, 모든 직원이 최상의 결과물을 도출해야 한다는 듯이 행동하라. 당신이 회사에서 그 누구보다 열심히 일해야 한다고 믿는 듯이 행동하라. 또 세상에서 가장 재미있는 업무를 하는 듯이 행동하라.

이렇게 한다면 사람들은 당신을 따르고자 할 것이다. 그 후부터는 리더처럼 행동할 필요가 없어진다. 이미 자연스레 리더가 되어 있을 것이기 때문이다. 레이 크록처럼 말이다.

다르게 말하면 당신이 장차 '되고자 하는' 리더의 모습을 따라 해라. 이것이 리더가 되고자 하는 이들에게 우리가 줄 수 있는 최선의 조언이다. 우리가 언급하는 '행동'을 실천의 언어로 옮기면 다음과 같다.

• 고객들이 신뢰할 수 있는 사람인 듯 행동하라.

- 직원과 이해관계자가 신뢰할 수 있는 사람인 듯 행동하라.
- 어떤 역경에도 사람들을 이끌 수 있고, 칭찬뿐 아니라 비판도 받아들일 수 있는 사람인 듯 행동하라.

만약 당신이 이렇게 할 수 있다면, 이는 연기가 아니라 진심에서 우러난 실천인 것이다.

열망하라

거듭 말하지만 이 세상엔 진정한 리더가 필요하다. 너무 당연해서 거듭 말할 필요도 없다면, 이미 그 필요성을 절실히 느끼고 있기 때문일 것이다. 마땅히 리더가 되어야 할 사람이 리더가 될 기회를 거머쥐는 건 반가운 일이다. 하지만 불행히도 기회를 얻어서는 안 되는 사람들에게도 기회가 주어진다. 다시 말하지만, 전체 기업 중 약 5퍼센트만이 변화의 비전을 품은 CEO를 데리고 있다. 나머지 회사는? 그럭저럭 굴러가거나, 내리막길에 있다. 생각보다 많은 기업이 '리더 부족 현상'을 겪고 있는 것이다.

다시 한번 묻는다. 리더가 되고 싶은가? 그렇다면 일단 해보자!

그런데 어떻게 해야 하는 걸까?

리더가 될 기회를 얻는 사람이 극히 적다고 해서 리더가 되고자 하는 사람들의 열망까지 막을 수는 없다. 어느 날 헤드헌터가 당신에게 전화를 걸어 다른 회사 리더 자리에 관심이 있는지 물어볼 수도 있다. 당신은 얼마간 뿌듯함을 느끼며 채용 담당자가 주선한 면접을 시작하게 될 것이다. 일련의 면접을 거치며 제안받은 그 포지션을 열망한다는 사실을 내비친 스스로에게 감동할지도 모른다. 진작에 이랬어야 한다.

그들이 당신을 먼저 원했다는 건 물론 좋은 일이다. 이것만으로 그쪽 회사가 '조직을 좌우할 만한 힘을 주겠다'고 한 걸로 볼 수는 없지만 말이다. 그리고 앞서 설명했듯이 이런 일은 자주 일어나지 않는다.

반면 첫 번째 프로젝트나 첫 번째 팀을 이끄는 방식으로 출마 선언을 한 경우, 당신은 리더로서 많은 기대를 받게 될 것이다. 이때 리더 자리 자체를 좇는 대신 실제 리더십을 발휘하고 성과를 증명하는 데 몰두하라. 그리고 성과를 통해 차근차근 증명하라. 그렇게 한다면 리더를 자처할 필요가 없을 것이다.

리더십이란 무엇일까? 프로젝트에 착수하고, 도전하고, 더 큰 도전을 계속해서 열망하는 것이다. 이것이야말로 리더십을 획득하는 가장 확실한 방법이다. 당신이 원했던 CEO가 되는 방법이다. 그럴싸한 문구나 문장, 인터뷰가 아니라 직접 행함으로써 말이다. 아마 몇 년은 걸릴 것이다.

도전자 리더십을 위한 비법 매뉴얼

4단계에서는 특정 프로젝트나 그룹 내부에 도전하는 문화를 구축하는 방법을 설명했다. 팀에 도전자 정신을 이식할 때마다 당신은 훗날 오르게 될 궁극의 리더 자리에 대비하는 셈이다.

3단계에서도 설명했듯이 혁명은 매뉴얼대로 일어나지 않는다. 그러나 혁명에 성공하는 지도자들은 승리의 기본 원칙을 따른다. '도전자 매뉴얼'에 이어 눈여겨볼 것은 '도전자 원칙 리스트'다. 우리가 소개하는 이 원칙을 따른다면 급변하는 비즈니스 환경 속에서도 실패란 없을 것이다.

1. 모든 프로젝트 및 과제를 '정치 캠페인'처럼 설계하라

우리는 이 책에서 줄곧 캠페인 원칙에 관해 이야기하고 있다. 그중에서도 최우선 원칙은 '정치 캠페인'이 가진 핵심적인 특징을 따르라는 것이다.

- 선거일까지의 승리 전략을 수립하라.
- 승리에 필요한 '50.1퍼센트' 확보를 위해 긴박감을 갖고 캠페인을 펼쳐라.

위의 두 가지는 막강한 도전자 원칙이자, 성공적인 캠페인 전략을 세우는 데 필수적인 사항들이다. 그렇다고 이 두 원칙만 갖고서는 캠페인을 성공시킬 수 없다. 캠페인 전략은 당면한 문제에 따라 매번 다른 형태로 짜여야 한다.

- 캠페인 전략은 팀과 공동으로 개발하라.
- 가장 먼저 프로젝트의 목적지가 어디인지 확실하게 정의하라. 그곳에 도착한 당신이 얻는 성공이 무엇인지도 확실하게 정의하라. 반복해서 말하자면, 우리는 이것을 '승리 정의하기'라 부른다.
- 갖고 있는 자원의 결집을 위해 당신만의 승리를 정의하라. 우리는 이런 과정을 '실행할 수 있는 일을 하기'라 부른다.
- 실행할 수 있는 일을 하기 위해서는 가장 먼저 타깃을 식별해야 한다. 승리를 위해 마음을 사로잡아야 하는 대상 말이다. 우리는 이를 '움직일 수 있는 대상을 움직이기'라 부른다.
- 더 많은 사람이 따를 만한 전략과 매력적인 메시지를 개발하라. 우리가 말하는 '인사이드아웃 캠페인 구축하기' 과정이다.
- 한치도 물러서지 말고 담론을 장악하라. 즉, '수비하지 말고 공격하기'를 기억하라.

2. 당신이 일으키려는 변화를 명확히 정의하라

오늘날 리더십을 발휘한다는 건 커뮤니케이션을 잘하는 것과 같다. 당신이 이끄는 프로젝트, 지금 맞닥뜨린 도전 모두 리더십 스타일과 그 특징을 보여줄 수 있는 도구다. 리더가 되기 위해서는 캠페인 전략에 따라 강력한 커뮤니케이션 방식을 구축하는 데 능숙해야 한다.

우리는 당신이 변화의 리더십을 추구한다는 전제하에 이 모든 것을 설명하고 있다. 당신이 주도하는 모든 프로젝트는 리더십 캠페인의 구성 요소다. 대선 토론과 여론조사, 예비 선거 과정 전부가 길고 긴 대통령 선거 캠페인의 구성 요소이듯 말이다. 각 프로젝트에서 당신이 전달하는 핵심 내용이 바로 당신이 보여주고자 하는 변화의 단면이다.

앞서 말한 '개인 브랜드'를 떠올려보면, '그런데'와 '다만'이라는 접속사가 당신에 대한 중요한 사실을 드러낸다는 게 기억날 것이다. 마치 이렇게 말이다. "그는 역동적인 리더예요. 다만 대인관계에 문제가 좀 있어요." 또는 "다만 팀 분위기를 망치곤 하죠."

당신만의 리더십 브랜드를 구축하는 데 있어서, 금과옥조로 삼아 할 단어는 '그리고and'와 '~부터from' '~까지to'다. '~부터'는 뿌리 깊은 관료주의 사회나 시장의 변화에 제대로 대응하지 못하는 상황처럼 '현재 마주한 문제'와 관련이 있다. '~까지'는 그래서 당신이 어디로 가고 있는지, 회사를 어떻게 키우려고 하는지를 보여준다.

종이 한 장을 꺼내 현재 진행 중인 프로젝트와 관련해 '~부터 ~까지' 리스트를 작성해보자. 예를 들면 다음과 같다.

- 제품 X에 대한 소비자 불만에 대응하는 것'부터'
- 능동적이고 상호적인 CRM 전략'까지'

무슨 뜻인지 이해했을 것이다. '~부터 ~까지'가 변화의 핵심 요소다. 변화란 더 나은 상황으로 향하는 움직임이어야 하니까. '여기'는 우리가 지금 있는 곳, '거기'는 앞으로 가고자 하는 곳이다.

'~부터 ~까지' 리스트는 리더십 캠페인의 목적을 효과적으로 보여줄 것이다. '문제 해결' 모델과 더불어 프로젝트의 목적을 명확히 알릴 수 있는 도구인 셈이다. 당신은 '~부터'로 목표 유권자에게 현 상황의 해결 과제를 상기시키고, '~까지'로 목표를 위한 앞으로의 변화를 약속할 수 있다.

3. '3×5 카드' 훈련을 시작하라

'~부터 ~까지' 리스트는 리더로서 갖춰야 할 커뮤니케이션 능력을 기를 수 있는 이상적인 도구다. 이 같은 양식은 '3×5 카드' 메시지의 로직을 익히고 발전시키는 데 도움이 될 것이다. 두 가지 모두 당신이 어떤 리더이든 어떤 캠페인을 펼치든 무조건 따라야 할 가장 기본적인 원칙이다.

너무 익숙해서 사람들이 실제로 알아차리지 못하는 리더들의 특정 행동이 있다. 단상으로 걸어가는 대통령이 코트 주머니에서 3×5 카드를 꺼내는 모습이다. 이는 전 세계 어느 나라에서나 볼 수 있는 모습이다. 3×5 카드는 성공적인 캠페인의 필수 요소다. 대통령이 제시하는 비전을 국민들에게 구조적으로 명확하게 전달할 수 있기 때문이다. 3×5 카드는 명시적인 방식으로 구현되며, 사람마다 소통 방식이 다른 만큼 상황에 따라 변용될 수 있다. 3×5 카드는 다음과 같이 구성된다.

- **헤드라인** 캠페인 전략의 주된 목표를 담아야 한다.
- **4~5개의 주요 항목** 캠페인의 목표를 달성하기 위한 주요 포인트를 정의해야 한다.
- **항목 1** 이해관계자들에게 그들의 이익이 캠페인과 어떻게 연결되는지를 설명해야 한다.
- **항목 2** 시장에서 당신의 전략을 어떻게 차별화할 것인지를 설명해야 한다.
- **항목 3** 캠페인이 성공하면 미래에 무엇이 더 나아질지 설명해야 한다.

3×5 카드 작성 규칙은 간단하다.

- 3×5 카드는 캠페인 전략을 알리는 기본적인 커뮤니케이션 틀이다.
- 3×5 카드는 핵심 전략을 반영해야 한다. 3×5 카드가 효과를 발휘하기 위해서는 캠페인에 관여하는 모든 사람이 서로 지속적으로 소통해야 한다.
- 3×5 카드에 담긴 핵심 메시지는 모든 사람에게 전달되어야 한다.
- 특정 그룹이 특정 상황에서 활용하기 위해 한두 가지 항목을 더 깊이 파고들 수 있다. 다만 각 팀 구성원은 어떤 상황에서도 3×5 카드에 있는 모든 항목에 대해 설명할 수 있어야 한다.

만약 3×5 카드에 적힌 캠페인 아이디어가 설득력이 있다면 — 즉,

'~부터 ~까지' 리스트에 미래에 대한 비전이 담겼다면―그것은 바이러스처럼 널리 퍼져나갈 것이다. 우리 팀에서부터 조직 내 타 부서, 공급 업체, 협력사, 충성 고객은 물론 잠재 고객에게까지 다다를 수 있다. 그 누구보다도 캠페인의 성공에 가장 큰 영향을 줄 수 있는 사람들에 집중해야 한다. 사람들의 마음을 설득하려면 기본 주제와 메시지를 반복해야 한다. 3×5 카드의 기본 내용을 바꿀까 생각하기 전에 3×5 카드의 메시지를 죽도록 설파해보라.

4. 연설 실력을 강화하라

모든 커뮤니케이션, 캠페인과 마찬가지로 유세 연설 또한 3×5 카드를 기본 틀로 삼는다. 이는 2005년 당시 밥 아이거의 3×5 카드 메시지와 유세 연설처럼 간단하고, 직접적이며, 명료해야 한다. 표현을 유려하게 다듬더라도 단순함과 솔직함, 명료성을 잊어서는 안 된다.

"연설을 시작하면서 던질 만한 괜찮은 유머가 있을까요?" 누군가는 이렇게 물을 것이다. 우리에겐 유머집에 소개된 유머로 연설을 시작하는 그런 상황 자체가 농담처럼 들린다. 이는 마치 "좋은 아침이에요!"라고 말하고는 당황해서 움찔한 관객의 반응을 듣겠다고 손을 귀에 가져다 대는 것과 같다.

문장에 관한 한 이제껏 그 누구도 아리스토텔레스가 제시한 이 세 가지 조언을 뛰어넘는 법칙을 제시하지 못했다. 요약하자면 다음과 같다.

A. 당신이 무슨 말을 하려는지 말하라.

B. 말하라.

C. 당신이 무슨 말을 했는지 말하라.

여러분이 선거 유세로 사로잡고 싶은 사람들은 연설을 통해 즐거움을 느끼지 못해도 된다. 즐겁기보다는 진지한 주제이니까. 그렇기에 유머집은 변기에나 던져버리고 아리스토텔레스의 금언을 따라라.

- 3×5 카드 메시지를 대중에게 전하라.
- 거기에 세부 사항, 관련 사례, 흥미로운 사실, 그리고 약간의 재치와 매력 요소를 더하라.
- 단순하게, 그리고 계획대로 하라.

유세 연설은 장소에 구애받지 않는다. 유세 연설은 졸업사가 될 수도, 주주 연설이 될 수도 있다. 퇴임식 축배사 혹은 격려사, 추도사, 집회 연설이 될 수도 있다. 무엇이든 상관없다. 상황과 청중에 맞춰 연설 내용을 조정하되, 주요 전략은 유지해야 한다.

유세 연설 전략은 팀 전체가 '바꿔야 할 때'라고 결론 내리기 전까지는 확고하게 지켜져야 한다. 반복되는 유세 연설에 스스로 진절머리가 날 때쯤에야 비로소 계획했던 대상에게 가닿을 테니까.

우리를 찾아온 정치인들은 이따금 "대중은 같은 말을 반복해서 듣는 데 질렸다"고 쏘아붙인다. 메시지가 대중의 이익이나 요구에 부합할 경우, 그것을 절대 지겨워하지 않을 거라는 사실은 까맣게 잊은 모습이다. 아침 일찍 들른 스타벅스에서 들려오는 스팀기의 '쉬익' 소리가 지긋지긋하다고 생각한 적이 한 번이라도 있는가?

- 반복은 곧 일관성이다.
- 일관성은 곧 신념이다.
- 신념은 곧 진정성이다.
- 진정성은 곧 책무다.

"스피치 코치가 꼭 필요할까요?" 당신은 이렇게 질문할 것이다. 훌륭한 질문이다. 이에 대한 확실한 대답을 줄 수 있다. 네, 당신에겐 스피치 코치가 필요합니다.

여력이 되는 한 최고의 스피치 선생님을 옆에 둬라. 최고의 선생님은 단순히 테드TED 강연자처럼 말하는 법이나 말 잘하는 속임수 따위를 가르치진 않을 것이다. 훌륭한 선생님이라면 청중 앞에서 최고의 연설가가 되는 법을 전수해줄 것이다. 리더십을 갖추기 위해서는 꾸준히 배워야 한다. 진정한 리더는 코칭을 받아들인다. 그러므로 당신이 최고의 지도자가 될 수 있도록 도울 최고의 코치를 구하라. 이조언은 멘토와 키친 캐비닛 멤버, 임원진에게까지 적용할 수 있다.

5. 체력을 단련하라

겉모습만 보고 판단하면 안 된다고들 말한다. 그렇다면 책엔 왜 표지가 있을까? 다들 표지로 책을 판단하기 때문이다. 표지의 주요 기능은 책에 대한 기대감을 높이는 것이다.

많은 사람이 개인 브랜드를 만들 때, 특수부대원과 같은 이미지를 꿈꾼다. 언제나, 어디서나, 어떤 문제에라도 뛰어들 준비가 되어 있는 그런 이미지 말이다. 우리의 친구 스튜 갤러거 대위에 따르면, 그의 부대 곳곳에는 좌우명이 붙어 있다. "평화를 원하거든 전쟁을 준비하라Si vis pacem, para bellum."

크고 작은 도전에 대처하는 방식은 그 사람이 어떤 지도자가 될 것인지를 보여준다. 그 방식에서 리더로서의 가능성과 적합성이 드러나기 때문이다.

이는 거친 이미지의 준비된 지도자를 뜻하는 게 아니다. 오늘날의 리더십은 단거리 경주가 아닌 마라톤에 비유할 수 있다. 사실, 리더십 실천은 철인 3종 경기나 10종 경기에 더 가깝다. 강인함과 지구력, 결단력이 필요한 동시에 다양한 기술이 요구되기 때문이다. 리더가 되기 위해서는 이에 대비해야 한다.

존슨앤드존슨 CEO 앨릭스 고스키는 웬만한 게릴라 특수부대 대원보다 더 혹독하게 자신을 단련한다. 그는 쉰넷의 나이에도 매일 오전 5시 30분에 부인 팻과 함께 체육관에 가서 90분간 운동한다. 야외에서도 같은 속도로 달린다.

존슨앤드존슨 산하 인간행동연구소Human Perform Institute는 업무에 있어서 시간 관리보다 에너지 관리가 더 중요하다는 원칙하에 경영진 운동 프로그램을 개발했다. 에너지 관리 부분에서 모범을 보인

앨릭스 고스키는 건강과 질병 예방을 차세대 의료의 핵심 주제로 규정하기도 했다. 어쨌거나 최고의 약은 질병과 부상을 피하는 것이기 때문이다.

실제로 에너지는 업무 관련 태도와 역량에 영향을 미친다. 하루하루를 보내고 경력을 쌓는 전 과정에서 중요한 역할을 한다는 뜻이다. 신체가 건강해야 정서적, 심리적으로도 깨어 있을 수 있다. 건강 관리 수칙은 리더십 캠페인에서 익혀야 할 수많은 원칙 중 하나다. 건강 유지가 다른 원칙을 이행하기 위한 기본 중의 기본임을 이해했다면, 당신은 어떤 면에서든 더 훌륭한 리더가 될 수 있을 것이다.

캠페인을 구상하고 이행하는 것은 매우 고된 일이다. 캠페인을 시작하고, 꾸준히 이어나가기 위해서는 모든 힘을 짜내야 한다. 얼굴을 마주했을 때 전해지는 활력만큼 리더가 가진 생기와 원칙을 분명하게 보여주는 것은 없다.

6단계

모든 것을 정의하라

"자기 자신, 주요 공략층, 이해관계, 경쟁자,
승리, 그리고 미래를 정의하라."

찰칵-찰칵-찰칵. 누군가 커다란 가위로 잔디를 깎는 듯한 셔터 소리가 들려온다. 귀가 먹먹할 지경이다. 쏟아지는 불빛에 시야가 완전히 마비된다. 다른 기자회견에서는 경험해보지 못한 광경이라 혼란스럽기만 하다. 카메라 셔터가 찰칵거리고, 조명이 번쩍인다. 밖에 누가 있느냐고?

당신은 그들이 누군지 잘 알 것이다.

불빛과 셔터 소리 너머를 직접 확인할 순 없지만, 그곳이 사람들로 가득 차 있다는 것은 알 수 있다. 누가 몰려들었는지도 예상할 수 있다. 사진을 더 잘 찍으려고 기자들이 자리싸움을 벌이며 질문을 던지고 있다. 카메라 시점으로 가보자. "이곳은 아이오와 대븐포트입니다. 저는…… 척 토드…… NBC…… 뉴스입니다."

어림잡아 80명에서 100명의 기자가 몰려 있다. 그들은 몸싸움하며 각자 질문을 20개씩 쏟아낸다. 단순 계산으로도 1600여 개에 달하는 질문이 플래시 세례 속 번쩍 든 손들 사이에서 빗발친다.

질문이 1600개라니!

정치에 능숙한 이라면, 여기서 답해야 할 질문은 단 두 개뿐이라는 사실을 알 것이다.

하나, 당신이 도대체 누굽니까?

둘, 왜 당선되려고 하는 겁니까?

어떤 상황에서든 당신은 답변을 하려고 거기 있는 게 아님을 기억해야 한다. 당신은 하고 싶은 말을 하기 위해 그 자리에 서 있는 것이다.

즉각적인 답변을 요하는 질문은 위에 적은 두 개 정도이고, 캠페인전 과정에서는 총 일곱 개의 질문에 대한 답을 준비해야 한다. 이 일곱 개의 답변은 대통령 혹은 기업 CEO 후보로서 선거 캠페인 전체를 장악할 수 있을 만큼 훌륭해야 한다.

일곱 개의 정의

당신이 인턴과 놀아난 적도 없고 백지수표가 가득 든 가방을 받은 적도 없다면, 결국 중요한 건 이 일곱 가지다. 우리는 다음 일곱 가지 질문에 대한 답을 '일곱 개의 정의'라고 부른다.

- 나는 누구인가.
- 나의 목표 유권자는 누구인가(내가 움직여야 하고, 움직일 수 있는 사람들이 누구인가).
- 승리란 무엇인가(목표 유권자가 승리의 결과에 따라 어떻게 다르게 느끼고, 생각하고, 행동할 것인가).
- 이 선거에 무엇이 걸려 있는가(목표 유권자가 당신의 출마에 관심을 가져야 하는 이유는 무엇인가).
- 유권자가 나에게 투자하고 자신의 미래를 나와 연결해야 하는 이유는 무엇인가.
- 공동의 적은 누구인가.
- 내가 보여줄 미래는 무엇인가.

이 질문들은 그저 잠재적인 일곱 개의 질문이 아니다. 당신의 목숨과 커리어 전부를 걸고 답해야 할 일곱 가지 질문이다. 캠페인을 성공시키기 위해서는 위 일곱 개의 정의를 반드시 장악하고, 모두와 공유해야 한다.

물론 진정으로 원한다면 환율이나 공급망, 상품 가격에 관한 질문에 답해도 된다. 이런 자세는 학기말 시험에선 높은 점수를 받겠지만, 최고위직에 오르는 데는 별다른 도움이 되지 않는다. 중요한 건 위에서 말한 일곱 가지를 제대로 정의해내는 것이다.

1. 나는 누구인가

지금껏 모든 후보에게 말했던 내용이다. 분명하고 설득력 있게 자기 자신을 정의해야 한다. 그러지 않으면 다른 사람들이 기꺼이 당신을 정의하려 들 것이다.

4단계에서 '당신이라는 브랜드'를 얘기하며 언급한 바 있다. 요점은 엄격한 정의를 내리는 것이다. 이는 그저 온라인 데이팅 사이트에서만 유용한 팁이 아니다. 여기에서 중요한 것은 진정성이다.

반복해서 말하지만 모든 것은 결국 밝혀진다. 구글을 사용하는 이 시대의 철칙이다. 다른 사람은 절대 알지 못하며, 알 수도 없는 나만의 작은 비밀이 존재할 수 있다고 착각할 수 있다. 하지만 누군가, 어디에선가, 어떤 방식을 써서라도, 또 인터넷 검색을 집요하게 해서라도 비밀을 밝힐 수 있다(온라인에서 뭔가를 파헤치는 일은 누구나 할 수 있기 때문이다).

정치에 발 담근 적 없는 '외부인'이 더 진정성 있으리라는 통속적인 믿음의 존재는 2016년*에 재차 확인됐다. 유권자들은 외부인이 제시하는 진정성이 진짜라고 가정함으로써 그들에게 기꺼이 기회를 부여한다. 전문 정치인에게는 부여하지 않는 가정이다. 당신이 평생 정치인이었다면 대중에게 뭔가를 감추거나 변명해야 할 수 있다. 프랑스 법은 '무죄 추정의 원칙'을 따른다. 미국 정계의 전문 정치인이라면 진위가 증명될 때까지 '유죄 추정의 원칙'을 적용받게 된다. 만약 당신이 말단

---

* 도널드 트럼프는 미국 대통령 중 공직 경험이 없는 첫 번째 대통령이었다.

직급에서 시작해 리더 후보에 올랐다고 해도 상황은 똑같다. 오늘날 사람들은 내부자를 신뢰하지 않는다.

지난 2015년, 우리는 여론조사가 겸 정치 평론가 패트릭 캐들, 라디오 진행자 밥 퍼킨스와 함께 타락한 워싱턴 시스템을 극복할 새로운 리더와 아이디어를 구하는 '위 니드 스미스We Need Smith(우리에겐 스미스가 필요하다)' 운동에 참여했다. 당시 우리는 역사적으로 드러난 유권자들의 좌절, 분노, 소외를 연구했다. 도시에 사는 흑인들은 경찰을 두려워하는 동시에 그들에게 화가 나 있었고, 상황을 개선할 수 없어 좌절하고 있었다. 85퍼센트가 넘는 미국인이 워싱턴 정부에 이와 비슷한 감정을 느끼고 있었다.

그들은 기업 리더십에 대해서도 인간미를 느끼지 못했다. 만약 당신이 CEO 후보로 출마한다면, 아주 높고 살벌한 냉소의 벽과 마주하게 될 것이다. 바로 거기에서 이러한 정치적 교훈을 도출할 수 있다. 세상에서 가장 강력한 광고는 진실을 말하는 것이다. 광고대행사 매캔에릭슨의 창업자 H. K. 매캔은 좋은 광고를 일컬어 "잘 표현된 진실Truth well told"이라고 정의한 바 있다. 당신은 진실을 말해야 하고, 잘 말해야 하며, 오직 진실만을 말해야 한다. 단순히 높은 도덕성이나 정의를 말하는 것이 아니다. 진실을 말하면 시간을 아끼고 속 쓰림도 줄 것이다.

진실을 말하는 동시에 잘 말한다는 것은 기업 언어Corporatespeak를 새로운 언어로 대체하는 일을 의미한다. 예를 들면 이렇다.

'직장 동료들'은 '여기서 일하는 사람들'을 의미하는 기업 언어다.

'하지만However'은 사실 '다만But'이다.

'핵심 역량'은 '우리가 누구보다 잘하는 것'이어야 한다.

'승인'은 그저 '동의'를 의미한다.

'힘을 부여하다Empower'는 '기대하다Expect' '요구하다Demand' 또는 '필요로 하다Require'로 바뀌어야 한다.

'진전시켜라'는 '개선하라'나 '성공하라' '이겨라'가 되어야 한다.

'해결해야 하는 많은 부분'은 '오늘 중으로 해결하겠습니다'가 되어야 한다.

'대비하라'는 '그냥 하라'로 바꿔야 한다.

'확장 가능'의 진짜 뜻은 '성장할 수 있기에 시도할 가치가 있다'는 의미다. 이런 식으로 바꾸면, 사용해야 하는 단어 수가 늘어나긴 하지만 모든 사람이 뜻을 명확하게 이해할 수 있고, 의미를 다르게 해석할 여지도 줄어든다.

'최선'의 진짜 뜻은 '다른 사람들이 다 하는 것'을 의미한다. 이렇게 남의 표현을 가져다 베끼는 로봇이 되는 게 당신이 진정으로 원하는 일인가?

'고정관념에서 벗어나 생각하기'는 '혁신적'이란 뜻이다.

'만반의 준비를 하라'는 '계획이나 세워, 왜 안 세우는 거야?'와 같다.

'생태계Ecosystem'는 말도 안 되는 소리다 싶으면 곧바로 눈과 귀와 마음을 닫아버리는 대중 사이에서 당신이 무시당하지 않고 받아들여지기 위해 호소해야 할 산업, 시장, 그 밖의 가능한 모든 사정을 말한다.

'레버리지Leverage'는 보통 '관리Manage'로 대체될 수 있다.

'수직적'은 '전문 분야'를 의미한다(수평적의 반대 의미로 쓴 게 아니라면 말이다).

'전체 서비스'는 회사의 일을 단순히 나열하는 수준의 의미 없는 말이다.

'파고들다Drill down'는 고통을 의미하는 반면 '공부Study'는 깨달음을 의미한다.

'보이는 대로'는 바보 같은 말이다. 대신, 당면한 문제 해결을 위해 해야 할 일을 명시하라.

'힘이 넘쳐 보인다'는 '살집이 있다'의 완곡한 표현이다.

'나중에 이야기하자'는 '연기하자'는 뜻이고, 나쁘게 말하면 '미루자'는 의미다.

'가래를 뱉다'가 '침을 뱉다'이고, '소변을 보다'가 '오줌을 싸다'인 것처럼 '시너지를 내다'는 '협동하다' 또는 '협조하다'를 말한다.

'배움'은 '깨달음'이다.

'접촉을 시도하다'는 '연락하다'다.

'도박Punt'은 그야말로 '포기Give up'다.

'임팩트를 주다'는 구리다. '영향을 주다'라고 하라.

실제 비용과 이익을 다루는 직원에게 '110퍼센트를 하라'는 말은 아무 의미가 없다.

'기준 소매 가격'은 '가격'이다.

'한 단계 더 발전시켜라'는 '개선하라'가 되어야 한다.

'틀에 박히다'는 '굳어진' '만만한' '단순한' '지루한' 등등 엉덩이가 무거워 대충 게으르게 내놓은 결과를 꼬집는 말로 쓰여야 한다.

'부재중' 대신 '자리 비웁니다'라고 말하거나, '여행 중' '머리 감는 중'과 같이 정확한 이유를 대라.

'지금 놓치면 다신 없을 기회Window of opportunity'는 '유일한 기회' '마감일' 또는 '절박함'이라고 표현하는 것이 좋다.

'낮은 데 달린 열매'는 '쉬운 승리'다.

'양파를 까라'는 건 '복잡함을 이해하라'는 뜻이다.

'기업 가치'와 '핵심 가치'를 혼동해서는 안 된다.

자기 자신을 정의할 때 스스로 성취한 것들의 목록을 줄줄이 읊지 마라. 당신은 리더이지 이력서가 아니다. 사람들은 누군가의 역사를 좋아하지만, 그걸 꼭 알아야 한다고는 생각하지 않는다. 언젠가는 당신이 쌓아온 업적에 관심을 갖게 되겠지만, 그 역시 당신이 누구인지 알고 난 이후의 일이다.

칵테일 파티에 갔다고 해보자. 그곳에서 낯선 사람을 만났다. 그가 자신이 지금껏 해온 모든 일, 가본 장소, 만난 사람에 대해 말하기 시작한다면 아마 이런 생각이 들 것이다.

'대체 왜 저러는 걸까?'

사람들은 당신이 지금까지 무엇을 해왔는지보다 앞으로 '어떻게' 할 것인지에 대해 알고 싶어한다. 또 앞으로 '어떤 것'을 결정할지에 대해 듣고 싶어한다. 사람들은 어떤 결정에 영향을 미친 당신의 성격과 가치관을 알고 싶어한다. 성격과 가치관을 파악하면 그 사람이 앞으로 어떤 결정을 내리게 될지 걱정하지 않아도 되기 때문이다. 물론 이유만 정직하다면 결정을 바꿀 수도 있다. 그렇다면 '상황에 따른 입장 변화'도 기업 언어 목록에 추가하는 게 좋겠다. 어떤 상황이든 진짜로 정직한 이유는 아닐 테니 말이다.

만약 당신이 실제 후보자라면 이렇게 생각할 것이다. "이봐요, 저자 양반! 국제전기노동자연맹IBEW이 50만 달러를 주겠다고 해서 법안에 대한 입장을 바꿨다고 솔직하게 말할 수는 없잖아요. 정직하려다가 골로 가겠소." 문제는 우리가 이미 지적했듯 '모든 것은 결국 밝혀질 것'이라는 사실이다. 진실을 말해야 할 이유가 더 필요하다면 이렇게 조언해주겠다. "결국 진실을 말하는 상황에 직면하게 될 것입니다. 문제는 처음부터 진실을 고백해서 원하는 대로 판을 끌고 가느냐, 끝까지 숨기다가 원치 않는 방향으로 끌려가느냐 하는 것입니다."

이런 옛말이 있다. "진실을 말하라, 전부 말하라, 빨리 말하라." 최소한 초반에 당신의 언어로 문제를 바로잡는다면, 어떻게든 해명할 수 있을 것이다. 반대로 늦게 말한다면 당신 때문에 그 마음고생을 하고도 여전히 당신을 지지해주는 배우자와 나란히 서서 눈물의 기자회견을 하게 될 것이다. 이건 진실을 잘 말하는 이상적인 방법과는 한참 거리가 멀다.

비즈니스에서 문제에 대해 '노 코멘트'하거나 심지어 문제를 언급조차 하지 않는 것은 "맞아! 나는 유죄야!"라고 외치는 것과 같다. 침묵은 인정이다. 오래 침묵하는 건 "상상의 나래를 마음껏 펼치세요"라고 속삭이는 거나 마찬가지다.

- 당신이 누구인지, 무엇을 믿는지 말하라.
- 당신의 가치관이 어떻게 형성되었는지 말하라.
- 당신의 두려움, 분노, 희망을 말하라. 사람들은 듣고 싶어한다. 당신을 알고 싶어한다. 그러니 그 일을 남이 대신하게 하지 말라.

효율적인 리더는 단순한 브랜드 포지셔닝을 한다.

- 월트디즈니 밥 아이거: 안티-아이스너.
- 코카콜라 세르히오 시만*: 그냥 저질러라Make shit happen.
- 존슨앤드존슨의 앨릭스 고스키: 우리의 신조The credo.
- 애플 스티브 잡스: 내가 애플이다(대부분의 창업자에게 표본이 될 문장이다).
- 새뮤얼애덤스 짐 코크: 최강의 맥주 괴짜.

2. 목표 유권자는 누구인가

'목표 유권자'를 나열하는 것이 매번 좋은 전략일 순 없다고 생각한다면, 당신이 옳다. 그것은 너무 노골적이기도 하고, 리스트에 있는 사람들을 다소 음해하는 것처럼 보일 수 있기 때문이다. 그러나 목표 유

- 코카콜라의 CMO를 지낸 마케터로, 크게 실패한 '뉴코크'의 책임자였다.

권자와 제대로 대화하고, 접촉하고, 우려를 해소하고 있는가를 오로지 짐작만 하고 있다면, 일단 나열해보는 게 낫다. 승리에 필요한 표를 정확히 알아야 하기 때문이다.

2005년, 마이클 아이스너가 밥 아이거를 월트디즈니의 새로운 CEO로 지목한 이후 밥 아이거는 우리에게 조언을 구했다. "당신이 단지 '선택'되었을 뿐이라는 사실을 알아차리셔야 합니다. 다른 사람들을 이끌기 위해서는 반드시 '선출'되어야 하죠. 강요당해서 당신을 선택했다고 느끼는 모든 사람이, 당신이야말로 자기들의 후보라고 느끼도록 만들어야 합니다."

아이거의 목표 유권자를 식별하는 것은 어렵지 않았다. 그들은 월트의 조카인 로이 디즈니와 스탠리 골드, 디즈니 이사회의 반대 세력, 스티브 잡스, 테마파크, 소매업, 영화, TV(ABC, ESPN)에 이르는 디즈니 사업부 전체를 대표했다. 아이거는 6개월 만에 정말로 '그들의 사람'이 되었다. 지난 10년 동안 디즈니가 보여준 놀라운 성과를 보면, 아이거가 'CEO 되기'를 얼마나 열망했는지 확신하게 된다.

2단계에서 설명한 지지층 구분을 활용해보자. 스프레드시트, 화이트보드, 심지어는 칵테일 냅킨도 좋다. 일단 거기에 다음과 같이 표시해보라.

강력 반대자HO, 온건 반대자SO, 부동층Undecided,
온건 지지자SS, 강력 지지자HS.

강력 반대자

이들은 당신의 모든 것을 싫어한다. 다른 후보나 다른 회사의 충성파일 수도 있고 내부자일 수도 있다. 몇 년 전, HP가 일렉트로닉데이터시스템스EDS를 인수한 후의 일이다. (필리핀 독재자 페르디난드 마르코스의 아내 이멜다 마르코스가 가우디 슈즈를 사 모은 것처럼, HP도 수십억 달러 규모의 불필요한 기술 회사를 인수한 것이나 다름없었다.) 프랑스 EDS 노동자들은 이에 분노했고, 급기야 매니저들을 납치하기에 이르렀다. 이들이 바로 '강력 반대자'다. 당신이 어디에 있든 그들은 적극적으로 당신의 이익에 반하는 일을 할 것이다.

좋은 소식이라면? 강력 반대자가 모든 조직 또는 시장에 5~8퍼센트밖에 없는 소수 집단이라는 사실이다.

온건 반대자

이들은 당신을 좋아하지 않을 수도, 다른 후보나 브랜드를 선호할 수도 있지만 당신을 열렬히 반대하지는 않는다. 정치적 측면에서 조용하고 꾸준하게 경계한다면 이들을 투표소에서 멀어지게 할 수 있다. 온건 반대자는 전체의 약 15~20퍼센트를 차지한다. 강력 반대자의 주장이 온건 반대자가 당신을 반대할 동기가 되지 않도록 확실하게 방어해야 한다. 만약 강력 반대자와 온건 반대자가 뭉친다면, 이들은 쉽게 극복할 수 없는 커다란 걸림돌이 될 것이다.

부동층

대중 마케팅에서는 종종 부동층의 마음을 얻으려다 수조 달러의 돈을 날리는 일이 발생한다. 마케팅 담당자들은 부동층의 절대적인 숫자에 현혹된다. 하지만 시장에서 부동층은 자신의 성격이나 상황에 따라 마음을 결정하지 않는다는 점을 명심해야 한다. 이들은 한 브랜드에 머무르지 않고, 가격 조건이나 지리적 편의에 따라 구매 결정을 쉽게 뒤집는다. 이들을 상대로 안정적인 수익을 유지하기란 매우 어렵다. 이들은 반짝이는 신상품에 이끌린다. 가격 프로모션에도 매력을 느낀다. 두 가지(가격 프로모션을 하는 신상품)를 한꺼번에 제공한다면? 부동층에겐 횡재다. 값비싼 신상품을 거저 주는데 누가 마다하겠는가?

대다수 브랜드가 개발과 제조, 유통, 마케팅 비용을 초기 판매에 의존해야 하는 것은 사실이다. 그러나 신제품이나 파격 할인을 요구하지 않는 충성도 높은 소비자층을 확보하는 것이야말로 손실 만회의 핵심이라는 점을 명심해야 한다.

부동층은 요 몇 년간 레밍이 쫓는 먹잇감처럼 보였다. 『워싱턴포스트』 정치 칼럼니스트 아트 벅월드는 기업 행사 연설로 많은 돈을 벌었는데, 하루는 프록터앤드갬블의 한 젊은 마케팅 임원이 칵테일 바에서 쏟아낸 이야기를 들려주었다. 당시 그 젊은 임원은 자신이 맡은 신제품 출시에 관해 이야기하면서 신이 나 있었다. "물론 개발 비용도 많이 들었고 판매할 때마다 적자이지만 생산을 늘릴 예정입니다."

패스트푸드 사업을 보라. 닭고기, 돼지고기, 치즈, 칠리 콘 카르네,

소고기 등 동맥을 막는 토핑을 얼마나 더 넣어야만 종잡을 수 없는 밀레니얼 남성들을 사로잡을 수 있을까? 아마도 경쟁사는 그다음 주에 토핑을 한 겹 더 올릴 것이고, 그다음에는 메이플 시럽을 잔뜩 뿌린 와플을 선보일 것이다. 이런 식이라면 소비자들은 1~2년 이내로 관상동맥 질환을 얻게 될 것이다.

임원이 되겠다고, 회사 부동층의 지지를 얻겠다고 시간을 낭비하지 마라. 물론 그들이 필요 없는 사람들이라는 뜻은 아니다. 결국은 부동층의 지지를 얻어내야 한다. 부동층을 당신의 편으로 끌어오는 가장 좋은 방법은 나중에 따로 설명하겠다. 그전까지는 '그냥 잊어버려야지'하고 관심을 꺼라.

온건 지지자

이들은 당신이나 당신의 후보 또는 브랜드를 좋아하지만 목소리 높여 활동하지는 않는다. 하지만 당신에겐 이들의 지원이 필요하다. 온건 반대자와 마찬가지로 이들은 '유효 표'의 약 15~20퍼센트를 차지한다. 좋은 소식은 온건 지지자들이 당신에게 호감을 품고 있다는 사실이다. 다만 당신을 지지할 더 많은, 더 새로운 이유가 필요할 뿐이다. 온건 지지자를 집중적으로 공략하라. 이들이 당신을 승자로 만들어 줄 것이다.

강력 지지자

귀중한 충성파들이다. 당신을 사랑하고 지지하며, 당신과 당신의 후보, 브랜드가 승리할 수 있도록 적극적으로 행동한다. 그렇다고 절대 이들을 당연시하면 안 된다. 회사 내 당신의 열성 팬들에게도 마찬가지다. 그들에게 아낌없는 관심을 쏟아라.

　우리는 시장에서 강력 지지자를 흥분시키는 것이 무엇인지 파악하기 위해 노력했다. 시장조사 결과, 충성파는 자신들이 좋아하는 브랜드를 타 브랜드보다 훨씬 더 잘 알고 있을 뿐만 아니라, 그에 익숙하기 때문에 브랜드에 대해 조금은 다른 관점을 갖고 있다. 그들은 브랜드의 특별하거나 알려지지 않은 자질을 인식하고 있다. 브랜드에 호감을 느낀 온건 지지자들이 충성파만 아는 이러한 특성을 알게 되면 새로운 시각을 획득할 수 있다. 이것이 온건 지지자를 공략하는 방식이다. 우리는 이를 '강력 지지자에 맞춘 브랜드 포지셔닝'이라고 부르며, 실제로 그 효과를 확인했다. 지구상에서 가장 강력한 광고 방식은 온건 지지 소비자가 늘어나, 이들이 전염성 있는 입소문을 퍼뜨리는 것이다. 이러한 힘은 정계와 재계 모든 분야에서 모멘텀을 만들어내며, 이렇게 생성된 모멘텀은 마법을 일으킨다. 이것이 바로 부동층을 움직이는 힘이다. 나비의 날갯짓이 지구 반대편에 허리케인을 일으키듯, 모든 것은 충성파의 작은 움직임으로부터 시작된다.

　비록 소규모 그룹이지만, 강력 지지자는 당신의 브랜드에 엄청난 힘을 부여한다. 앞서 언급했듯이 우리는 파레토 법칙을 개념적으로는 수용했지만, 20퍼센트가 80퍼센트에 영향을 준다는 수치에는 회의적이다. 우리는 8~10퍼센트 정도의 강력 지지자가 나머지 90퍼센트를 변화시키는 모습을 목격했다. 강력 지지자의 중요성은 막대하다. 파레토 법칙이나 우리의 주장이라서 중요하다는 게 아니다. 그들은 마치 아름다운 돌에 박혀 있는 금과 은, 백금과 같은 존재다.

마법의 정원 호스나 기적의 전동 스크루 드라이버 광고에서 말하듯 조금 더 기다려봐라! 분명 좋은 점이 더 있다! 당신의 지지자들은 열성적으로 당신을 지지하고 주요 메시지를 전파한다. 그러니 강력 지지자가 진심으로 좋아하는 당신의 모습이 무엇인지 확실하게 파악해야 한다. 당신의 브랜드를 다각도로 파악하려면 친구와 멘토에게 부탁하라. 이를 토대로 강력 지지자가 3×5 카드 메시지를 퍼뜨려 승리를 이끌도록 만들어라.

3. 승리란 무엇인가

그동안은 소비자, 유권자, 노동자의 이익 측면에서 선거에 접근했다면, 이제는 당신과 함께 일하는 사람들을 위한 승리와 성공이 무엇인지를 정확하게 정의해야 한다.

정치에서 이보다 더 쉬운 것은 없다. 승리를 위해서는 50.1퍼센트만 획득하면 된다. 백악관 입성이 걸린 일이다. 선거 캠프에서 뛰는 대다수가 실제 백악관에 발을 들일 수 있는 건 아니지만, 모두 그 행위가 의미하는 바는 명확히 알고 있다. 백악관은 권력의 자리이자 만물의 정점이다. 최고 권력을 차지하려면 '일곱 개의 정의'를 확실히 섭렵해야 한다.

비즈니스에서의 승리는 코너 오피스˙의 문을 여는 것과 같다. 하지만 직원들은 당신의 코너 오피스 입성이 자신들과 어떠한 관련이 있는지 알지 못한다. 성공의 비전을 더욱 복잡하게 만드는 것은 코너 오피스로 가는 길고도 구불구불한 길 내내 다양한 프로젝트의 승리와 패배가 펼쳐질 것이란 사실이다. 모든 승패는 미래에 리더가 된 당신의 모습과 그런 당신이 보여줄 변화를 함축한다.

그러니 각 프로젝트에서, 일상적인 미팅에서 승패를 명확하게 정의하라.

- 무엇을 위해 노력하는가?
- 성공의 지표는 무엇인가?
- 언제까지, 어떤 숫자에 도달할 것인가?
- 이해당사자들은 당신이 승리한 결과 어떻게 다르게 느끼고, 생각하고, 행동하게 될 것인가?

선거나 프로젝트, 도전의 이해관계는 항상 목표 유권자나 소비자의 관점에서 정의되어야 한다. 무엇보다 함께 뛰는 이들에게 승리가 의미하는 바를 정확히 알려줘야 한다. 강력 반대자, 온건 반대자, 부동층, 온건 지지자, 강력 지지자의 각 특성에 따라 목표를 구체화하라.

- 강력 지지자는 확실하게 붙잡기.

- 회사 건물에서 가장 좋은 방.

- 강력 지지자가 3×5 카드 메시지를 효과적으로 전달하도록 독려하기.
- 온건 지지자의 참여를 더욱 독려하며, 그들의 영향력을 더 많이 활용하고 충성도를 높이기.
- 강력 지지자와 온건 지지자 모두를 통해 부동층을 우리 편으로 끌어들이기.

4. 이 선거에 무엇이 걸려 있는가

선거에서 '이해관계'란 무엇인가?

- '이해관계'는 사람들이 당신과 당신의 브랜드를 지지하는 본질적인 이유다.
- 2008년, 2012년 미 대선 당시 버락 오바마를 승리로 이끈 것은 '희망과 변화'였다.
- '문제는 경제야, 바보야!'라는 깨우침은 1992년 미 대선에서 빌 클린턴을 당선시켰다.
- 1980년 로널드 레이건은 '4년 전보다 형편이 나아졌는가?'라는 질문으로 백악관에 입성했다.

가능한 한 가장 간결한 용어로 이해관계를 규정하라. 더 중요한 것은 그 용어를 강렬하고 재빠르게 정의해야 한다는 것이다. 당연한 말이지만 유권자들은 당신의 경력을 위해 투표하는 것이 아니다. 이 때문에 당신은 그 무엇보다도 유권자들의 생활에 밀접한 화두를 던져야 한다.

모든 이해관계자의 마음에는 "후보자들의 공약이 내게 무슨 도움이 될까"라는 의문이 있다. 오늘날의 직원들과 소비자들은 시장에서 다양한 선택권을 갖고 있으며, 동시에 기업의 리더 후보에 대해서도 마찬가지로 폭넓은 선택권을 갖고 있다. 현 경영진을 완전히 무시하고 외부인을 영입해야 한다는 주장이 나올 정도다(최근에는 모든 층위에서 외부인을 선호한다). 이해관계자들은 원원 전략을 요구한다. 당신과 그들의 승리가 동일시되며, 당신이 승리했을 때 그들이 얻는 이익이 명확해야 한다.

어려운가? 유권자들이 진정으로 원하는 것을 알아낸 뒤 그것을 어떻게 전달할지 결정하라.

"변화를 통해 희망을 되찾겠습니다."
"경제를 살리겠습니다."
"지금이 4년 전보다 확실히 낫다고 할 수 없습니다."

이는 전혀 어렵지 않다!

아직도 원원 전략이 아닌 '지도자의 자격'이나 읊어대는 기업과 정치 후보들을 보면 실로 놀랍다. 그들은 여전히 '무엇을 할지'가 아니라 '무엇을 했는지' 말하기에 여념이 없다.

그것으로 어떻게 투표를 유도할 수 있겠는가? 후보자는 유권자들이 자신을 선택해야 할 분명한 이유를 제시해야 한다.

미국 맥주 제조사 밀러브루잉의 전 CEO이자 우리의 친구인 잭 맥도너가 버드와이저를 만드는 안호이저부시에 스카우트 됐을 때, 그는 업계 역사상 가장 성공적인 윈윈 전략을 구사했다. 미국인들에게 목이 긴 맥주병을 선사한 것이다. 오늘날에는 목이 긴 맥주병이 일반적이지만, 당시에는 캔맥주나 목이 짧은 병맥주가 더 흔했다. 물류 창고에 쌓기 쉽다는 이유에서였다. 목이 긴 맥주병은 마시는 사람들에게는 좋았지만, 유통업자들이 다루기에는 불편했다. 맥도너는 이런 유통 방식이 소비자들에겐 불리하다고 생각했고, 결국 마시기도 좋고 쌓기도 쉬운 여섯 개들이 패키지를 고안해 윈윈을 이뤄냈다. 이런 것이 바로 당선 전략이다. (이로써 맥도너는 밀러의 CEO 자리와 더불어, 미국 미식축구 구단 그린베이패커스 이사회 멤버십 자격까지 얻는 더블 윈윈 스코어를 달성했다.)

선거에서의 이해관계는 항상 유권자, 소비자, 노동자 입장에서 정의되어야 한다. 선거는 그들을 위한 것이지 당신의 것이 아니다. 첫째도 둘째도 그들의 입장에서 생각하라.

5. 유권자가 나에게 투자하고
그의 미래를 나와 연결시켜야 할 이유는 무엇인가

이 챕터가 네 번째 정의의 하위 항목으로 여겨질 수도 있지만 강력 지지자들에게는 선거의 '이해관계' 그 이상을 선사해야 한다. 당신을 지지해야 할 이유를 추가로 보여줘야 할 수도 있다.

추가적인 이유가 필요한 사람들은 누구인가?

정치에서는 '후원자'가 이에 해당한다. 이들은 선거전에 필요한 자금을 제공하는 사람들이다. 기업이라면 회사의 미래를 일구고 개선할 당신의 리더십을 시험하는 사람들이 이에 해당된다.

'당선 가능성'은 강력한 지지 근거가 된다. 큰 전쟁으로 가는 길목에서 벌어지는 작은 전투에서 승리함으로써, 본 전쟁에서도 승리할 수 있다고 설득해야 한다. 거액의 기부금을 받으려는 후보자가 어필할 수 있는 가장 큰 매력은 "나는 이길 것이고, 그 이유는 이것"이라 말하는 것이다.

물론 불순한 의도로 정치인을 지지하는 사람들도 있다. "법인세를 인하해달라!" 기업에서도 마찬가지다. "내가 부사장으로 승진하는 데 도움이 되겠지!" 물론 고귀하고 이타적인 지지 사유도 있다. "우리에게 꼭 필요한 변화다!" 이 같은 이유들은 정·재계를 막론하고 모든 리더십 캠페인에서 동일하게 목격된다.

물질적 대가가 아닌 순수한 이상에 호소하는 것은 잘못이 아니다. 감정은 큰 힘을 가졌기 때문이다. 반대로 순수한 이상이 아닌 물질적 대가에 호소하는 것은 큰 실수가 될 수 있다. 공직에 나설 경우, 자칫 포토라인에 서게 될 수 있기 때문이다.

6. 공동의 적은 무엇인가

당신과 당신의 팀, 그리고 승리 사이를 가로막는 것은 무엇인가? 뛰어넘거나 기어서라도 통과해야 할 장애물은 무엇인가? 우리의 과거 고객이자 전 코카콜라사 회장 로베르토 고이주에타는 "적 없이는 전쟁할 수 없다"고 말했다.

사실 적을 정의하는 것은 승리를 규정하는 핵심이다. 메시지를 인쇄할 때 밝은 배경에 어두운 잉크를 사용하거나 어두운 배경에 밝은 잉크를 사용할 순 있지만, 어두운 배경에 어두운 잉크, 밝은 배경에 밝은 잉크를 사용할 수는 없다. 이렇듯 대비는 강력하다.

그러나 조심하라. 악의 화신 다스 베이더를 상대로 하지 않는 한, 선거운동의 초점은 상대 후보가 아닌 유권자 모두가 인정하고 동의할 수 있는 문제에 두는 것이 훨씬 낫다. '적'은 공동의 적으로 정의해야 한다. 그 적을 이긴다면, 당신의 승리는 모두를 위한 승리가 될 것이다.

오랜 세월 수백 건의 기업 프로젝트를 거치면서 가장 많이 들었던 말은 '적은 내부에 있다'였다. 월트 켈리는 만화 『포고Pogo』에서 올리버 해저드 페리*의 승리 메시지 "우리는 적을 만났고, 그들은 우리 것입니다We have met the enemy, and they are ours"를 "우리는 적을 만났고, 그 적은 바로 우리입니다We have met the enemy, and they are us"로 패러디했다. 요점은 우리 고객이 똑똑하다는 사실이다. 우리를 찾아왔을 때, 그들은 이미 '적'이 무엇인지를 인식하고 있다.

- 우리가 처한 상황.
- 관료주의.

---

* 1812년 전쟁의 '이리호 전투'를 승리로 이끈 미국의 해군 사령관.

- 예방이 아닌 사후 수습하는 관례.
- 사악하고 무시무시한 경쟁자가 승리하는 것을 기꺼이 허락하는 안일한 생각.

정치 선거와 리더 선임, 프로젝트, 도전의 적은 변화의 적이다. 무엇이 우리와 고객의 진정한 원원을 가로막고 있을까? 변화의 적은 무엇일까? 원원의 장애물은? 이 질문들에 명확하고 소신 있게 답할 수 있다면 지지자들의 의지와 헌신, 노고가 빛을 볼 수 있을 것이다.

7. 내가 보여줄 미래는 무엇인가

1980년 미국 대통령 선거 당시 지미 카터는 여섯 번째 정의―공동의 적은 무엇인가―에 집중해 선거운동을 펼쳤다. 카터는 그것을 '내부의 적'이라는 말로 정의했고, 그 적을 미국이 앞으로 나아가는 것을 방해하는 무기력과 냉소라는 '국가적 불안'으로 묘사했다.

이것이 「땅콩 장수 지미 카터」*가 남긴 지점이었고 그의 뒤를 이은 로널드 레이건은 이를 집어 들어 옆으로 밀쳐버리고는 더 멀리 나아갈 것이었다.

'내부에 적이 있다'는 말이 틀린 말은 아니다. 하지만 유권자들에게 '적' 이외의 비전을 보여주지 못하는 것은 실수다. 카터는 사람들을 이끄는 데 실패했다. 더 정확히 말하면, 그는 유권자들에게 적 너머

- 2007년 공개된 다큐멘터리 영화로 지미 카터가 주연을 맡았다.

의 궁극적인 지향점을 제시하는 데 실패했다. 반대로 로널드 레이건은 유권자들의 손을 잡고 카터의 비전(거짓은 아니지만 근시안적인 것) 너머에 있는 것을 보여주었다. 레이건은 유권자들의 고통을 함께 느꼈다. 그리고 그 고통을 '문제'가 아닌 '관료주의, 무거운 세금, 비전의 부재와 같은 짓눌림으로부터 벗어나려 노력하는 미국의 위대함'으로 정의했다.

레이건은 낙천주의자였다. 낙천주의는 그의 천성이었기에 진실했고, 사람들도 그 진정성을 온전히 느낄 수 있었다. 모두가 좋아하는 레이건의 발언은 삶을 행운이라 여기고 살아온 사람의 진심에서 우러나온 말이었다. "미국의 가장 좋은 날은 아직 오지 않았습니다. 우리의 가장 자랑스러운 순간은 아직 오지 않았습니다. 하지만 우리의 가장 영광스러운 업적은 바로 앞에 있습니다." 많은 사람이 인생에서 행운을 만나지만 리더십을 발휘하는 자리에 오르는 사람은 드물다. '위대한 소통가' 레이건은 행운의 기운으로 스스로 많은 장애물을 극복했을 뿐 아니라, 그 기운을 사람들에게 전파했다. 레이건이 내린 미국에 대한 유명한 정의는 '언덕 위의 빛나는 도시'를 모두가 향유할 수 있는 나라다. 그로부터 25년 후, 도널드 트럼프는 "미국을 다시 위대하게Make America great again!"로 기세를 올렸다. 이 말이 레이건의 "함께, 미국을 다시 위대하게Together, we will make America great again"의 포용적 가치를 담아냈는지는 모르지만 말이다.

우리는 앞서 디즈니 회장 겸 CEO였던 밥 아이거가 정의한 성공적인 기업 문화를 소개한 바 있다. 그곳의 모든 직원(디즈니에서는 등장인물cast member이라고 부른다)은 '나는 위대한 일을 함께하고 있다. 나는 변화를 만들 수 있다. 누군가는 내가 만드는 변화를 알아본다'고 느낀다. 그 '위대한 일'에는 디즈니 공원에 가거나, 크루즈를 타거나, 디즈니 영화를 보러 가는 수많은 가족의 모습이 포함되어 있다. 분열과 다툼이 만연한 세상에서 가족이 함께하는 시간과 그것이 주는 즐거움은 분명 우리를 가깝게 묶어주는 힘이다.

빌 게이츠는 CES의 전신인 컴덱스COMDEX에서 매년 미래를 정의해왔다. 그는 언젠가 10년 후 우리 삶이 어떻게 변할지에 대해 말하며 "마이크로소프트라는 단어는 언급하지 않을 것"이라고 운을 뗐다. 대신, 청중이 온도와 조도, 습도가 완벽하게 들어맞는 방에 걸어 들어가는 모습을 상상하게 했다. 디지털 벽으로 둘러싸인 공간은 당신을 전율하게 만드는 예술작품으로 가득하다. 귓가에는 마음을 안정시켜주고 동기를 부여하는 음악이 들려 오고, 작업 공간에는 성취도 제고를 돕는 물건들이 착착 준비되어 있다.

약속대로 빌 게이츠는 '마이크로소프트'를 언급하지 않았다. 이 모든 기적이 윈도우 플랫폼에서 구현된다고 말할 필요가 없었기 때문이다. 그가 제시한 미래는 일종의 운영체제이자 플랫폼이었으며, 마이크로소프트를 싫어하는 경쟁자들조차 미래의 '게이츠 플랫폼'에 서 있는 자신을 상상했을 것이 분명했다. 이를 가능케 한 게이츠만의 비결은 무엇이었을까? 그건 참석자들의 머릿속에 생생하게 떠오른 게이츠가 구상한 미래 그 자체였다.

빌 게이츠는 마이크로소프트가 컴퓨터 시장의 잠재력을 폭발시켜 모든 사람에게 혜택을 줄 것이라고 믿었다. 그는 마이크로소프트 첫 10년의 미션으로 "세상 모든 사무실과 가정에 컴퓨터를A computer on every desk, in every home"을 내세웠다.

서로 싫어했을지는 모르지만 잡스와 게이츠는 혁명가였고, 자신들도 그 사실을 알고 있었다. 래리 엘리슨(오라클), 미치 케이퍼(로터스), 짐 맨지(로터스) 등 다른 경쟁자도 마찬가지다. 마이크로소프트는 컴퓨터를 만들지는 않았지만, 개인용 컴퓨터 보급을 사명으로 삼았다. 실로 훌륭한 비전이었고, 그것은 '마이크로서프'•가 밤 새워 일할 동기로 작용했다.

아르키메데스는 "지렛대 하나로 세상을 움직일 수 있다"고 큰소리쳤지만, 사람들을 낙관적이고 매력적인 미래로 초대할 때에는 굳이 그런 큰소리가 필요없다. 사람들과 미래의 비전을 공유하라. 그러면 그들이 당신을 위해 세상을 움직여줄 것이다.

• 더글러스 커플런드의 첫 소설 『마이크로서프Microserfs』에 언급된 단어로, 마이크로소프트와 농노를 뜻하는 Serf의 합성어다. 마이크로소프트에서 일하는 낮은 직급의 프로그래머를 지칭한다.

위대한 소통가, 로널드 레이건

미국 제40대 대통령 로널드 레이건은 특유의 뛰어난 언변과 국민과의 소통을 중시한 스타일로 '위대한 소통가'로 불렸다. 미국 대선 사상 프랭클린 D. 루스벨트 다음으로 많은 선거인단 수를 확보해 승리했으며, 역대 최고령으로 대통령에 당선된 인물이기도 하다.

레이건 대통령의 캠페인 구호 중 가장 유명한 것은 역시 "다시 미국을 위대하게"다. 이 구호는 2016년 미 대선에서 공화당 대선 주자로 나선 도널드 트럼프가 "미국을 다시 위대하게!"로 변주하기도 했다.

취임 후 첫 100일간 연방 상·하원 의원 467명을 만난 일화 역시 소통가로서 그의 면모를 보여주는 대표적인 사례. 또한 그는 대통령 취임 후 토요일 아침마다 라디오 국정 연설을 생방송으로 진행하기도 했다.

'서신 커뮤니케이션'에서도 소통가로서 그의 특징을 확인할 수 있다. 레이건은 미하일 고르바초프 구 소비에트연방 대통령, 미국 성인 잡지 『플레이보이』 창업자 휴 헤프너와 그의 딸 패티 등 유명 인사 이외에도 평범한 미국 시민 등 다양한 인물에게 서신을 보냈다.

냉전이 극에 달했던 1980년대 말, 소련 해체가 진행되는 과정에서도 레이건의 소통력은 빛을 발했다. 레이건은 고르바초프와 1985년부터 1988년 사이 네 차례나 만났다. 그에게 베를린장벽을 허물 것을 요구한 "이 장벽을 허무시오" 연설 역시 냉전 종식의 마중물 역할을 했다고 평가된다. 연설 2년 뒤인 1989년 11월 9일, 마침내 베를린장벽은 무너졌다.

7단계

담론을 장악하라

> **"변화를 주도할 커뮤니케이션 기술을 향상시켜라."**

"저 사람은 지금 여기에서 뭐 하는 거요?" 트럼프가 소리쳤다.

2015년 제2차 미국 공화당 토론회의 한 장면. 어색한 침묵이 흘렀다. 마치 1라운드를 시작한 무하마드 알리가 볼로Bolo 펀치*를 날린 것 같았다. 급습이었다. 순간 앵커들도 당황했다.

공화당 후보 열다섯 명이 차례로 발언하는 동안, 랜드 폴 상원의원은 화학 시험을 공부하듯 노트를 뒤적이고 있었다. 그런 그를 보던 트럼프가 제대로 한 방 날린 것이었다. 카메라가 일제히 랜드 폴 의원을 향했다. 그는 즉각 점잖게 방어에 나섰지만 복싱 팬이라면 누구나 눈치챘을 것이다. 이미 그의 무릎이 미세하게 흔들린 데

* 동작이 큰 어퍼컷.

다, 그가 첫 라운드부터 몸을 잔뜩 웅크린 채 필사적인 방어 태세를 취하게 됐다는 사실을 말이다.

이것이 바로 대화를 장악하는 기술이다. 트럼프 사례는 대화를 장악하기 위해서는 무엇이 필요한지를 잘 보여준다. 상황을 변화시켜라. 변화구를 던져라. 그것도 어렵다면 상대의 계획을 아예 망쳐버려라. 대화의 주도권을 장악하기 위한 방법을 총동원하라. 이것이 7단계의 첫 번째 규칙이다.

모든 선거운동은 후보 간 나누는 일종의 대화다. 이는 '토론'이라 불리기도 한다. 결국 일련의 토론이 캠페인 전체를 구성한다고도 할 수 있다. 공개 토론을 비롯한 후보 간의 직간접적 상호작용은 모두 선거운동의 일환이다. 즉, 선거운동 자체가 유권자를 청중으로 하는 토론인 셈이다. 유권자들은 기나긴 토론의 승자에게 마침내 표를 줄 것이다.

토론에 참석한 여러분을 환영합니다

당신이 참여하는 모든 대화, 심지어 조직 내 차분한 대화에서조차도 논쟁은 벌어진다. 이해관계자들은 당신의 리더십을 다른 후보의 그것과 비교, 평가할 것이다. 당신이 CEO가 되든, CEO 자리를 놓고 경쟁을 하든, 아니면 단순히 프로젝트를 따내거나 조직 문제를 해결하는 상황에 있든 이는 항상 마찬가지일 것이다.

준비된 후보는 캠페인의 전반적인 내용과 그 속에서 이뤄내는 모든 것이 선거 결과에 기여한다는 사실을 알고 있다. 모든 것은 서로 소통하기에, 당신의 말과 행동 하나하나가 상대방과의 격차를 벌릴 것이다.

기업 브랜드 역시 더 많은 소비자를 사로잡기 위해 경쟁한다. 브랜드 존재감과 패키지, 광고, 소셜미디어에서 엿보이는 소비자 반응은 브랜드가 주는 혜택과 차별성을 평가하는 요소들이다. 궁극적으로 여기서 토론의 주제는 '이 제품이 시장가치가 있느냐'로 수렴한다.

한 기업의 내부에서도, 또 경쟁사 간에도 토론은 늘 벌어진다. 이때의 토론은 후보들이 각자 서로 다른 리더십 스타일을 겨루는 미묘하고도 암묵적인 형태를 띤다. 주요 쟁점이나 도전 과제를 두고 공개 토론이 일어날 수도 있다. 이사회가 CEO를 뽑고 CEO가 C 레벨 임원진을 뽑는 건 사실이지만, 후보자 중 가장 훌륭한 사람이 당선될 것이라는 직원 간의 합의가 있어야 한다. 직원들은 매번 벌어지는 CEO 후보자 토론에 촉각을 곤두세우고 있다. 후보자의 면면이 곧 자신의 경력을 좌우한다는 사실을 잘 알기 때문이다.

이사진의 경영진 선택에 반대하는 직원들의 공개적인 움직임은 늘 존재했다. 이 경우 조직적인 파업이 시작될 수도 있지만, 내부 반발은 노조 개입 없이도 터져 나올 수 있다. 지난 2010년 발생한 BP의 디프워터호라이즌 호 멕시코만 기름 유출 사태가 대표적인 예다. 당시 CEO였던 토니 헤이워드는 사상 최악의 대재앙을 두고 '망망대해'의 '티끌'이라는 표현을 사용했다. 그 자체로도 이미 최악이었지만 이후는 더 심각했다. 그는 "영국으로 돌아가 요트 경주를 하던 내 삶을 되찾고 싶다"고 말했고, 그로 인해 귀청이 떨어져 나갈 정도의 비난을 받았다. 그 망언이 BP가 벌금 187억 달러 징계를 받는 데 빌미를 제공했음엔 의심할 여지가 없다.

누군들 아니겠냐마는 극도의 압박 속에 헤이워드는 대화의 통제력을 완전히 상실했고, 당연히 토론에서도 패배했다. 컨설팅에서도 이 책에서도 우리는 모든 논쟁을 '대화 장악'이나 '토론 장악'의 관점에서 바라본다. '대화 장악'은 상대방에 대한 지배력을 뜻한다. 지속해서 대화에 영향력을 발휘으로써 상대방의 행동과 대화의 방향을 자신이 원하는 대로 유도하는 전략이다.

스포츠에서는 이를 모멘텀이라고 부른다. 미식축구 팬이라면 '스크리미지 라인* 장악'이 무슨 뜻인지 알 것이다. 이는 어떤 팀이 주도권을 잡는가가 걸린 문제다. 경기가 어떻게 흘러가고 있고, 앞으로 어떻게 흘러갈 것인지 알고 싶을 때 점수판 외에 주목해야 할 것이 있는데 그것이 바로 이 '스크리미지 라인'이다. 공격을 하든 수비를 하든, 스크리미지 라인을 먼저 넘는 쪽이 또 다른 라인을 칠 수 있고 우위도 점하게 된다. 미식축구야말로 극도로 격렬하고 흥미진진한 참호 전투다. 미식축구팀인 뉴잉글랜드 패트리어츠가 수비 라인맨 여덟 명을 번갈아 출전시키며 항상 새롭게 전투를 치르는 이유가 여기에 있다.

미식축구와 실제 전쟁은 전략과 전술의 관점에서 일맥상통한다. 전

* 쿼터백이 스냅을 받기 전 공이 놓인 위치에서 그어지는 가상의 선으로, 공격과 수비를 나누는 경계가 된다.

장과 속도를 장악하는 쪽이 승리한다. 공격 태세를 갖추는 것, 즉 공격하는 것이 가장 확실한 승리 전략이다. 도망치는 게 안전해 보일 때도 있지만 군인이라면 안다. 모든 야전 훈련에서 가장 어렵고 위험한 전술이 바로 '퇴각'이라는 것을. 적에게 등을 보이는 순간 통제력을 잃게 된다. 정치나 비즈니스에서도 마찬가지다. 대화 장악은 곧 지속적인 공격을 의미하며, 이를 통해 자기 자신은 물론 상대방의 운명을 통제할 수 있게 된다.

스크리미지 라인을 지배하는 팀이 경기에서 승리한다. 전장을 지배하는 군대가 전투에서 승리한다. 결국, 토론을 장악하는 후보, 팀, 브랜드가 승리한다.

말 그대로, 토론을 장악하라. 담론을 장악하고, 각 세울 타이밍을 재고, 토론의 성격과 흐름을 조절하라. 소비자와 유권자, 청중뿐 아니라 경쟁자까지도 초조하고 궁금하게 만들어라. "대체 다음엔 뭐라고 말할까?"

공격적으로 플레이하라

도전자 전략의 제1원칙. 항상 공격하라. 이는 절대로 수비 태세로 전환하지 않겠다는 굳은 결심이다. '공격성'과는 다르다. '무모한 공격'은 어쩌다 성공할지 몰라도 현실적이지는 않다. 조지 S. 패튼 장군이 말했듯이 "조국을 위해 죽을 생각을 하지 말고, 불쌍하고 멍청한 적

군이 자신의 조국을 위해 죽게 만들어야 한다". 공격적 플레이는 창의
성과 타이밍, 민첩성의 영역이다. 이 중 어느 하나도 무모함과는 관련
이 없다. 무엇보다 중요한 건, 공격적 플레이는 일회성 사건이 아닌 영
속적인 작전이어야 한다는 점이다. "수비가 없는 곳으로 공을 쳐라."
미국의 유명 야구 선수 윌리엄 헨리 킬러의 말이다. 다시 말해 '진군
전략'을 짜라.

어떤 경쟁에서도 대화 장악은 막대한 강점이다. 당연히 쉽게 얻을
수 없다. 대화 장악력은 정교하고도 전략적인, 전념을 다한 훈련의 결
과물이다. 정치와 비즈니스, 군사 등 모든 분야에서 민첩성은 힘을 압
도한다.

변화하라

도널드 트럼프 사례에서 언급했듯, 언제나 대화의 주도권을 쥘 수
있는 비법이 있다. '변화'다.

모든 경쟁, 심지어 축구의 킥오프나 농구의 팁오프에서도 '현재 상
태'가 가장 안정적인 법이다. 하지만 우위에 서고 싶다면 현재 상태를
변화시켜 새로운 자리를 차지하라. 그리고 지켜내라. 만약 주도권을 잃
었다면 다시 차지하라. 차지하고, 지키고, 다시 차지하기를 반복하라.
대화의 주도권을 장악하는 과정에서도 같은 무기를 쓰면 된다. 역시
'변화'다.

정보화 시대에 성공하는 법을 배우려면 변화를 사랑하는 법부터 배워야 한다.

교란하라

'변화'의 동의어는 바로 '교란'이다. 정치나 비즈니스 영역에서 통용되는 뜻과는 달리, 우리는 교란을 좋아한다. 수백 개의 탁구공이 뿔뿔이 놓여 있는 모습을 상상해보라. 지극히 안정적인 상태다. 만약 여기에 공 하나를 툭 던진다면? 모든 공이 일제히 요동칠 것이다. 연쇄 반응이다.

정치와 비즈니스 영역에서 우리가 사랑하는 순간은 이처럼 분자들이 흔들릴 때다. '기회'인 것이다. 도전자에게 변화는 기회를 의미한다. 각각의 탁구공이 하나의 분자고, 각 분자를 소비자와 판매자, 제품 선택 과정이라고 생각해보라. 도전적인 분자 하나를 던지면 교란이 시작된다. 현 상태가 전복되면서 기회가 찾아오는 것이다. 이는 구매 결정을 바꾸거나 경쟁자를 물리칠 수 있는 기회가 될 수도 있다. 뼛속부터 도전자인 우리로서는 이런 기회를 환영할 수밖에 없다. 물론 이 기회가 우량주 투자자들에게는 지갑이 가벼워지는 불안한 순간이 될지도 모른다.

시장과 캠페인, 기업에서 대화의 주도권을 잡고 싶은가. 일단 상황을 교란시켜라.

유리 세공사가 딸꾹질을 애써 참아가며 유리에 바람을 불어넣듯, 레거시 기업들은 교란에 저항하려 안간힘을 쓴다. 화상을 입고 싶지 않은 것이다. 샌드박스인더스트리* 창업자이자 몬산토 전 회장 밥 샤피로는 최근 우리와 만난 사적인 자리에서 이런 말을 했다. "회사의 중심에는 '본질'을 지키는 냉정하고 고요한 성전이 있어요. 성전 밖에서는 변화를 좀 받아들일지도 모르지만 그 변화도 성전 안으로는 절대 못 들어갑니다. 종교나 다름없어요". 변화를 대하는 비즈니스 리더들의 태도에 대한 훌륭한 비유였다.

물론 교란이 단순한 혼란 수준에 머무를 수도 있다. 상스러운 농담을 하거나 누군가의 옷에 와인을 쏟아 차분한 저녁 만찬 자리가 완전히 망가지듯이(이런 목적이라면 화이트 와인보다 레드 와인이 낫다). 마찬가지로 곡예를 부리듯 시장에 일시적인 혼란을 줄 수도 있다. '고대디Godaddy'나 '치토스'처럼 인지도가 떨어지는 브랜드들이 슈퍼볼 광고를 최대한 '에지' 있게 만드는 이유다.

조잡하고 유치한 곡예로 누군가의 몽상과 집중을 방해할 순 있다. 그러나 의미 있는 곡예, 즉 진정한 '변화'는 대화의 주도권을 차지할 때에만 이룰 수 있다. 이를 위해서는 이해당사자와 정확하게 상응하는 연관성과 차별성을 갖춰야 한다. 오직 연관성 있는 차별성만이 가치가 있다.

• 시카고 소재 벤처캐피털로 전략적 기업 투자 펀드를 통해 기존 기업과 파괴적인 스타트업을 연결하는 역할을 한다.

당신 혼자만 있는 것이 아니다

당신이 일으킨 교란으로 비즈니스의 판도가 바뀌면, 누군가에겐 새로운 기회가 열릴 수 있다. 대부분은 군중심리에 휩쓸려 교란을 주동한 당신을 따를 것이다. 그러나 누군가는 아예 새로운 변화를 시도할수도 있다. 만약 그의 변화가 이해당사자들과 더 밀접하게 연관되어있고 차별성도 더 높다면 주도권은 그에게로 넘어갈 것이다.

지난 세대 미국 비즈니스 업계에 나타난 가장 큰 특징은 도전 세력의 시장 교란이 레거시의 저항이나 반작용 없이 부드럽게 진행됐다는점이다. 예를 들어, 코카콜라가 펩시의 도전에 응수하는 데에는 무려7년이 걸렸다. AT&T는 MCI가 프렌즈 앤드 패밀리라는 가치를 창출하기까지 20년 이상 침묵했다. 맥도널드는 버거킹이 자신들의 상징인골든 아치에 맞서 '로스트비프 대 프라이' 대결 구도를 갖추기까지 몇년간 손쓰지 않았다. 대형 항공사들은 신생 항공사인 사우스웨스트항공이 세운 틈새시장 전략을 못 본 체했다. 버드와이저와 밀러, 쿠어스는 수제 맥주들의 거대한 행군을 목격하고도, 시장의 판도가 완전히 뒤바뀔 때까지 그것의 진정한 의미를 깨닫지 못했다.

명심하라. 기득권은 변화를 싫어한다. 이는 도전자와 기득권을 구분하는 가장 중요한 기준이다. 도전자는 변화를 좋아한다. 그들에게변화는 기회다. 기득권은 변화를 증오한다. 그들에게 변화란 위협이기때문이다.

변화는 위협이다. 그런데 현존하는 기업 중 위협에 신속하고 효과적으로 대응하는 기업은 거의 없다시피 하다. 모두가 천편일률적으로 대처할 뿐이다. 무시하거나, 부정하거나, 아니면 질질 시간만 끌거나. 그러는 동안 시장은 바뀐다. 코카콜라에서 특유의 파격적 행보로 '아야콜라Ayacola'라고 불렸던 CMO 세르히오 시만이 말했듯, 소비자들은 새로운 선택권이 주어졌을 때 오직 그것을 "선택하기 위해 선택한다".

소비자가 '새로운 선택'을 '즐겨찾기'하는 순간, 시장은 완전히 변한다. 영원히.

선택권을 제공하라

지금까지 어떻게 하면 시장과 조직에서 대화를 장악할 수 있는지에 대해 이야기했다. 모두가 주도권을 원한다. 소비자들도 항상 더 강한 주도권을 원한다. 이것이 바로 소비자들이 '새로운 선택을 선택'하는 이유다. 소비자가 주도권의 또 다른 이름인 선택과 변화, 소비자 맞춤, 연결성과 편의성을 찾는 이유이기도 하다. 운동화든 개인 금융이든, 오늘날 마케팅의 핵심은 누가 소비자에게 더 많은 선택권을 주느냐다.

많은 변화가 예상되는 기술 분야에서도 교란은 제 역할을 수행한다. 구글이 도입한 '온라인 검색'이라는 개념은 여러 분야에 엄청난 영향을 미쳤다. '검색'이라는 거대한 탁구공 하나가 모든 공을 요동치게 만든 것이다. 구글의 탁구공은 전화번호부와 주소록, 인명사전, 도시나 국가 가이드북, 참고서, 대학 도서관의 방대한 자료 속으로 파고들어 '찾아간다'는 개념 자체를 비틀거나 파괴해버렸다. 빌 게이츠의 말을 빌리자면 '손끝에서 모든 정보를Information at your fingertips'은 여러 도전적 브랜드에 새로운 기회를 열어줬다. 소비자와 B2B 마켓에 엄청난 선택권이 부여된 것이다. 구글이 일으킨 거대한 교란은 여타 분야의 비즈니스와 카테고리 전체를 완전히 전복시켰다.

아마존의 시장 교란은 전면적이었다. 제프 베이조스는 엄청난 에너지를 자랑하는 창의적인 도전자다. 그와 함께 일한 적은 없지만 그가 잡스, 게이츠와 같은 수준의 편집증을 갖고 있을 거란 짐작은 간다. 게이츠는 종종 옛 뉴욕시의 격언을 되뇌이곤 했다. "당신에게 편집증이 있다고 해서, 사람들이 쫓아오지 않는 건 아니다."

베이조스는 자신의 왕국을 창조적으로 파괴하고 있다. 선두 주자가 살아남는 유일한 방법을 아는 것이다. 스스로의 새로운 가치를 끊임없이 제시하라. 아마존은 '숨은 보석'이었던 도서 판매업에 뛰어든 것만으로도 엄청난 업적을 이뤘다. 그뿐인가? 아마존 상품이 모두 당일 배송된다는 사실은 어떠한가? 아마존에서 살 수 없는 게 과연 있기는 한가? 이게 다가 아니다. 베이조스는 미국 CBS 방송의 대표 프로그램 「60분60 Minutes」에 출연해 '드론 배달'이라는 숨 막히는 미래를 제시하기도 했다. 당시 진행자였던 찰리 로즈는 이에 말 그대로 입이 떡 벌어졌다. 언젠가 드론 배달이 가능하게 되더라도 바람 한 점 없이 맑은 날이어야겠지만, 베이조스의 드론 홍보가 지축이 흔들릴 만큼의 영향을 주었다는 데는 그 어떤 이견도 없을 것이다.

잡스와 마찬가지로 베이조스는 창조적 파괴를 아마존의 소임이자 생활 방식으로 만들었다. 2015년 8월 15일자 『뉴욕타임스』 기사 「아마존 인사이드: 피멍 든 일터에서 아이디어와 씨름하는 것」에 따르면, 베이조스는 화이트칼라 노동자들이 어떻게 야망을 이뤄내는지 끝까지 몰아붙이는 실험을 하고 있다. 아마존으로 이직한 직원들은 전 직장에서 습득한 '형편없는 습관'을 버리도록 교육받는다. 몰아붙이는 힘에 떠밀려 벽에 부딪힐 것 같으면 차라리 '벽을 타고 오르라'는 지침도 받는다. 아마존에서 '현상 유지'는 그저 그런 적이 아니다. 무려 철천지원수다. 아마존 직원들은 회의에서 서로의 아이디어를 찢어발기도록 독려받는다. 하루 24시간, 7일 내내 일하는 문화도 받아들여야 한다. 자정이 넘은 시각에 이메일이 오는 건 예사고, 왜 답장하지 않는지 캐묻는 메시지도 쇄도한다. 베이조스는 '비합리적으로 높은' 기준에 부합하는 직원들을 자랑스러워한다. 혁신은 언제나 최우선 가치다. 물론 그 대가로 주식을 받는다. 반대로 기대에 어긋나면, 전임 아마존 인사 담당자의 증언처럼 '의도적인 적자생존'이 진행된다.

끝없는 자기 파괴로 아마존은 엄청난 가치를 창출했고 베이조스와 직원들은 큰 부를 축적했다. 이를 두고 『뉴욕타임스』는 "아마존은 직원들을 쪽쪽 뽑아 먹는 능력 덕에 어느 때보다 강해졌다"고 썼다. 아마존의 시장가치는 2500억 달러˙에 달한다. 베이조스는 『포브스』가 선정한 지구상 다섯 번째 부자가 되었다. 반면 일부에서는 아마존의 가차 없는 혁신 추구로 직원들이 암과 유산, 개인적인 위기에 직면했

˙   이하 모두 2016년 기준.

다고 주장한다. 『뉴욕타임스』는 아마존에서 2년 미만 근무한 한 직원의 말을 다음과 같이 인용했다. "아마존에서는 다 큰 어른이 얼굴을 가리고 우는 모습을 쉽게 볼 수 있어요. 제가 함께 일한 거의 모든 직원이 책상에 엎드려 울었습니다."

소프트웨어 '업그레이드'라는 개념 덕분에, 어떤 제품이라도 계속해서 더 나아질 수 있다는 생각이 사람들의 머릿속에 자리 잡았다. 마이크로소프트는 "우리 제품은 절대로 완성되지 않는다"는 모토를 내건다. 20여 년 전만 해도 신기한 말이었지만, 오늘날에는 모든 기술 제품에 해당되는 명제다. 제품은 더 나은 방향으로 계속해서 진화한다.

소비자들은 자연스레 시장의 교란과 붕괴를 기대한다. 도전자는 끊임없이 등장하고, 소비자는 그에 열광한다. 이런 현실을 애써 거부한다면 그에 따른 불행을 감수해야 할 것이다.

기술에는 크루즈 컨트롤이 없다. 그 어떤 분야에도 그런 건 없다. 시장에서 규칙이란 화이트보드에 남겨진 유성펜 자국이나 다름없다. 2016년 미국 대선 때도 그랬다. 전통적인 규칙들은 유권자의 분노와 소외감, 냉소로 얼룩져 빛이 바랬다. 시장에서도 마찬가지다. 소비자들의 요구 사항은 항상 변한다. 변화라는 건 새로운 제품이나 서비스 그 자체다. 수제 맥주가 변화다. 우버, 에어비앤비가 변화다. 소비자들은 그 어느 때보다 새로움을 갈망하고 있다. 얼리 어댑터가 늘어날수록 새로운 시도에도 탄력이 붙는다.

변화와 창조적 파괴는 삶의 방식이자, 회사 문화의 일부이며, 당신의 정체성이어야 한다. 싫다면 학계로 가라. 학계는 현재를 고수하는 최후의 보루이자, 변화가 빙하가 녹는 속도처럼 매우 더디게 일어나는 마지막 장소일 것이다. 적어도 지구온난화가 거론되기 전까지의 빙하 말이다. 여하튼 학계의 변화는 여타 산업이나 시장, 우리 문화의 휘발하는 속도보다는 훨씬 더 느리게 진행된다. 끊임없이 변화하는 아마존을 보라. 아마존은 비즈니스 영역의 모든 분자운동을 활성화한다. 이론상 변화의 기회는 누구에게나 열려 있지만, 카림 압둘자바*를 상대로 점프볼을 하듯 매번 그 공을 차지하는 쪽은 '창조적 파괴자'다.

지난 10년을 통틀어 가장 큰 교란 세력은 에너지 드링크 '레드불'이었다. 앞서 "수비가 없는 곳으로 공을 쳐라"라는 전략을 소개한 바 있다. 미국프로미식축구NFL 명예의 전당에 오른 감독 빈스 롬바디식으로 표현하면 "동이 틀 때까지 달려라"다. 레드불은 코카콜라나 펩시의 막강한 유통망을 뚫지 못하자, 맥주 업계로 눈길을 돌렸다. 이미 쇠퇴하고 있던 맥주 유통 시장은 새로운 수익원인 레드불에 기꺼이 자리를 내줬다. 레드불은 그렇게 코카콜라와 펩시가 장악한 슈퍼마켓이 아닌 주류 매장과 편의점 유통망에 입성했고, 술과 섞어 마시는 음료로 포지셔닝함으로써 비로소 빛을 봤다. '밤새도록 퍼마시자'는 젊은 이들의 꿈을 이뤄준 것이다. 게다가 레드불은 바텐더들에게 시음 제품을 뿌려 그들도 밤새 깨어 있을 수 있게 했다. 이러한 마케팅 전략은 레드불이 살짝 위험하고, 조금은 불법적인 듯한, 어둠의 브랜드로 자리 잡는 데 기여했다.

•   신장 218센티미터의 장신 농구 선수.

편의점에서 레드불은 음료 매대가 아닌 계산대 앞에 배치되어 있다. '탄산음료 하나 마셔야지'는 상품 자체에 대한 단순한 결정에 불과한 반면, '에너지가 좀 필요해'는 소비자와 더 깊이 연관된, 그러면서도 코카콜라나 펩시와 완전히 구분되는 레드불만의 차별점이다. 레드불은 펩시와 코카콜라에 가로막혀 기존 스포츠에서 홍보나 후원을 하기 어려웠기 때문에 엑스 게임이나 익스트림 세일링, 익스트림 게임, 낙하산 점프와 같은 그들만의 스포츠를 창조해냈다. 레드불 러닝은 해가 떠 있는 동안 내내 달리는 것을 의미한다.

이슈를 선점하라

대화를 장악한다는 것은 토론 주제를 주도한다는 뜻이다. 누차 말하지만, 즉흥적이라고 해서 충동적이라거나 무모하다는 것은 아니다. 이슈를 설계하라. 트럼프가 공화당 첫 토론회에서 '이민'을 언급하기 전까지 그 누구도 이민을 이슈로 다루지 않았다. 트럼프는 2015~2016년 미 대선 기간 동안 언론에 거듭 이민 이슈를 제기했다. 일단 대화를 장악하게 되면, 상대방에 절대 말리지 말고 항상 능동적으로 행동해야 한다. 물론 대중이나 회사의 질문에 답해야 할 때도 있지만, 그럴 때는 남들과 별반 다르지 않아 보일 수 있다는 점을 명심하라. 질문보다 앞서는 게 최선이다. 이슈를 통제한다? 아니다. 이슈를 선점하라.

게임이 시작되기 전에 전략을 짜라. 재판 결과에 생사가 걸렸다 할지라도, 변호사는 자신이 답변을 알지 못하는 한 그 어떤 질문도 증인에게 해서는 안 된다. 선거 토론에서도 마찬가지다. 절대 질문에 대한 시장의 답을 대충 짐작하지 마라. 답변을 넘겨짚지 마라. 제발! 평범하게 굴지 마라. 미리미리 답을 찾아놓으라.

이슈를 정리할 때는 3×5 카드 메시지에 기초하라. 당신이 참여하는 토론은 이해관계자들의 이익을 정의해야 하는 자리다. 당신이 제기하는 모든 이슈에는 이해관계자들과의 윈윈 전략이 담겨야 한다. 3×5 카드의 헤드라인에는 다음 질문에 대한 답이 적시돼 있어야 한다. "이 캠페인은 무엇에 관한 것인가?"

자기 이야기만 늘어놓는다면 실패할 가능성이 크다. 승패를 결정할 사람들과 연관된 이야기를 하라. 이사회와 동료, 직원, 주요 공급 업체, 시장 파트너, 무역 및 비즈니스 미디어, 총판 및 소매 업체, 고객 및 소비자가 캠페인의 주요 이해당사자다.

이해당사자들이 당면한 각각의 이슈에 집중하라. 그들과 대화하듯 이슈를 다뤄라.

대화의 주도권은 언제 어디에서나 빼앗길 수 있다. 안타깝지만 그다음 임무는 오직 하나뿐이다. 주도권을 되찾기 위해 미친 듯이 매진하라. 유일한 방법은 대화의 양상을 변화시키는 것이다. 늘 이런 상황에 대비해두는 것이 좋다.

우리의 목표는 물론 주도권을 빼앗기지 않고 토론을 이끌어나가는 것이다. 메시지를 다듬는 것부터 시작하라. 3×5 카드에 적힌 네다섯 가지 주요 이슈가 캠페인 전반에 걸쳐 활용될 것이다. 예를 들면 이렇다.

- 시장은 변했지만 우리는 변하지 않았다. 접근 방식을 현재의 관점에서 시장의 관점으로 바꿔라.
- 새로운 아이디어를 더 빨리 내놓아라.
- 조직 외부, 안전지대 밖에 있는 진정한 도전자, 창조자들과 협력하는 능력을 개발하라.
- 더 많은 다양성이 필요하다. 인적 다양성뿐 아니라 아이디어, 의견에 대한 접근 방식의 다양성도 필요하다. 이는 변화 친화적인 환경을 조성하는 방법이다.

빌 벨리칙*이 게임 계획을 짤 때처럼 이슈들을 O, X로 정리하라. 처음엔 이렇게, 다음엔 이렇게 하겠다는 순서를 정하라. 절대 허둥대지 마라. 캠페인의 모든 요소가 사전에 정의되어 있어야 한다. 이 과정에서 연관성과 차별성을 놓치지 마라.

그리고 타이밍. 잊지 마라. 타이밍이 중요하다.

---

* 미식축구팀 뉴잉글랜드 패트리어츠의 헤드 코치.

타이밍을 장악하라

시장이 그간 당신이 일으킨 변화를 무시하거나 거부하다가 드디어 반응을 보였다면, 곧바로 그다음 단계를 시도하라. 이는 변화의 속도를 유지하는 전략이다. 경쟁사가 첫 단계 또는 두 번째 단계에서 허우적거릴 때, 세 번째로 넘어가라.

이 전략은 미키 드렉슬러가 의류 브랜드 갭을 운영하면서 소매 상품 시장의 속도를 영영 바꿔놓은 방식이다. 당시 그의 주요 경쟁 상대는 백화점과 같은 대형 몰이었다. 그들은 '백 투 더 스쿨' '연말 세일' '봄 패션' 등의 사이클에 맞춰 움직였다. 물론, 중간중간 정기 세일에서 안 팔린 물건을 떨이로 내놓기도 했다. 다만 이는 굼뜨고 따분했다! 반면 미키는 매주 진열 상품을 갈아엎었다. 끊임없이 상황을 변화시켰다. 그렇다고 과격하지만은 않았다. 남성복에는 플란넬 셔츠와 로고 티셔츠, 카키색 옷을, 여성복에는 심플한 캐주얼 패션 등 클래식한 상품을 꾸준히 진열했다. 쇼핑몰을 지나다니는 젊은이들에게 널따란 쇼윈도 너머로 보이는 갭의 제품들은 기분 전환이 되기에 충분했다. 이는 일종의 '변주'로써, 대형 백화점의 고객들을 유인해내는 교란작전이었다. 미키가 갭을 떠나 제이크루J. Crew로 옮길 무렵이 되어서야 패션 산업은 미키의 속도를 따라잡았다. 텅 빈 대규모 창고에 남은 건 그래봤자 절망뿐이었지만.

기대감을 조성하라

끊임없이 변화구를 던져가며 대화의 주도권을 움켜쥐고 있다면, 당신의 브랜드는 중요한 자질을 획득하게 될 것이다. 그것은 존재감과 인지도, 연관성, 차별성, 신뢰성과 같은 기본적인 이미지를 능가하는 자질이다. "그 브랜드는 다음에 무슨 일을 벌일까?" 바로 '기대감'이다.

스티브 잡스의 예기치 못한 죽음 이후에도 애플은 여전히 높은 브랜드 가치를 이어가고 있다. 실로 놀라운 일이다. 훌륭한 제품이나 개인 브랜드 주위에는 "여기를 보세요"라고 말하는 듯한 아우라가 형성된다. 당신의 진면목을 보게 하고, 더 나아가 당신의 미래를 기대하게 하는 힘이다. 일반적으로 기대감은 군침이 돌 만큼 긍정적인 감정이다. 낡디낡은 케이블 방송사나 오래된 항공사는 부정적인 기대감을 불러일으키기도 하지만 말이다. 이를테면 "다음엔 무엇을 할까?"가 아닌 "지금 뭐하는데?" "그래서 그게 뭐?"와 같은 다소 따분한 감흥 말이다. "또 시작이군." 대다수 미국 정치인과 유권자는 두 정당에 별달리 기대하는 바가 없다. 유권자와 이해관계자들을 창조적 파괴 과정에 끌어들일 수 있다면, 새로운 일이 일어날 때마다 그들은 당신을 찾을 것이다.

파괴의 미학

미국의 대선 토론은 '파괴의 미학'을 보여주는 한편의 역사서다. 민첩한 언어 구사, 정제된 모욕, 치밀하게 준비된 '즉흥적' 응전의 향연이 토론 내내 펼쳐진다. 정계의 리더들은 언젠가 써먹을 기회를 노리며 한 방이 있는 구절들을 갈고닦는다. 기억해둘 만한 몇 가지 순간을 소개한다.

- 1980년, 로널드 레이건 후보가 지미 카터 대통령에게 물었다. "자문해보십시오. '4년 전보다 지금이 더 나은가? 4년 전보다 물건 사기가 더 쉬운가? 4년 전보다 실업자가 더 적은가? 미국은 이전만큼 세계의 존경을 받는가?'"
- 1984년, 월터 먼데일 부통령이 게리 하트 상원의원에게 말했다. "당신이 낸 아이디어를 들으면 '소고기 어딨어요where's the beef?' 광고가 떠오릅니다."•
- 73세의 로널드 레이건은 재선에 출마하기에는 나이가 너무 많다는 비판 속에서 먼데일 후보를 상대해야 했다. 먼데일 후보가 나이를 문제 삼자 레이건은 이렇게 응수했다. "나이를 선거 이슈로 삼고 싶지 않다는 말씀을 드립니다. 제 경쟁자가 아직 어리고 경험도 부족하다는 사실을 이용하고 싶진 않거든요."

• 미국 패스트푸드 브랜드 웬디스의 카피로, 실체 없는 제품이나 이벤트를 꼬집는 데 쓰는 말.

1988년 대선에서도 몇 가지 환상적인 장면이 연출됐다. 부통령 후보 토론회에서 로이드 벤트슨 민주당 상원의원이 공화당 댄 퀘일 의원과 맞붙은 장면이다. 퀘일은 케네디에 대적할 만큼의 경력은 쌓았지만 그만큼 현명하지는 못했다.

퀘일: 저는 케네디가 대통령직에 도전했을 때만큼 많은 경험을 갖고 있습니다.
벤트슨: 저는 케네디를 잘 압니다. 제 친구니까요. (잠시 쉬고) 의원님은 케네디가 아닙니다."

그해 민주당 대선 후보 토론회에서 CNN의 간판 앵커 버나드 쇼는 마이클 듀카키스 후보에게 파격적인 질문을 던졌다. "주지사님, 가족이 살해를 당한다면 살인범을 사형해야 한다고 주장하시겠습니까?"
듀카키스는 찔러도 피 한 방울 나지 않을 사람처럼 무미건조하게 답했다. "아니요. 모르겠네요, 버나드 씨. 제가 평생 사형 제도에 반대해왔다는 걸 아실 겁니다. 사형 제도의 범죄 억제력엔 그 어떤 근거도 없어요. 강력 범죄에 대응할 수 있는 더 효과적인 방법들이 있다고 생각합니다."
마리오 쿠오모 주지사도 같은 질문을 받았다. 그리고 그는 이렇게 답했다. "야구 방망이를 들고 당장 그 살인범을 찾아낼 겁니다. 제가 살인범을 때려죽이기 전에 누가 절 말려주면 좋겠네요."
비록 경선에선 듀카키스가 승리했지만, 그렇게 답한 순간 그는 이미 치명상을 입은 것이나 다름없었다. 애석하게도, 그는 이후 공화당의 조지 H. W. 부시를 경쟁자로 맞아 그의 전략가 로저 에일스를 상대하며 회복 불능 상태가 되었다.

"어이쿠, 미안!" 2012년 공화당 대선 후보 토론회에서 릭 페리 후보는 잊을 수도, 주워담을 수도 없는 말을 내뱉었다. 그는 대통령 후보가 되면 정부 기관 세 곳을 즉시 없애겠다고 선포했다. 하지만 두 곳까지 이름을 댄 후 잠시 휘청이더니, 세 번째 기관의 이름은 까먹었다고 실토하고 말았다. 그래도 2016년 경선에서는 도널드 트럼프 후보를 상대로 노련한 레프트 훅을 날리기도 했다. "백악관에 견습생은 필요 없어요. 이미 한 명 있잖아요."

앞선 예시들이 말장난처럼 보일 수도 있지만, 사실은 대화의 통제권을 빼앗고 상대를 논점에서 이탈시키는 고도의 전략들이다. 이런 발언들은 상대방이 이끄는 길에서 청중을 떠나게 하는 힘이 있다. 메시지를 개발할 때, 반격과 비판에 어떻게 대응할지도 함께 고민하라. 카운터펀치는 비즈니스에서도 정치 분야에서만큼이나 효과가 좋다. '즉흥적으로 들린다'는 말은 진실을 폭로하는 것처럼 보인다는 뜻이기도 하다. 만약 당신이 승리를 위해 현재 상황을 비틀고 싶다면, 즉흥성을 연습하라. 연습하면 할수록 더 즉흥적으로 보일 수 있다.

8 단계

모멘텀을 획득하라

> "실행할 수 있는 것을 실행하고,
> 변화시킬 수 있는 것을 변화시켜라.
> 공격적으로 치고 나가고, 깊숙이 접근하며,
> 모든 수단을 고려해 돌진하라."

이른바 '빅 모Big Mo'•라고 일컬어지는 긍정적 모멘텀은 단연코 인간에게 가장 강력하게 작용하는 마약이다. 불법이든 아니든 말이다. 빅 모는 아드레날린을 분비시키고, 엔도르핀을 방출하고, 모든 감각을 예민하게 깨우고, 본능의 날을 세운다. 그리고 팀과 조직을 지체 없이 승리로 이끈다. 성과를 높여주겠다는 사기술은 언제 어디에나 있다. 그러나 빅 모는 실제 효과를 보장하는 방법이다. 이제껏 효과가 증명된 다양한 방법론의 증조할아버지쯤으로 불러도 될 법한 진리다.

양陽이 없으면 음陰도 없는 게 자연의 이치다. 빅 모에도 장점과 단점이라는 양면이 있다. 안타깝게도 부정적인 모멘텀이 갖는 힘은 빅

• 1960년대부터 미국 스포츠 이벤트에서 주로 쓰인 단어로, 승리를 거두는 팀은 그들의 편에 '빅 모'가 있었다고 이야기된다.

모가 작용하는 힘의 방향이 반대로 뒤집힌 것으로, 빅 모만큼이나 강력하다. 부정적 모멘텀은 팀이나 회사를 온 힘을 다해, 교활한 방식으로, 민첩하게 공격한다. 마치 크립토나이트*와 같은 것이다.

부정적 모멘텀이 아닌 긍정적 모멘텀을 포착하고 유지하는 것이 이기는 캠페인과 지는 캠페인을 가르는 결정적인 차이다.

부정적 모멘텀 1988년 마이클 듀카키스의 미 대선 캠페인을 떠올려보자. 부정적 모멘텀의 파괴적인 힘을 보여주는 전형적인 예다. 혹시 듀카키스가 어처구니없을 정도로 큰 헬멧을 쓰고 탱크에 오른 채 똥 씹은 미소를 날려 모두를 당황하게 만들었던 그 캠페인 이미지를 기억하는가? (모르면 유튜브에 검색해볼 수 있다.) 이 이미지는 '총 하나 제대로 쏘지 못하는 갱단The Gang That Couldn't Shoot Straight'**이란 별칭으로 불리던 캠페인팀의 전형적인 공산품이었다. 솔직히 말하면 이것도 후한 평가다. 그 광고는 공포탄 수준에 불과했다. 그들은 빅 모를 가득 안고 민주당 전당대회를 시작했다. 하지만 빅 모는 곧 서서히 고갈됐고, 상대편인 부시의 전략가 로저 에일스가 토론의 판도를 휘어잡으면서 결국 부정적 모멘텀을 맞이했다.

긍정적 모멘텀 "문제는 경제야, 바보야!"란 구호로 유명한 1992년 클린턴의 대선 캠페인을 떠올려보자. 이 캠페인은 규율로 삼을 만한 창

---

* 슈퍼맨의 힘을 무력화하는 가상의 물질.
** 미국 칼럼니스트이자 작가 지미 브레슬린의 동명 소설에 바탕을 둔 영화의 제목에서 이름을 따왔다.

의적이고 진취적인 선거운동의 대표 사례로 꼽힌다. 클린턴은 빅 모를 등에 업고 조지 H. W. 부시를 깨부쉈다. 앞선 선거에서 듀카키스를 깨 부순 그를 말이다.

이처럼 극명하게 대조되는 선거 캠페인에는 흥미로운 사실이 숨겨져 있다. 바로 위 두 캠페인이 같은 팀, 같은 사람들에 의해 기획됐다는 점이다. 같은 사람들이 맡은 캠페인의 결과물이 크게 달랐을 리는 없다. 그렇지 않은가. 그럼에도 듀카키스는 패배했고, 클린턴은 승리했다. 이는 긍정적인 모멘텀을 만드는 데 있어 리더십이 그만큼 중요한 역할을 한다는 사실을 보여준다. 듀카키스조차 "생선은 대가리부터 썩는다"는 옛 그리스 속담을 언급하며 레이건 행정부를 비판한 바 있다. 실제로 조직을 이끄는 이는 리더다. 아드레날린을 뿜어내는 긍정적인 모멘텀을 획득해내는 사람도 리더, 썩어들어가는 생선 대가리처럼 부정적 모멘텀을 만들어내는 사람도 리더인 것이다.

조직을 이끄는 사람은 리더다. 모멘텀을 만드는 사람도 리더다. 리더는 캠페인 담론을 설정하고 유지하며, 지루하게 늘어지는 유세 기간 동안 담론을 재조정함으로써 모멘텀을 획득해야 한다.

출마부터 선거일까지 쉬지 않고 페달을 밟는 일은 드물다. 중간중간 쉬어가지 않는 캠페인은 거의 없다. 캠페인은 대개 독립된 이벤트들의 조합이다. 각각의 이벤트는 가속할지, 감속할지, 혹은 후진할지를 보여주는 지표가 된다. 능력 있는 리더들은 담론을 제어하고 상태를 유지하거나 힘을 조절하는 방식으로 기회를 만들어낸다. 그들은 가능한 한 빠르게 전진하기 위해 지속적인 노력으로 캠페인을 이끈다.

2008년 대선 캠페인 초반, 힐러리 클린턴은 모멘텀을 확보하고 있었다. 그때만 하더라도 힐러리가 당선되는 건 '따놓은 당상'이라고 여겨졌다. 하지만 캠페인 전개 과정에서 그는 전략적으로 중대한 실수를 저지르고 말았다. 그 결과 당시로선 신예였던 초선 의원 버락 오바마에게 유리한 판세가 형성됐다. 힐러리의 선거 전략 책임자였던 마크 펜도 당시 정치판에서 일제히 주목했던 조사 결과를 알고 있었을 것이다. 조사에 따르면, 미국인들은 워싱턴이 뿌리부터 '변화'하기를 바라고 있었다. 그러나 마크 펜은 힐러리 이미지의 초점을 그의 화려한 정치 경력에 맞췄다. 불합리한 전략은 아니었다. 경험이 풍부하다는 게 무슨 잘못이란 말인가? 잘못이라면, 유권자들이 변화를 원하고, 변화를 원한다고 목소리를 내는 그 상황이 잘못이었을지도 모른다. 그렇게 힐러리가 '경험'에 몰두하는 동안, 오바마는 자신만의 '변화'를 이끌어냈다. 그 결과 미국 역사상 '최초의' 흑인 대통령이 되었다. 물론 힐러리도 '최초의' 여성 대통령이 될 수 있었다. 오바마 캠페인을 이끈 팀처럼 정당하고 효과적인 방식으로 '변화의 카드'를 썼다면 말이다. 그렇다면 힐러리는 잘못된 전략의 피해자인 것일까? 기억하라. 캠페인의 CEO는 바로 후보 자신이다. 마크 펜이 실수를 하긴 했지만 책임은 힐러리에게 있는 것이다.

일부 캠페인은 동력을 잃다가도 다시금 힘을 받는다. 수많은 대통령 선거 캠페인에서 이런 일이 반복된다. 쓰러졌다가도 강력하게 컴백하는 이가 후보자다. 빌 클린턴만 해도 '컴백 키드The Comeback Kid'라 불리지 않았는가.

비즈니스 영역에서도 동일한 법칙이 적용된다. 모멘텀을 얻고 그것을 가속화하기 위해서는 목표를 설정하고, 주도권을 확보해서 경쟁력을 갖춰야 한다. 동시에 위기와 도전을 선제적으로 활용해야 한다. 캠페인을 밀고 나가다 보면 진정 국면도, 추진 국면도 있을 것이다. 어쨌든 정치에서처럼 기업의 리더 역시 모멘텀을 얻기 위해 최대한 많은 기회를 확보해야 한다. 회사를 경영함에 있어 가속페달에서 발을 떼면 곧바로 설자리를 잃게 되는데, 어떻게 해서든 그 자릴 되찾아야 한다. 이는 모멘텀을 되찾기 위해서는 무슨 일이든 해야 한다는 뜻이다.

모멘텀은 마술이다. 마술을 할 때처럼 모멘텀을 도모하는 일은 그 자체로 쉽고, 자연스럽고, 불가피한 것처럼 보여야 한다. 이를 위해서는 수많은 노력과 연습이 필요하다.

실행 가능한 것을 실행하라

1단계에서 말했던 것처럼 '실행 가능한 것을 실행하라'는 조언이 도전자 캠페인의 본질적인 컨셉은 아니다. 다만 당신의 캠페인에 추진력을 싣는 가장 현실적인 방법이다.

'실행 가능한 것을 실행하라'는 말은 '사용 가능한 자원을 배열하라'는 전제를 내포한다. 어느 자원도 허투루 써서는 안 된다. 당신은 군살 없는 탄탄한 조직을 구축하고 싶을 것이다. 아서 코난 도일의 명탐정 캐릭터 셜록 홈즈는 한 번씩 며칠간 단식을 한다. 단식이 별나면서도 패셔너블한 취향으로 여겨지던 시절 얘기다. 셜록 홈즈가 말하는 단식의 이유는 이랬다. "궁핍 속에서 감각은 더 예민해진다."

당신 또한 팀이 탄탄하고 기민하길 바랄 것이다. 그들이 적은 자원으로 더 많은 작업을 수행하도록 하라. 당신부터 낭비를 질색하고, 팀원들도 낭비를 질색하도록 만들어야 한다. 최악의 낭비는 쓸데없는 일이 반복되는 것인데, 이는 거의 모든 조직에서 빈번하게 발생한다. 또 이러한 낭비를 조직원들은 당연하게 여긴다. 행동주의 투자자가 고용한 회계사가 펜대를 굴리며 무능력한 회사 운영을 지적하기 전까지는 말이다.

대형 은행 계좌를 해킹하는 해커들은 윌리 서턴* 같은 거물을 따라 하지 않는다. 대신 그들은 한 달여간 아주 천천히 그리고 조심스럽게 돈을 빼낸다. 액수가 너무 작아서 눈치채기 어렵거나, 눈치를 채더라도 돌이키기에는 너무 늦어버릴 정도로. 무능한 은행 보안 시스템은 수백만 달러 규모의 큰 변화만 감지할 뿐이다.

'실행 가능한 것을 실행하라'는 제언은 불가능하거나 가능성이 너무 낮은 일은 목표로 삼지 말라는 의미다. 어느 광고 카피처럼 "희망은 전략이 아니다". 일부 기업과 경영자가 '스트레치 골Stretch goal'**이라 부르는, 소위 '역경을 헤치고 별을 향하는Ad astra per aspera' 경영 방식은 종종 엉뚱한 결과를 낳는다. 직원들에게 에너지와 집중력을 불어넣는 대신, 전반적인 업무의 질을 떨어뜨리는 것이다. 리더가 도달 불가능

---

* 1950년대에 활동한 미국의 은행 강도.
** 도전적 목표를 가리키는 경영 용어로, 고위험·고성과 기조를 원칙으로 한다.

한 목표를 세우면 구성원들은 사기가 꺾이고 오히려 경쟁자의 사기만 올라가는 불상사가 발생한다. 오래전 쓰인 어느 대사처럼 "그들은 못 해낼 것이라 말했지…… 그리고 못 해냈지"란 비아냥이 나오게 되는 것이다.

전쟁에서도 마찬가지다. 특히 전사가 아닌 정치인이 목표를 정해야 할 땐 더욱 그렇다. 내부 경쟁에서도 같은 원칙을 고수해야 한다. 무리하지 마라. 지키지 못할 약속을 하지 마라.

4단계에서 말했듯 '실행 가능한 것을 실행하라'는 조언은 모멘텀을 획득하기 위해서라면 무엇이든 하라는 말과 같다. 모멘텀은 더 큰 모멘텀을 불러온다. 아주 단순한 원칙부터 시작하라. 낮은 가지에 열린 열매를 따기 전에 땅에 떨어진 것부터 주워라.

자꾸 미식축구를 예로 들어서 유감이지만, 이 글을 쓰는 우리는 한때 남는 게 힘밖에 없었던 운동선수들이었으므로 이해해주길 바란다. 경쟁 상황에 놓여 있다는 점에서 스포츠는 회사를 운영하는 것과 유사하다. 미식축구 감독이었던 빈스 롬바디는 "절대로 사과하지 말라"고 했다. 적어도 그와 비슷한 말을 했다. 오하이오팀의 전설적인 코치 우디 헤이스는 전략적인 사고를 토대로 게임을 진행하기로 유명했다. 그는 경기를 "4야드 땅과 먼지 구름"이라고 불렀다. 그는 경기에서 패스하는 걸 무척이나 싫어했다. "패스하면 뒤따라오는 결과는 세 가지다. 그중 두 가지는 나쁜 것이고."

'4야드 땅과 먼지 구름' 개념은 회사를 경영하거나 프로젝트를 진행하며 도전 과제에 직면했을 때 모멘텀을 얻을 수 있는 효과적인 방법을 제시한다. 헤일메리 패스로 경기를 시작하지 마라. 그저 앞으로 나아가라. 확보한 야드가 늘어날수록 모멘텀도 축적된다. 동시에 팀은 에너지를 얻고 단결하게 될 것이다. 이렇게 되면 눈앞에 있는 4야드를 점령해나가기가 훨씬 더 수월해진다.

목표를 정하는 목적은 팀이 단순하며, 성취 가능하고, 명확한 목표를 갖도록 만드는 데 있다. 장기적인 계획은 잊어라. 그건 컨설턴트의 몫이다. 당신에게 필요한 건 즉각적인 모멘텀이다. 또한 모멘텀을 획득하는 것이 장기 계획을 달성할 수 있도록 하는 유일한 길이기도 하다.

적당한 목표와 적절한 기대감을 세팅하라. 그것들을 하나씩 달성할 때마다 모두와 축하하라. 처음에는 소소하게 자축하라. 조악한 트로피를 주고받는 행사는 없애버려라. 궁극적인 목표로 가는 길에서 달성한 모든 성공을 진심으로 인정하고 감사를 표하라. 적당한 목표를 세우고 그 목표를 초과 달성하는 성과를 거두면, 직원들은 물론이고 당신의 성과를 판단하는 모든 이에게 큰 성취감을 선사하게 될 것이다.

여기에는 주의할 점이 있다. 적당한 목표가 이해관계자의 이익이나 궁극적이고 위대한 목표, 더 나은 세상을 추구하는 비전을 가로막아서는 안 된다는 것이다. 당신의 소소한 목표와 단기적인 성공은 위대한 목표로 가는 이정표가 되어야 한다. 그런 다음 표지판을 보고 딱 한 단계씩 점프를 시도하라.

모든 이해관계자에게 성공을 안기는 목표와 목적지를 정의할 때는 팀원과 조직을 참여시켜라. 우리는 함께 가고 있다!

최종 목표 설정에 이해관계자들을 참여시키는 것은 그들에게 책임 감을 부여한다. 또 참여자들이 목표 달성을 위해 더 많은 노력을 쏟도록 만든다. 그 결과, 궁극적인 목표를 위한 전략에 구성원들이 일종의 오너십을 갖게 될 것이다. 목표와 전략을 세울 때마다 함께 일하는 사람들을 참여시켜라. 목표 설정에 관여할수록 결과에 대한 책임감이 더욱 커질 것이다. 협업은 그 자체만으로도 큰 힘을 만들어낸다.

진행 상황을 매일 확인하라

우리가 이 글을 쓰는 동안, 중국 공산당 거물들은 새로운 5개년 계획을 수립했다. 공산당 역사상 서른 번째 계획이었다. (역으로 계산하면, 그들이 67년 역사에서 중화인민공화국 5개년 계획을 여러 번 중도 포기했다는 사실을 알 수 있다.) 가장 최근 발표된 5개년 계획을 간단하게 살펴보면 다음과 같다. '중국 공산당은 권력을 유지하기 위해 무엇이든지 할 것이다.'

장기적인 계획을 밀고 나가는 것은 관료주의자들과 몇 안 되는 전체주의자들, 그리고 기득권 기업들만이 할 수 있는 일이다. 그들의 궁극적인 목표인 생존이 기대하는 기간만큼은 지속될 것이라 확신하기 때문이다. 그러나 당신은 당장의 변화에 맞춰 계획을 세워야 한다. '내일부터 5년간'이 아니라 당장 내일부터 변화를 만들어야 하기 때문이다. 매일 진행 상황을 체크하는 것은 일상적인 행동이 성과로 이어진다는 믿음을 조직에 심을 수 있다. 마이크 로버츠와 프랭크 비스카라가 황무지에서 맥도널드를 구출해낼 수 있게 해준 간단한 어젠다를 떠올려보자.

- 무엇을 잘못하고 있는가?
- 제대로 하고 있는 것은 무엇인가?
- 다음에는 무엇을 해야 하는가?

2000년대 초반만 하더라도 60일짜리 계획을 세우는 게 가능했다. 오늘날은 그렇지 않다. 그 정도의 '장기 계획'은 사치다.

팀원들이 오늘내일 중 나오는 결과에 주목하게끔 하라. 그들이 앞으로 나아가는 데 집중하게 하라. 올바른 방향으로 가고 있다면, 조그마한 성과라도 기념하라. 이는 하루하루 쌓아가는 발전의 흔적이고, 모멘텀을 끌어내는 최고의 소재인 동시에 그 자체만으로 훌륭한 연설 소재가 될 수 있다. 며칠만 반복하면 "조금 더 할 순 없겠어?"라는 말을 할 필요도 없어진다.

우리의 친구이자 신흥 스마트폰 테크 업체인 MSS Mobile Search Security에서 일하는 팻 멀헌은 선거에 출마하려는 후보자들에게 도움이 될 만한 아이디어 하나를 제안해왔다. "나라가 지고 있는 수조 달러의 부채를 감축하기 위해 매일 뭔가를 하겠다고 공약하라." 매일 말이다! 유권자, 직원, 그리고 소비자들은 일이 제대로 돌아가고 있는지 확인하고 싶어한다. 갤럽이나 라스무센과 같은 여론조사 기관만 보더라도 '옳은 길/잘못된 길Right track/Wrong track'을 주요 연구 분야로 삼고 있다. 팻의 아이디어는 국가가 잘 굴러가고 있는지 여부를 국민에게 매일 보여줄 수 있는 방법인 것이다.

조직은 그저 시간을 때우는 곳이 아니라 무언가를 일어나게 하는 곳이라는 사실을 팀원들에게 일깨워라. 현직자들이 중얼거리는 "별 수 없지 뭐" 따위의 말과는 분명히 구분되어야 한다. 우리 코어스트래터지그룹은 '크레오 메르다 악시데트Creo Merda Accidet'란 문구를 비공식 모토로 삼는다. 라틴어를 모르는 독자들이 있다면, '뭐라도 확 저질러라Make shit happen'라는 뜻이다.

거저 주는 것은 기꺼이 받아라

시장에 가면 바닥에 나뒹구는 과일들이 있기 마련이다. 대부분 시장의 기존 주자들이 제 몫으로 챙기지 못하고 남겨둔 것이다. 그들은 왜 주워 먹지 않았을까? 별로 중요하다고 생각하지 않았기 때문이다. 그들은 여러 이유를 들어 오래전부터 특정 상품이나 가치, 특정 지역, 특정 연령대 등을 목표에서 제외했을 것이다. 또 그런 결정을 내릴 때마다 자기 합리화 과정을 거쳤을 것이다. 오늘날 이러한 자기 합리화는 한마디로 비합리적이다. 그럼에도 기존 주자들은 좀처럼 새로운 관점으로 전환하지 못하고 있다.

펩시와 코카콜라는 에너지 드링크를 만들어 팔면, 규제 당국이 '선을 넘었다'고 판단하지 않을까 우려했다. 카페인과 당분에는 거리낌 없어하면서 말이다. 결국 펩시와 코카콜라는 새 시장으로의 진입을 포기했다. 아뿔싸! 그러는 사이 레드불, 5아워에너지 등 수많은 브랜드가 앞다퉈 생겨나면서 수십억 달러 규모의 에너지 드링크 시장이 열렸다. 규제 당국은 이에 미동조차 없었다(아마 그들도 에너지 드링크를 원했을지도 모른다).

전통적인 금융가들은 정크 본드*를 팔면 체면이 깎인다고 생각해 도입할 시도조차 하지 않았다. 고위직 임원들은 정크 본드를 "유대인들이나 파는 것"으로 치부했다. 그때 마이클 밀컨이라는 유대인 남자가 나타났다. 그는 정크 본드를 발명한 사람은 아니었지만, 이를 '고수익 채권'이라 명명하며 대중화에 앞장섰다. 밀컨의 발명가 정신은 기업형 캐피털Corporate capital을 민주화하는 계기가 되었다. 기업형 캐피털은 기업가 정신과 창조 욕구를 폭발적으로 촉진했다. 한마디로 시장을 뒤흔든 것이다. 오늘날 사람들이 뭐라고 말하든 모든 투자은행에는 고수익 채권 부서가 있다.

헨리 포드 2세가 포드의 CEO로 재직할 당시 그는 그랜토리노, 링컨콘티넨털, 머큐리마키로 가득 찬 회사 주차장을 내려다보며 이렇게 예언했을 법하다. "미국인은 절대 소형차를 운전하지 않을 거야!" 지금은 어떤가? 도요타, 닛산, 혼다, 마쓰다, 기아와 현대자동차 모두 미국 시장에서 환영받는다.

• 저신용 기업이 발행하는 고위험·고수익 채권.

이런 사례는 끊임없이 등장한다. 우버, 에어비앤비, 스냅챗 같은 기업에는 이미 몸집이 불어난 회사들이 업신여기거나, 놓치거나, 멀찍이 떨어져서 상상도 하지 않았던 기회가 득실거린다. 도전자들은 떠오르는 태양을 맞이하고 있다. 도전자 정신으로 무장한 이들은 기득권이 남겨둔 넉넉한 햇볕을 쬐는 법을 배우고 있다. 회사가 그동안 이런저런 이유로 무시해왔던, 시장에 산재한 수많은 기회를 잡을 수 있도록 팀원들을 독려하라. 그들은 지금 지도상의 국경이나 인구학적 분류를 핑계로 특정 시장을 버려둔 상태일 수도 있다. 어쩌면 새로운 기술, 새로운 사고방식을 맞아 금세 뒤처질지도 모르는 상품 유통 방식이나 공급 관행을 고집하고 있을 수도 있다. 크라운 빅*에 들어앉아 곯아떨어진 상태일 수도 있고…….

당신이 업계의 선두 주자라면, 자사의 명성과 시장에 형성된 미신들이 도전자들에게 오히려 기회를 주고 있을지 모른다. 당신에게 도전하고 기존 시장 질서에 저항함으로써 새로운 아이디어를 도출하는 데 전념하는 특별팀을 구성해야 하는 이유다. 이것이야말로 아집에 고립되지 않는 길이다. 자신의 생각을 공격하라!

조직 밖에 도전자팀을 꾸려라. 우리는 그것을 '변방 혁신Outhouse innovation'이라고 부른다. 변방에서 혁신을 주도하는 이들이 상처받을까 겁낼 필요 없다. 그들이 스스로를 망명자로 여길까 우려할 필요도 없다. 헌신적인 혁신가를 잠깐 한쪽으로 밀어놓음으로써 회사의 고리

---

* 2011년까지 생산된 포드의 세단 중 하나로, 미국 경찰차로 널리 쓰였다.

타분한 문화로부터 그들을 보호할 수 있다. 샌드박스인더스트리의 밥 샤피로, 닉 로사, 스티브 엥글버그에게 연락해보는 것도 괜찮은 생각일 수 있다. 그들이 당신 사업을 넘어뜨리거나 망하게 할지도 모르는, 지구 어딘가의 창고에서 혁신을 도모하고 있는 청년들을 찾아줄 테니까.

한편 당신이 도전자라면 기득권이 주는 것을 기꺼이 받아먹어라. 기득권의 찬란한 시간이 막을 내릴 때까지 계속해서 받고 또 받아라. 물론 내어주지 않을 가능성이 크다. 하지만 장담컨대, 한번 주기 시작하면 한 번도 열리지 않았던 기회들이 열릴 것이다. 공격하라. 단순히 시장의 상태만 보고 기회를 분석하기보다는 현재 시장을 이끌고 있는 회사들이 무엇을 하고, 어떻게 실패하는지를 지켜봐야 한다. 그리고 그 안에서 기회를 포착해야 한다. 기득권의 동향과 한계, 그들이 겪고 있는 실패, 그 뒤에 있는 경영 상황을 들여다봄으로써 전에 없던 아이디어와 새로운 기업가 정신을 얻을 수 있다.

개방형 개발 플랫폼을 도입하라

게으른 기득권에 대항해 기회를 발굴하고 앞으로 나아가기 위해서는 새롭고 파괴적인 아이디어를 끊임없이 주고받아야 한다. 이는 존슨 앤드존슨 앨릭스 고스키가 말했던 '혁신 친화적 환경'을 조성한다는 말과 일치한다. 첨단 과학기술 분야에서 언급되는 '개방형 개발 플랫폼'은 광범위한 발명과 개발을 장려하기 위해 모든 개발자에게 소스

코드를 제공하는 것을 의미한다. 가장 친숙한 예는 애플의 아이폰 앱용 오픈 개발 플랫폼이다. 애플의 팀 쿡이 2013년 10월에 발표한 내용에 따르면, 이 플랫폼에서는 100만 개 이상의 소스 코드를 이용할 수 있다.

전략의 소유권을 실무진에게 넘김으로써 개방형 개발 시스템을 도입하라. 이렇게 하면 팀 내 모든 구성원이 개발 소유권을 갖게 된다.

개방형 개발 환경을 조성하는 일은 창조적 파괴에 임하는 태도와 맞닿아 있다. 당신의 기업이 혁신 친화적이려면, 당신은 변화 친화적이어야 한다. 즉, 감정을 확 달아오르게 하는 거칠고 엉뚱한 아이디어에 열려 있어야 한다는 뜻이다. 아이디어를 내놓는 사람이 가끔 화를 돋울 수도 있지만, 그럼에도 당신은 개의치 말아야 한다. 이 말은 다양성을 향한 열정이 형식적인 수준에 머물러서는 안 된다는 뜻이다. 다양성을 향한 그 열정은 서로 다른 아이디어와 의견, 주장의 필요성을 기반으로 형성되어야 한다. 이를 위해서는 결국 다양한 팀이 필요하다. 단순히 협업을 이야기하는 게 아니다. 팀의 목표와 목적지, 전략 소유권을 모두와 나눔으로써 다양성을 실현하라. 혁명에 있어선 외모나 혈통으로 동료를 선택할 수 없다. 하지만 기업가 계급은 일반적으로 잡종이 지배한다는 사실을 알아야 한다.

긴박감을 조성하라

'지금 하는 일이 반드시 결과를 낼 것'이라는 말을 지속적으로 전하라. 대부분 직원은 속으로는 그 말을 믿지 않을 것이다. 개인이 노력해 봤자 별다른 임팩트를 만들어내지 못할 것이라고 생각하기 때문이다. 리서치 전문 기관 갤럽이 '직원 업무 몰입도'를 조사한 결과, 자신이 변화를 일으킬 수 있다고 믿는 비율은 30퍼센트에 그쳤다. 나머지 70퍼센트는 자기들의 노력이 거의 또는 전혀 회사에 영향을 미치지 않는다고 확신했다.

경제가 하향 곡선을 그리는 이유가 여기에 있다. 물론 정치적 리더십의 부족이 부정적인 결과에 기여한 것도 사실이다. 그러나 직원들이 소외감을 느끼도록 만든 건 기업 리더십의 책임이다. 착각하지 마라. 70퍼센트의 직원이 일하기를 꺼려하는 건 그들이 게을러서가 아니라, 일이 무의미하다고 느끼기 때문이다. 안타깝게도 이런 생각을 하는 직원 중 상당수가 옳다. 그들은 속지 않았고, 이러한 상황은 그들의 잘못이 아니다. 잘못은 잘못된 리더십에 있다.

대기업 직원들은 노력으로 아무것도 바꿀 수 없다고 생각한다.

반대로 도전적인 기업들, 그리고 많은 스타트업 직원은 그들이 세상을 바꿀 것이고, 변화된 미래를 소유하게 될 것이라고 믿는다.

어디에서 일하고 싶은가? 크고 작은 회사의 리더로서 당신은 세상을 변화시키는 환경도, 아무것도 변화시키지 못하는 환경도 조성할 수 있다. 선택은 당신의 몫이다. 매일 '일=결과'라는 동일한 방정식을 푸는 일에 전념하라. 매일 방정식을 풀어나가는 행위가 '세상을 바꾸는 환경'과 '아무것도 변화시키지 못하는 환경' 간의 차이를 만든다. 풀리지 않은 방정식을 우리는 '문제'라 부른다. 그 문제를 지금 바로 해결해야 한다는 긴박감을 조성하라.

일론 머스크 같은 기업가들은 억만장자가 된 지 한참이 지났어도 늘 절박하게 "모든 것이 중요하다"고 느끼는 감각을 갖고 있다. 때때로 이런 긴박감은 두려움과 강박의 산물이다. 우리는 'IT 명예의 전당' 입성자들이 이 같은 괴로움을 겪는 모습을 자주 목격했다. 그러나 "모든 것이 중요하다"란 자각은 기쁨의 원천이자, 진부함으로부터의 해방이기도 하다. 그리고 이러한 기쁨과 자유의 원천은 백이면 백 두려움과 강박을 이긴다. 리더에게는 강박조차도 현실에 안주하는 것보다는 낫다.

몇 해 전 우리가 코어스트래터지그룹을 막 운영하기 시작했을 때, 대기업에 다니는 친구들은 하나같이 이런 말을 했다. "나도 네가 하는 일 같은 걸 하고 싶어. 하지만 안정적이지 않은 건 견딜 수 없어." 알고 보니 삶의 기준이 너무 달랐던 거였다. 수많은 기업의 프리랜서 컨설턴트로 일하는 사람으로서, 각종 기상천외한 조직 축소·구조조정·조직 재편을 견뎌온 우린 안정감보다는 상황을 직접 컨트롤하는 것을 훨씬 더 선호한다. 직장에서 '안정'이라고 부르는 것은 실상 '코뿔소가 내딛는 앞발의 그림자 아래에서 잠시 쉬어가는 개미'가 누리는 안락함이나 다름없다. 베수비오산의 평화로운 그늘에서 폼페이 주민들이 즐겼던 번영과 행복이 실은 오산이었음을 역사가 보여주듯 말이다.

리더가 실행하는 모든 일, 모든 말로 긴박감을 공유하라. 디테일이 차이를 만든다는 명제를 직접 증명하고 설파하라. 이에 동의하고 따르는 이들을 알아보고 보상하라. 그들의 디테일한 감각을 알아차리고 보상하라.

대기업에서는 어느 정도의 낭비를 필연적이라 여기며, 이를 통상 '반올림의 오류' 정도로 치부한다. 그러나 도전자들은 낭비를 게으름과 무능의 산물로 여기며 질색한다. 기득권은 저장 강박증이 있는 사람이 쓰레기 더미에 익숙해지듯 낭비와 공존하는 법을 배운다. 반면 도전자들은 반드시 낭비가 발생하는 원인을 찾아내 없앤다.

홈디포를 공동 설립한 뒤 엄청난 부자가 된 버니 마커스는 성공한 뒤에도 계속해서 매장 통로와 주차장을 집요하게 돌아다니며 고객에게 접근했다. 애로사항을 듣기 위해서였다. 그는 아직까지도 목재를 가득 실은 운송업자를 만난 이야기를 한다. 당시 버니는 호기심 어린 눈으로 트럭의 짐칸을 바라보았다.

"왜 나무에 못을 안 박았어요?" 버니가 물었다.

"홈디포의 못이 형편없거든요." 남자는 덧붙였다. "못이 구부러져요. 그래서 나무는 여기(홈디포)서, 못은 철물점에서 삽니다."

버니 마커스가 그 얘길 듣고 어떻게 했을지 짐작이 갈 것이다. 그는 못에 집착하기 시작했다. 버니와 이야기를 나눈 후, 홈디포의 장비 판매 담당자도 그와 똑같이 행동했으리라 장담할 수 있다.•

우리가 만난 모든 위대한 리더는 우리보다 문제를 더 오래, 더 치열

• 홈디포에서 판매하는 못의 품질 문제는 이후 곧바로 해결된 것으로 알려졌다.

하게 고민하는 모습을 보여주었다. 그래서 우리도 리더들의 특징에 대해 더 오랫동안, 더 열심히 고찰했다.

훌륭한 리더와 일해본 경험이 있다면, 분명 그들로부터 새벽 2시에 이메일을 받아본 적이 있을 것이다. 늦은 시간 보내는 이메일은 공격이 아니다. 그들은 24시간 내내 끊임없이 나아갈 수 있다고 믿고, 이를 실행하는 게 습관이 됐을 뿐이다. 긴박감을 강박장애OCD와 혼동하지 마라. 강박에 사로잡힌 보스들도 끔찍한 시간을 보내겠지만, 그들은 그런 시간을 고작 클립 개수를 세는 데 전념하며 허비하고 있을 뿐이다.

물론 일과 삶의 균형을 맞추는 것도 중요하다. 그럼에도 지나치다 싶을 정도로 긴박하게 움직여라. 일과 삶의 균형을 맞추고 싶은가? 그렇다면 일뿐만 아니라 삶도 지나치게 긴박하게 구성하라. 일에 100퍼센트 전념하라. 가족에게도 100퍼센트를 쏟아라. 미국 프로야구 명예의 전당에 이름을 올린 새철 페이지가 말했듯 "뒤돌아보지 마라. 누군가 당신을 따라잡을 것이다." 동일 선상에서 우리는 말한다. "당신이 잠자는 동안에도 경쟁자들은 끊임없이 고뇌하고 있다."

집중 투하하라

낭비를 질색하는 동시에 과감히 베팅할 줄도 알아야 한다. 예를 들면, 우리는 전통적인 기업 브랜드 광고에 줄곧 반대해왔다. 그런 광고들은 광고 대행사의 배만 불릴 뿐 소비자들을 진정으로 매혹하지는 못한다. 정보만 나열한 배경에 불과하기 때문이다. 이런 광고는 시장의 잡음만 키울 뿐이다. 소비자들은 이런 광고를 무시한다. 무시할 수 있다면 말이다. 무시하기 어려운 상황이라면, 그 자체에 질려버릴 것이다. 돈이 줄줄 새는 낭비인 것이다.

그래도 큰 계획이나 행사에는 큰 돈을 써야 한다. 큰 계획에는 크게 베팅하라.

우리는 '집중 투하Surge 전략'이란 말을 데이비드 퍼트레이어스의 말에서 따왔다. 그는 뛰어난 사령관이자, 이라크 전쟁을 유리하게 이끈 군사 지도자다. 2007년 이라크 알카에다가 바그다드에 이어 안바르주州로 옮겨 공격을 개시하자, 퍼트레이어스는 미군의 전략을 초월하는 변화를 추동했다. 그는 이라크 전쟁의 내러티브를 기존 워싱턴의 정치적 압력에 의해 전략적으로 퇴각하는 형국에서 이라크 수니파의 지지를 얻어 더 큰 적에 맞서는 적극적인 형국으로 바꿔놓았다. 현지인들이 알카에다의 외국인 전사와 맞서 싸우도록 일깨운 일명 '자각 작전'은 이라크 집중 투하 전략의 일환이었다. 이때부터 집중 투하는 단기간에 더 많은 자원을 이끌어내는 것을 의미하게 되었다. 이는 2003년 이라크 침공 이후 미국에 진정한 성공을 안겨준 최초의 힘이었다. 정계에서는 외면해버린 성공 모델이기도 했다.

우리가 자주 인용하는 집중 투하의 예시로 영화 개봉을 앞둔 영화사가 각종 자원을 단기간에 쏟아붓는 관행을 꼽을 수 있다. 우선, 정계의 선거일에 해당되는 시사회 날로부터 날짜를 역산해, 개봉일까지 최대한 많은 자원을 투하한다. 이때 영화사는 배우가 녹초가 되는 한이 있더라도 광고 캠페인, 배급 계약, 공동 브랜드 프로모션과 인터뷰를 강행하며 여기에 특별 제작한 예고편까지 얹는다. 물론 영화 자체를 얼마나 잘 만들었느냐가 성공을 결정짓겠지만, 이러한 집중 투하 전략은 종종 브랜드 파워를 수직적으로 상승시키기도 한다. 이로써 사람들은 해당 영화를 보지 않았더라도 제목만큼은 기억하게 된다.

집중 투하 전략은 시장 내 무수한 루머를 뭉개버리는 무기가 될 수도 있다. 시끄러운 잡음을 발생시키는 광고의 범람에도 또렷이 들려오는 나팔 소리가 될 수 있는 것이다. 지금은 빅 카지노Big casino*의 시기다. 이 시기에 맞는 색다른 제품이나 브랜드를 개발하는 것이 중요하다. 마케팅 캠페인만이 아니라 결과로서 기억되기를 원한다면 말이다.

작은 승리도 기념하라

승률 높은 스포츠팀은 큰 승리로 향하는 길목에서 소소한 성공을 거둘 때마다 이를 기념한다. 일종의 상호 존중과 지지를 드러내는 방법이다. 바로 당신이 조직에서 해야 할 일이기도 하다.

마이크로소프트의 황금기였던 1980년대, 우리는 마이크로소프트

---

* 　큰 베팅을 하는 시기.

레드먼드 캠퍼스에 있는 X자 모양의 건물들 사이에서 길을 헤매며 많은 시간을 보냈다. 복도를 걷거나 코너를 돌면 신제품 출시나 기존 제품의 성공을 기념하는 소규모팀들을 만날 수 있었다. 우리는 기념 현수막 아래를 지났고, 형형색색 색종이 꽃가루를 통과했으며, 신제품 로고가 새겨진 머그잔을 선물받았다. 『마이크로서프』를 쓴 더글러스 커플런드는 1990년대에 마이크로소프트에 만연했던 '영혼을 갈아 넣는 기업의 조직 문화'를 꼬집었지만, 그보다 앞선 10년은 자축의 함성 소리와 소름 돋는 성취가 계속되던 시절이었다.

모멘텀을 만드는 사소하지만 유의미한 디테일들을 알아차려야 한다. 누락 실수Mistake of omission•는 주저 않고 비판하되, 커미션 실수 Mistake of commission••나 열정적인 노력의 결과로 발생한 실수는 보상하라. 단순 참가까지 기념하진 말라. 대신 작디작은 성과일지라도 그 업적은 기념하라. 직원들은 승리의 기쁨을 누리는 것을 좋아한다. 이는 달콤한 경험이다. 당신은 팀원들이 승리의 기쁨을 경험하도록 해야 한다. 할 수 있는 것을 하고, 움직일 수 있는 것을 움직이고, 단계별 미션을 추진하고, 그에 심도 있게 접근하고, 모든 수단을 고려해 승리로 돌진함으로써 그 기분을 만끽하게 하라. 비버턴•••에서 말하는 것처럼 "그냥 해라Just Do it".

- • 휴먼 에러 중 하나인 누락 오류Omission error를 말한다. 누락 오류는 필요한 직무 또는 절차를 수행하지 않은 부작위적 오류를 뜻한다.
- •• 커미션 오류Commission error, 즉 필요한 직무 또는 절차를 중복 수행해 범하는 실수를 뜻한다.
- ••• 미국 오리건주 워싱턴카운티에 있는 도시로, 나이키 본사 소재지다.

1988년 미국 대선 당시, 민주당 후보였던 마이클 듀카키스의 캠페인은 지지율이 한때 17퍼센트포인트나 앞서고도 패배한 최악의 캠페인으로 아직까지도 회자된다.

듀카키스는 매사추세츠 하원의원과 주지사를 거쳐 1988년 당시 앨 고어, 조 바이든 등 쟁쟁한 경쟁자를 제치고 민주당 대통령 후보자로 선출됐다. 그는 주지사 재임 당시 '매사추세츠의 기적'이라고 불릴 정도로 지역 경제의 부흥을 이끌며 3선에 성공한 정치 거물이었다.

반면, 상대 진영은 열세였다. 공화당 대선 후보였던 조지 H. W. 부시는 그를 둘러싼 각종 스캔들과 같은 공화당 출신이자 당시 대통령이었던 로널드 레이건의 임기 말 닥친 경제 불황 탓에 지지율 여론조사에서 36퍼센트(이때 듀카키스 지지율은 53퍼센트였다)라는 저조한 숫자를 받아들어야 했다.

그러나 상황은 곧 반전됐다. 부시의 선거 캠프는 듀카키스를 나약한 자유주의자로 묘사하는 등 본격적인 네거티브 전략을 펼치기 시작했다. 듀카키스는 이에 무대응으로 일관했고, 이로 인해 많은 유권자가 부시의 공격이 사실이라고 믿게 됐다.

사진 한 장으로 역풍을 맞기도 했다. 듀카키스는 국방 및 안보 관련 이슈에 무지하다는 세간의 비판을 잠재우고자 미시간주 스털링하이츠 군수 공장에서 찍은 사진 한 장을 공개했다. 탱크에 올라타 작전을 지휘하는 모습을 연출한 사진이었다. 마거릿 대처 전 영국 총리가 1986년 탱크에 오른 강인한 이미지로 재선에 성공한 장면을 오마주한 것이었으나, 대처의 강인함과 결연함을 재연하는 데에는 실패했다. 듀카키스가 쓴 군모는 머리에 맞지 않아 헐렁했고, 미소 띤 표정은 결연함과는 거리가 있었다. 부시는 곧바로 이 이미지를 활용해 '나약한 듀카키스' TV 광고를 만들었고, 그다음 주 진행된 여론조사에서 응답자의 25퍼센트가 '탱크 속 듀카키스Dukakis in the tank' 이미지로 그를 지지할 가능성은 낮다고 응답했다.

범죄에 대한 입장 역시 악재로 작용했다. 1986년 매사추세츠의 죄수 주말 휴가 제도로 일시 출소한 살인범 윌리 호턴이 성폭행, 폭행을 저지르고 도주한 사건이 벌어졌는데, 해당 제도는 듀카키스가 매사추세츠 주지사 재임 당시 시행된 것이었다. 그는 앞서 말했듯 "사형 제도의 범죄 억제력엔 그 어떤 근거도 없어요"라고 냉정히 답한 전력이 있었다. 이를 두고 부시는 듀카키스를 감정이 없는 잔인한 인물로 몰아갔고, 많은 유권자도 이에 동조했다.

결국 일련의 캠페인 전략 실패로 듀카키스는 40개 주를 부시에게 내주며 선거에 참패했다.

| 옮긴이 노트 | **빌 클린턴의 "문제는 경제야, 바보야!" 캠페인** |

"문제는 경제야, 바보야!"는 1992년 미국 대통령 선거 당시 민주당 후보였던 빌 클린턴의 선거운동 메시지로, 캠프 전략가였던 제임스 카빌이 고안했다. 이는 역대 가장 훌륭한 정치 캠페인으로 손꼽힐 뿐 아니라, 단어만 바꾸어 무한 변주되는 전 세계적인 밈이 되었다.

애초에 이 구호는 캠프 내부 구성원을 대상으로 나온 메시지였다. 카빌은 아칸소주 리틀록에 마련된 클린턴 선거운동 본부에 화이트보드를 걸어놓고 그 위에 구성원을 향한 메시지를 적었다. 보드에는 아래의 세 가지 표어가 쓰여 있었다.

1. 변화냐, 현상 유지냐Change vs. More of the same.
2. 문제는 경제야, 바보야The economy, stupid!
3. 의료 복지를 잊지 말자Don't forget health care.

당시 미국이 겪고 있던 불황이 선거전의 화두로 부상하면서 이 메시지는 유권자들의 마음을 겨냥한 표어로 적극 활용되기 시작했다. 캠페인의 모든 전략과 프레임이 "문제는 경제야, 바보야!"라는 한 문장으로 수렴한 것이다.

이 문구의 비범성은 '냉전 시대는 가고 경제 시대가 왔다Now that cold war is gone, the economic era has arrived'를 단 세 개의 단어로 압축했다는 데 있다. 걸프 전쟁을 치른 1991년 3월 당시 조지 H. W. 부시 대통령의 국정 수행 지지율은 90퍼센트에 달했다. 그러나 임기 말인 1992년 8월에는 64퍼센트로 하락했다. 당시 부시 정부는 인플레이션을 억제하려다 발생한 불경기로 곤욕을 치르고 있었다. 이러한 상황에서 클린턴 측이 경제를 강조한 선거 문구를 전면에 내세움으로써 유리한 고지를 점하게 된 것이다. 결국 클린턴은 370명의 선거인단을 확보하며 43퍼센트의 득표율로 미국 제42대 대통령에 당선됐다. 공화당 집권 12년 만의 탈환이었다. 이후 클린턴은 미국 역사상 최고의 호황기로 평가되는 1990년대를 이끌었다.

9단계

위기를 활용하라

"위기를 기회로 전환하라. 그것이 곧 승부처다.
전장의 지도를 주기적으로 재편하라. 시나리오를 짜라.
기회와 위협의 지도를 그려라."

"내 삶을 되찾고 싶다." 이는 2010년 디프워터호라이즌 호의 멕시코만 기름 유출 사태 이후 브리티시퍼트롤리엄BP CEO 토니 헤이워드가 인터뷰에서 한 말이다. 이 사고로 열한 명이 사망했고, 6개월 동안 7억9000만 톤 이상의 석유가 17만6000제곱킬로미터에 달하는 면적에 유출되었다는 사실을 고려하면, 헤이워드의 말은 공감을 얻을 수 없었다. 매일 수많은 방송에 출연해 자사 선박이 죽음의 기름을 뿜어내고 있다는 사실을 언급해야 하는 당사자의 말이었기에 더욱더 그럴 수밖에 없었다. 그곳 걸프 해안은 많은 사업가와 주민 삶의 터전이었다. 바다에 뭉쳐 떠다니는 석유가 이들의 삶을 절단내고 있었다. 이들에게 "삶을 되찾고 싶다"는 헤이워드의 말은 영국 해안에서 요트 경주나 하고 싶다는 한가한 소리로 들렸다.

적어도 BP 이사회는 그렇게 받아들였고, 그 투정 어린 인터뷰를 끝으로 그에게 영원한 휴가를 선사했다.

냉정하고 객관적으로 생각해보자. 위기는 최악이다.

최소한 위기는 경영자와 직원, 그리고 주주의 삶뿐 아니라 회사 경영에 지장을 준다. 위기는 이사회가 '성 비투스의 춤 St. Vitus Dance' •과 같은 저주에 빠지게 한다. 그리고 이 춤은 주식 가치와 주주 신뢰를 파괴해버린다. 파문은 외부로 번져나간다. 중고로 폴크스바겐 경유차를 사려는 소비자는 없지 않은가. ••

그렇다. 말하고 나니 속이 다 시원하다.

위기는 최악이다.

하지만 우리는 '위기'라는 말을 들으면 오히려 흥분으로 손가락 끝이 저릿해진다. 아드레날린에 중독되었는지도 모른다. 위기가 닥쳤을 때, 임원진이 문을 거칠게 닫기 시작할 때, 직원들이 복도에서 수군대기 시작할 때, 고문 변호사가 밤샘으로 식은땀을 흘리기 시작할 때, 한밤중 동굴에서 휘몰아치듯 날아다니는 박쥐 떼처럼 루머가 소용돌이 칠 때, 바로 그때 우리 심박수는 안정되고 정신은 맑아진다.

위기. 심리학자들이 '안전한 자리'라 부르는 상태이자, 사람들의 마음속에서 일이 진정으로 긴장감 있게 돌아가는 지점이다. 대부분의

• 이른바 '무도병'으로, 얼굴과 손발이 뜻대로 움직이지 않고 제멋대로 움직여 마치 춤을 추는 것처럼 보이는 신경병이다.
•• 폴크스바겐은 디젤 엔진의 배기가스 배출량 조작으로 위기를 겪은 바 있다.

사람에게 '안전한 자리'란 평화롭고 햇빛이 잘 드는 정원에 난 길일 것이다. 우리에게 '안전한 장소'란 반쯤 남은 차가운 커피 잔과 절반만 먹고 남은 샌드위치가 놓인 '위기 대응 작전실Crisis war room'이다.

우리는 위기를 사랑한다. 처칠은 "새벽에 총살될 것을 아는 것만큼 정신을 깨우는 것은 없다"고 말했다. 처칠은 실제로 새벽에 총살될 예정이었다. 진짜로 총에 맞아 죽을 위기였던 것이다.

위기는 우리 사고를 명징하게 한다. 이는 우리에게만 적용되는 사실이 아니다. 위기가 주의력과 집중력을 실제로 높인다는 사실에 주목해야 한다. 위기는 소위 '패턴 인식'이라고 부르는 인식법을 촉진한다. '위기관리'를 전문으로 하는 PR 회사들은 이를 (훨씬 극적으로) 부상자 중증도 분류, 즉 트리아지Triage라고도 표현한다. 위기는 우선 사항이 우리 마음의 최전방에 놓이도록 만든다. 30여 년 동안 우리는 규모와 모양이 제각각이고 심지어 냄새까지 다른 모든 종류의 비즈니스 위기를 다뤘다. 우리가 맞닥뜨린 위기 중에는 도전도 있었고 기회도 있었다. 그래서 우리는 모든 위기가 '기회를 위한 위기'라고 믿는다. 우리가 다룬 위기는 경쟁 위기, 법적 위기, 제품 위기 등이었다. 다음과 같은 사례도 있었다.

마이크로소프트가 미국 법무부와 완고한 차관보 조엘 클라인에게 포위된 사례부터 존 스컬리가 스티브 잡스를 해고하고 자기 자신을 펩시에서 스카웃해 '그 방의 어른'이 된 사례, 코카콜라가 뉴콜라를 출시했다가 역사상 최대 위기를 맞고 기사회생한 사례*, 미국 변호사 루디 줄리아니가 월가의 마이크 밀컨에 맞선 사례**, 테드 터너가 루퍼트 머독과 맞붙은 사례***, 아반티코퍼레이션의 제럴드 슈가 지식재산권 탈취 혐의에 대해 이의를 제기하지 않은 사례****, 버라이즌이 9·11 테러에도 굴하지 않고 뉴욕 증권거래소를 6일 만에 정상 가동시키기 위한 조치를 취한 사례, 맥도널드 CEO 두 명의 비극적인 죽음 이후 마이크 로버츠가 CEO로 부임해 회사를 기사회생시킨 사례…… 이 외에도 비밀 엄수를 위해 아직은 언급할 수 없는 무수한 사례가 있다.

또 하나 소개할 사례는 존 래저러스로부터 걸려온 전화 한 통이다. 존은 당시 조용히 빌 게이츠의 '일을 처리해주는' 사람이었다. 그는 또한 진지한 사람이었다. 우리는 그가 미소 짓는 것을 본 적이 없었다. 그런 그가 전화를 걸어 왔을 때 뒷목의 털이 곤두서는 걸 느꼈다.

"질문이 있어요."

'큰일났다!'

"우리 경쟁 업체(시맨텍Symantec)를 위해 일할 건가요?" 존이 물었다.

'아!' 우리는 마이크로소프트에 대한 충성심을 시험하는 것인 줄 알았다.

- 소비자들, 특히 강력 지지자들은 뉴콜라를 강하게 거부했고 코카콜라는 3개월 만에 뉴콜라 판매를 중지하고 오리지널 코카콜라로 돌아왔다.
- ** 검사 시절 줄리아니는 월가의 큰손인 아이번 보스키와 '정크 본드의 왕'이라 불리는 투자 은행가 마이크 밀컨을 내부자 거래로 기소하고 명성을 쌓았다.
- *** 뉴스코퍼레이션 회장 루퍼트 머독과 CNN을 이끄는 테드 터너는 반독점법으로 격돌했다. 터너는 머독을 매우 못마땅해하는 것으로 알려졌는데, 그 정도가 반反루퍼트 머독 진영의 수장으로 불릴 정도였다.
- **** 그는 패소하고 CEO 자리에서 사임했으나 최고전략가Chief Strategist로 컴백했다.

"아뇨, 존. 물론 아닙니다."

"아니, 아니. 그러지 말아요!" 우리 대답에 그가 초조해하며 말했다. "(시맨텍을 위해) 일해주면 안 될까요? 그렇게 좀 해주시죠? 경쟁자이기 이전에 좋은 동료였거든요. 아시죠? 그쪽엔 도움이 필요해요. 빌도 두 분이 시맨텍을 돕는다면 매우 고마워할 거예요."

"네, 알겠습니다! 저희가 할 수 있는 건 뭐든지 하겠습니다." 우리는 답했다.

그 '경쟁자'는 고든 유뱅크스로 당시 시맨텍의 CEO였다. 시맨텍은 (현재도 그렇지만) 과거에 컴퓨터 바이러스 백신 및 기타 보안 소프트웨어를 가장 많이 판매한 회사였다. 당시 마이크로소프트는 자체 바이러스 예방 기능을 윈도우에 번들로 갖추고 있었다. 이에 미국 법무부는 (반독점법으로) 마이크로소프트를 압박했고, 여타 경쟁자들은 눈치만 보며 시류에 따르는 나름의 이득을 챙기는 중이었다. 그러던 중 마이크로소프트 보안 번들 영역의 경쟁사를 이끌던 고든이 뜻밖에도 마이크로소프트를 지지했고, 기꺼이 증언에 나서고자 했다.

당시 그의 진심에 깊은 감동을 느꼈던 빌 게이츠가 이 기회에 은혜를 갚고자 한 것이다.

"알다시피, 고든은 위기에 처해 있습니다."

존이 설명했다.

그 말은 상황을 극도로 정제한 표현이었다. 그 무렵 고든 유뱅크스는 다른 경쟁사의 영업 비밀을 훔친 혐의로 고소를 당한 상황이었다. 캘리포니아에서는 징역 8년 형에 처해질 수 있는 중죄였다. 실리콘밸

리에서는 이따금 이런 소송전이 마케팅 수단으로 쓰이긴 한다. 당시 일부 지역에서는 검사에게 돈을 주고 경쟁사의 위반 혐의를 수사하게 하는 경우도 있었다. 마치 미식축구에서 그린베이 패커스가 시애틀 시호크스와 플레이오프 경기를 치르며 심판을 매수하는 꼴이었다. 농담 같지만 그가 받은 혐의는 결코 농담 수준이 아니었다.

상황은 존 그리셤*의 스릴러 플롯처럼 흘러가지 않았다. 고든에게 인터뷰를 요청한 경쟁사 마케팅 임원이 그에게 잘 보이기 위해 자사 마케팅 전략이 담긴 몇 개의 메모를 고든에게 이메일로 보냈다고 증언한 것이다.

사안을 더욱 의문스럽게 만든 건 그 메모가 고든의 차량 트렁크에 있던 노트북에 연결된 이메일 계정에서 발견됐다는 사실이었다. 그러고 보니 사건의 전말이 그리셤의 소설보다는 얼 스탠리 가드너의 「페리 메이슨」**에 더 가까웠다. 문제의 이메일을 고든이 열어본 기록은 없었다. 그렇다고 해도 경쟁사의 비밀이 담긴 메모가 그의 이메일 계정에 남아 있다는 사실은 바뀌지 않았다. 검사들은 이러한 사실을 바탕으로 고든이 영업 비밀 탈취에 해당되는 중범죄를 저질렀다고 주장했다.

혐의는 터무니없었지만 고든은 앨런 루비를 변호사로 선임해 적극적인 대응에 나섰다. 앨런 루비는 자타가 공인하는 가장 훌륭한 변호

---

* 미국 법정 스릴러 소설의 대가.
** 사설탐정 페리 메이슨이 억울한 피고의 누명을 벗기는 과정을 담은 HBO의 법정 스릴러물.

리더십 캠페인

사였다. 당시 의례적인 기업 변호사들은 모든 것에 '아니오'라고 답하는 '닥터 노' 수준이었다. 그들은 "아니요, 하지 마세요" "(입에) 지퍼를 채우세요" "몸을 숙이고 숨을 곳을 찾으세요"라는 말만 반복했다. 그들의 전략은 침묵으로 위기에 대응하는 것이었다. 일명 '담쌓기'다. 하지만 그런 전략은 사건을 바라보는 대중은 물론 회사 직원들의 의심조차 씻어내지 못했고, 회사가 석회화되며 아래서부터 굳어가도록 만들었다. 모든 것이 시멘트 벽처럼 꽉 막히게 될 게 불 보듯 뻔했다.

앨런 루비는 '닥터 노'가 아니었다. 그는 공격적 플레이의 필요성을 잘 이해하고 있었다.

표면적인 '사실' 논쟁은 대부분 직접적인 피해 없이 해결될 수 있다. 하지만 경쟁사의 트래시 토크에 대응하지 않으면 회사 평판이 훼손됨은 물론, 비즈니스와 기업 문화 전반에 상처를 입힐 수 있었다. 디지털 보안 사업을 하는 시맨텍에 '평판'보다 더 중요한 것은 없었다.

앨런은 쇼가 계속되어야 한다고 주장했다. 이것이 변호사의 진짜 역할이다. 2분간의 공격 훈련에서 325파운드 패스*를 구사하는 수비수 역할을 하는 것 말이다.

고든의 조언자인 우리에게 앨런이 한 첫 질문은 "무슨 조언을 해주시겠어요?"였다. 앨런은 우리를 밀어내지 않고 평판을 되살리기 위한 모든 방안을 수용했다.

우리 생각은 이랬다. 시맨텍의 직원과 동맹사, 고객 및 언론을 위한

---

* 미식축구 전술 중 하나로 들어오는 상대 선수들을 전부 블로킹해 볼을 가진 선수를 보호하는 것.

3×5 카드 메시지를 만든다. 메시지는 비난을 무시하지 않고 정면 돌파한다. 메시지에는 대표 및 회사의 결백함이 명시되어 있다. 더불어 시맨텍만의 고객 접점과 차별점도 담겨 있다. 시맨텍 제품의 간결한 마케팅 메시지도 함께 싣는다. 한마디로 "시맨텍은 시장에서 승리하고 있고 법정에서도 승리할 것입니다"라고 쓰는 것이다.

우리는 '3×5 카드'가 그저 연설의 일종으로 치부되지 않도록, 직원들의 신뢰감을 적극 활용했다. 직원들은 경영진이 3×5 카드를 나눠주기를 기다리지 않고 먼저 달라고 요청했다. 그들 대부분은 자신의 컴퓨터나 사무실 전화기에 3×5 카드를 붙여놓았다. 보통 회사가 위기에 처하면 대다수 직원은 어둠 속에서 길을 잃었다고 느낀다. 반대로 이들은 오히려 자신들이 회사를 위해 빛을 퍼뜨리고 있다고 느꼈다. 3×5 카드를 받은 공급 업체와 주주들, 이사회, 강력 지지층 및 시장 내 동맹들도 같은 감정을 공유했다.

도로가 꽁꽁 얼어붙는 2월, 낡은 유고*가 비컨힐을 힘겹게 오르듯 정의의 바퀴가 움직이기 시작했고, 시맨텍은 계속 전진했다.

예상대로 고소는 결국 취하됐다. 이로써 앨런 루비의 전설은 한층 더 강력해졌다. 여담이지만, 캘리포니아 스콧카운티**에서 펴낸 책에 이 사건을 중죄로 판단하는 내용이 담길까 걱정하긴 했다. 우리에게

- 　과거 유고슬라비아의 자동차 업체였던 자스타바가 1980년대부터 생산했던 차종으로, 저렴한 가격으로 인기를 끌었다. 하지만 낮은 품질로 인해 할리우드 영화에서 조롱거리로 다뤄지기도 했다.
- ● 　고든 유뱅크스의 사건을 관할한 곳.

썩 유리할 게 없는 일이었다. 이 사안에서 우리는 네 가지 교훈을 얻었다.

1. 인사이드아웃 소통을 하라.
2. 당신의 이야기를 하라.
3. 공격적인 마케팅을 유지하라.
4. 앨런 루비를 고용하라.

자주 발생하는 일은 아니지만, 비즈니스 위기는 분명 치명적일 수 있다. 정치 유세에서는 후보의 승리가 거의 확실시 되는 경선에서도 매일 위기가 발생한다. 비즈니스 위기와 정치적 위기는 발생 빈도에서 뚜렷한 차이를 보인다. 위기를 맞닥뜨린 당신은 긴장 속에서 낮을 보내고, 밤을 지새울 것이다. 만약 캠페인이 위기처럼 느껴지지 않는다면, 그건 승리할 가망이 없어 맥박이 뛰지 않는다는 뜻이다. 매일매일 이 위기인 와중에 더 큰 위기가 찾아오기도 한다. 1988년 일요일 아침 전보가 도착했다. "'하트를 대통령 후보로' 캠페인 미팅이 연기됐습니다. 세부 사항은 뒤에 적혀 있습니다."

이 책을 읽는 독자들 중에는 콜로라도 출신의 젊고 잘생긴 상원의원을 멍키 비즈니스 호*와 도나 라이스라는 이름과 함께 기억하는 분들이 있을 것이다. 릭 페리 텍사스 주지사가 2012년 대선 토론회에서

* 도나 라이스가 게리 하트의 무릎에 다정하게 앉은 사진이 찍힌 장소.

폐지하겠다던 세 기관 중 마지막 기관을 까먹은 이야기도 아직 기억할 것이다("세 번째는……음"). 우리는 히스패닉이 멕시코 국경 너머 미국으로 마약상과 강간범들을 보낸다는 도널드 트럼프의 발언을 오랫동안 기억할 것이다. 물론 '미디어'가 그의 말을 과장하고 왜곡했다. 그러나 이는 미디어가 노상 하는 일이다. 위기가 닥쳤을 때 도망치거나, 숨거나, 엎드리면 안 되는 이유다. 한마디로 당신의 메시지가 다른 모든 메시지를 밀어내고 우뚝 서야 한다는 뜻이다.

우리가 세계 곳곳에서 참여한 다양한 정치 캠페인도 그 예다. 김대중 전 대통령, 코라손 아키노 전 필리핀 대통령, 체코 민주화를 이끈 바츨라프 하벨 전 대통령, 폭스, 보리스 옐친 전 러시아 대통령, 레흐 바웬사 전 폴란드 대통령, 셰후 샤가리 전 나이지리아 대통령, 오바마 전 미국 대통령. 이들은 위기를 활용해 권력을 포기할 생각이 없는 전제 지도자들을 상대로 선거에서 승리했다.

게임의 시간이다!

9단계는 위기를 다루고 있다. 여기에서 위기란 '관리' 차원이 아닌 '게임' 차원에서의 위기를 뜻한다. 말 그대로 지켜보는 사람들을 열광하게 하는 시간이다.

'위기 대응 전문' 대형 로펌이나 PR 회사처럼, 우리도 기업을 위기에서 건져낸 뒤 그 대가를 받는 걸 좋아한다. 하지만 더 기쁜 사실은 우리의 도전자 전략을 직접 실행해볼 기회가 생긴다는 것이다. '게임의 시간'은 기업의 리스크 매니저들이 우리 조언을 경청할 뿐 아니라, 실제로 채택하는 우리만의 쇼 타임이다.

우리는 위기 상황에서 색다른 접근법을 취한다. '위기관리'는 절대 언급하지 않는다. '위기관리'라고 표현하는 순간, 로펌과 PR 회사의 몸값만 높일 뿐이다. '관리'는 방어적인 자세로 몸을 숙인다는 뜻이다. 기자들에게 둘러싸여 위기를 '관리'하는 정치인들의 모습을 흔히 볼 수 있다. 런던비즈니스스쿨 조직행동학 교수 마단 필루틀라와 위기 전문가 니라지 다와르가 말한 "확실히 쌓아 올려 확실히 지지하는" 과정을 떠올리면, 일반적인 '위기관리'가 상황을 질질 끄는 처사에 불과하다는 게 명백해진다. 보통 이런 식이다. "노코멘트입니다. 노코멘트요. 답변하지 않겠습니다" "기분 나빴던 분들이 계셨다면 죄송합니다" 같은 부정적이고 회피하는 말로 시간을 끌고, 뒤로 미루며, 다시 한번 부인하고, 또 부정하고는 마지막에 엄중한 표정을 지으며 이렇게 말하는 것이다. "질문 그만 받겠습니다."

왜 위기에서 승리할 수 있음에도 '관리'하는가?

위기 자체도 문제지만 위기를 '관리'하는 것도 최악이다. 위기는 '극복'하는 것이다.

위기도 결국 경쟁이다. 위기는 그 자체로 캠페인이다. 그렇기에 우리는 성공을 정의하고, 전장에 지도를 다시 그리는 이야기를 하려 한다. 또 대화의 흐름을 바꾸는 전략에 대해 이야기하려 한다. 위기의 이면에 감춰진, 정작 위기의 순간에는 보이지 않는 기회를 포착하는 방법에 대해 말하려 한다. "기체가 흔들릴 수 있으니 승객 여러분께서는 안전벨트를 착용하시기 바랍니다."

매일 공격적인 뉴스가 쏟아지는 격동의 정보 환경에서, 비즈니스 위기는 정치 캠페인의 커뮤니케이션 방식을 취해야 한다. 업무를 진행함에 있어 위기가 없다고 느껴진다면, 다시 생각하고 다시 분석하라. 트위터를 하는 누군가는 숨은 위기를 찾아내 거기에 불을 지피려고 들 테니.

물론 위기에 효과적으로 대응하는 정치 캠페인이 드문 것은 사실이다. 압축적이고 열성적인 정치 캠페인도 막상 위기를 맞닥뜨리면 여느 비즈니스 캠페인처럼 발을 헛디뎌 넘어지기도 한다. 국회의원이나 CEO가 "저는 우리 가족과 교회를 실망시켰습니다"라며 충실한 배우자를 앞세워 눈물의 기자회견을 하는 모습을 떠올려보라.

위기를 다루는 책은 수천 권도 더 있다. 하지만 경험상 진정으로 필요한 내용은 이 책의 9단계에 적힌 전략뿐이다. 우리가 머리가 하얗게 세도록 배우고, 압축하고, 또 압축한 기본기다. 9단계는 위기를 예방하는 법, 상쇄시키는 법, 그리고 무엇보다도 위기에서 승리하는 법을 다룬다.

승리 프로세스

승리하기 위한 프로세스는 다음과 같다.

- 위기 사전감사를 실시하라.
- 당신의 가치와 책임을 정의하라.
- 전장을 360도 3D로 탐색하라.
- 사전 및 사후 연구를 진행하고, 이해관계자와 지속적으로 대화하라.
- 핵심전략팀을 구성하라.
- 성공과 승리를 정의하라.
- 핵심 전략을 규정하라.
- 3×5 카드 메시지를 작성하라.
- 인사이드아웃 소통을 더 일찍, 더 자주하라.
- 강력 지지자와 온건 지지자의 활동을 독려하라. (당신의 전쟁이 나의 전쟁이다Su guerra es mi guerra.)
- 담론을 바꾸고, 장악하고, 움켜쥐어라.
- 진실을 말하고, 잘 말하라.

위기 사전감사를 실시하라

위기는 여러 모습으로 나타난다. 리스크에 투자하는 '악당 같은 트레이더', 쉽게 망가지거나 병을 유발하는 제품, 자연환경으로 흘러들어가는 유해 물질, CEO의 음주 운전 등 위기는 다양하지만 그들에게는 대부분 공통적인 원인이 있다. 영화 「폭력 탈옥」에 나오는 스트로더 마틴의 유명한 대사를 기억할 것이다. "우리가 당면한 문제는, 소통의 실패다."

제품에 하자가 있으며, 그 문제가 점차 심각해지고 있다는 사실을 누군가는 알았다. 넘어선 안 될 선을 넘고 있다는 걸 누군가는 알았다. CEO가 벼랑 끝에 몰려 있다는 사실을 누군가는 알았다. 이렇듯 누군가는 분명 위기가 닥칠 것을 알았지만, 그 누구도 그걸 얘기하지 않았다. 복잡한데다 관료주의적이고, 서로 소통도 부족한 조직에선 직원들이 전체 조직이 아닌 소규모 그룹에 더 충성하게 된다. 치명적인 위기가 코앞에 닥친 것이다. 위기가 터지기 전에 문제를 파악하는 것이 매우 중요하다.

우리는 정치 컨설팅에서 시작해 비즈니스 영역으로 넘어왔지만 여전히 정치를 믿는다. 우리는 민주주의를 믿으며 민주주의가 소통의 장이라고 생각한다. 민주주의는 좋은 것이고, 더 높은 수준의 민주주의는 더 좋은 것이며, 토론이 활발하게 벌어지는 생동하는 민주주의가 가장 좋은 것이라고 믿는다.

고도로 활성화된 소통을 목표로 삼아야 한다. 임원급부터 시작해야 한다. 더 정확히 말하자면 프레더릭 레밍턴의 조각상, 리로이 니만의 그림, 본사 준공을 기념하는 비치용 책으로 한껏 꾸민 으리으리한 집무실과 임원 전용 층을 없애는 데서 시작하라는 얘기다.

수평적인 공간은 평등한 조직 문화로 이어지며, 열린 대화를 이끌

리더십 캠페인

어낸다. 스티브 잡스는 애플과 픽사 사무실을 수평적으로 설계한 걸로도 유명하다. 화장실이나 휴게실에 가려면 타 부서를 꼭 지나도록 설계했다. 1980년대 잡스의 매킨토시 사무실에는 탁구대, 악기, 비디오게임, 음료와 물로 가득 찬 냉장고가 있었다. 리더라면 직원들이 걷고, 대화할 시간을 만들어야 한다. 이것이야말로 '말하는 대로 행동하는Walking the talk'• 리더십 커뮤니케이션이다. 이건 연설이 아닌 소통에 관한 이야기지만 모든 연설에도 적용될 수 있다.

최고의 위기는 일어나지 않은 위기다. 처칠식 표현으로 '총살당할 뻔했지만 (잘 대비해서) 아무 일도 일어나지 않은 것'이다. 앞서 말했지만 그는 남아프리카공화국 군사 작전 당시 "새벽에 총살될 것을 아는 것만큼 정신을 깨우는 것은 없다"라는 말을 남겼다.

위기는 갑작스러운 충격과도 같다. 혼비백산하기 싫다면 '위기 전 상황 인식'을 첫 단계로 삼아라. 상황을 인식하려면 '모든 것이 소통하는' 감사가 필요한데, 이는 세부 사항일지라도 어떤 이해관계자에게는 중요할 수 있기 때문이다. 또한 이를 바탕으로 핵심 커뮤니케이션 전략을 세워야 하기 때문이다. 한마디로 '결국 밝혀질 것'들을 사전에 찾아내야 한다.

한꺼번에 예방할 수 있는 위기가 있다. 예방할 수는 없지만 예측할 수 있는 위기도 있다. 그러니 소통을 막는 밸브를 찾아서 즉시 열어라. 우리가 말하고자 하는 바는 이것이다. 모든 비즈니스에는 자연스럽게

•　　중의적인 표현으로 걸으면서 대화하는 것을 의미하기도 한다.

드러나는 위기 전 징조가 있다. 변호사들이나 캘리포니아주 소속 시의원들은 위기의 징조가 비칠 때마다 '경고 문구'를 붙인다. "제발 머리 조심하세요."• 당신의 비즈니스가 유사한 징조들을 잘 짚어내고 있는지 확인하라. 보험사는 보험 약관을 작성하기 전 당신에게 일어날 수 있는 위험에 대한 사전감사를 실시한다. 위기 감사가 제대로 이루어지려면 모든 직원에게 감사의 권한과 책임을 넘겨주는 것이 매우 중요하다. 하역장에서 이사회 회의실에 이르기까지 모든 단위에서 위기의 징조를 책임감 있게 공유해야 한다.

단언컨대 직원들은 다음 위기가 어디에서 발생할지 알고 있다. 직원들에게 위기의 징후를 알리면 인센티브를 받을 수 있다는 사실도 공지하라. 『뉴욕타임스』기자 잭 유잉은 폴크스바겐 감독이사회 회장 한스디터 푀치가 "배출가스 조작은 단발적 실수가 아니었고, 원칙을 어기는 것이 용인됐다"라고 말했다고 썼다. 폴크스바겐 게이트가 수면 위로 떠올랐을 때 관리자들은 직원들을 탓했다. 하지만 경험상 이런 문제들은 경영진에서부터 시작되어 일반 직원들에게까지 퍼지는 분위기 속에서 발생한다. 경영진은 진실을 은폐하고 직원과 공급 업체, 애널리스트, 주주 및 고객에게 불신의 역사를 안긴다. 과거 컴캐스트 서비스 센터와 통화하려면 4시간이나 기다려야 했던 상황은 해당 부서 직원이나 파견 노동자의 비뚤어지고 예측 불가능한 행동 때문이

• 캘리포니아는 미국에서 소송이 가장 많이 제기되는 주로, "캘리포니아에서는 모든 것에 경고 문구를 붙인다California puts warning labels on everything"는 말이 있을 정도다.

리더십 캠페인

아니었다. 문제는 의심할 여지 없이 총괄 재무부서에서 시작됐을 것이다. 부서의 모든 구성원 혹은 대부분이 구조적인 문제를 알고 있었을 것이다. 그들은 분명 그 4시간이 고객과의 관계를 망친다는 사실을 인지했을 것이며, 직원들끼리는 그러한 상황에 대해 이야기했을 것이다. 문제는 아무도 그 이야기를 새겨듣지 않았다는 점이다. 고객의 작은 불만들은 심야 TV 쇼의 농담쯤으로 여겨졌고, 결국 수천만 달러의 비용을 들여 쌓아 올린 기업의 평판은 타격을 입었다.

회사 어디에선가 위기의 징후들이 거론되고 있다. 사전감사로 문제의 진원을 찾아라.

글로벌 광산 업체 리오틴토와 일할 때 이야기다. 그들은 언제나 회의 시작 전에 '새로운 안전 수칙'을 공유했다. 수칙에는 출퇴근길, 출장지 또는 다른 사업에서의 경험, 심지어 광산에서 광석을 캐며 한 생각까지 망라되어 있었다. 매 회의의 모든 참여자가 마음에 안전 수칙을 새기는 것이 핵심이었다.

베테랑 조종사처럼 생각하라. 잘못될 수 있는 것은 잘못될 것이다. 두려워만 말고 준비하고 대비하라.

당신의 가치와 책임을 정의하라

1944년 존슨앤드존슨이 처음 상장했을 때, CEO였던 로버트 우드 존슨 2세는 잡스와 게이츠, 페이지, 그리고 브린과 같은 기업가들이 그랬듯 불안해했다. 그는 큰돈이 갑작스레 회사와 직원들에게 풀리면 그들이 길을 잃고 헤맬 게 걱정됐다. 그래서 고심 끝에 '우리의 신조'

를 썼다. 이는 여전히 존슨앤드존슨 모든 사무실의 벽에, 모든 파워포인트 프레젠테이션의 첫 번째 슬라이드에, 웹사이트 및 연례 보고서에 적시돼 있다. 단순한 상징의 차원이 아니다. 존슨앤드존슨이 우리 고객이어서가 아니라, 직원들은 실제로도 그 신조를 믿고 따른다. 상장 이후 일곱 번째 CEO인 앨릭스 고스키는 "우리가 우리 신조를 따른다면 모든 것은 저절로 해결될 것이다"라고 말하기도 했다.

월마트는 여전히 샘 월튼의 고객 중심 가치를 따르려 노력하고 있으며, 맥도널드 역시 레이 크록의 상호 존중이라는 가치를 바탕으로 한 '세 다리 의자: 가맹점, 직원, 공급사' 철학을 지키고 있다. 빌 게이츠는 마이크로소프트 CEO로 재직하는 동안 '세상의 모든 사무실과 가정에 컴퓨터를'이라는 비전을 지킴으로써 회사와 가정의 일상을 실질적으로 개선하는 혁명을 이뤘다. (그때까지 마이크로소프트는 컴퓨터를 만들지 않는다. 단 한 대도.)

스타트업에서 창업자의 비전은 대개 비공식적으로 공유되지만 때로는 아예 공식화될 때도 있다. 예를 들어, 스타벅스의 창업자 하워드 슐츠의 사명과 가치는 브랜드 경험으로 이어진다. 스타벅스 웹사이트에서 그 사명과 가치를 확인할 수 있다. 더 중요한 것은 사람들이 찾는 모든 스타벅스 매장에서 그 사명과 가치를 느낄 수 있다는 점이다.

우리의 임무

인류의 정신에 영감을 불어넣고 그것을 더욱 풍요롭게 한다.
그러기 위해 한 분의 고객, 한 잔의 음료, 우리의 이웃에 정성을 다한다.

우리의 가치

우리의 핵심을 지켜나가며 파트너와 커피,

고객과 함께하는 가치들을 실현한다.

모두가 환영받는 따뜻하고 친밀한 문화를 만든다.

용기를 가지고 행동하고, 현재에 안주하지 않고 도전하며,

회사와 모두가 성장할 수 있는 새로운 방법을 찾는다.

현재에 머물고, 투명성을 잃지 말고, 품위를 갖고 존중한다.

할 수 있는 모든 것에 최선을 다하며,

결과에 책임감 있게 임한다.

인간애에 기반해 우리 행동을 주도해나간다.

우리는 코어스트래터지그룹을 운영하며 흡수한 도전자 원칙을 이 책에서 구체화했다. 우리는 이러한 원칙들이 일과 삶의 질을 향상시킨다고 믿는다. 우리는 이 원칙들을 우리가 하는 모든 일에 적용한다. 그리고 어떤 상황에서도 우리의 사명인 '뭐라도 확 저질러라'를 염두에 두려 한다.

당신의 책임을 공식적으로 정의하라. 로버트 우드 존슨 2세처럼 멀리 바라보라. 최우선 과제들을 정의하라(단, 비버크리크에 있는 콘도를 사는 일은 과제에 해당되지 않는다). 2단계에서 언급했던 모든 이해관계자(고객, 직원, 공급 업체, 파트너, 공동체 및 주주)를 위한 하나하나의 윈윈 전략이 무엇인지를 정의하라.

그리고 최소한 스타벅스나 코어스트래터지그룹이 하는 만큼은 회

사의 가치를 명확히 정의해야 한다.

결정에 영향을 미치는 당신만의 가치는 무엇인가? 회사 가치를 CEO로서 정의하기 전에, 스스로 정의해봐야 한다. 당신이 따르는 지침은 무엇인가? 어떤 규칙, 어떤 경험 혹은 어떤 배움이 지침이 되기에 적합한가?

우리가 설파하고, 실천하며, 살아가는 지침이 되는 도전자 원칙은 시행착오와 성공을 거치며 굳건해졌다. 경험과 관찰을 통해 배운 것이다.

우리는 이 원칙들을 계속해서 검토했고 타당성을 테스트했다. 또한 핵심 아이디어를 바꾸지 않으면서도 꾸준히 업그레이드하고 있다.

전장을 360도 3D로 탐색하라

군사 전략가에게도 전장이 매번 어려운 환경임은 분명하지만, 익숙하지 않은 환경은 아니다. 사실 전장을 집처럼 느낄 때도 있을 것이다. 오늘날 기업을 이끌고 싶다면 당신도 전장을 집처럼 느껴야 한다. 전장은 SWOT의 네 가지 사분면과 네 가지 가능성을 내포한다.

강점Strength(내부)	기회Opportunity(외부)
약점Weakness(내부)	위협Threat(외부)

SWOT 분석은 여러 측면에서 자원(또는 자원 부족), 경쟁 우위(또는 약점)와 같은 다양한 차원을 제시한다. 분명 당신은 약점을 내부 강점

과 외부 시장 기회 쪽으로 이동시키고 싶을 것이다. 시장 상황에 따른 경쟁과 공급망 위기, 소비자의 인식과 태도로 대표되는 외부 시장 위협 역시 정확히 인지해야 한다.

기억하라. 모든 전장은 변화무쌍하다. 여기에서 유일한 상수는 '변화'뿐이다. 추가로, 전쟁에 수많은 전투와 승전보가 있는 것처럼 선거에는 수많은 토론과 예비 선거가 있으며, 비즈니스에는 성공으로 이어지는 기회와 도전이 있다.

위기 속 전장을 꼼꼼히 분석해야 한다. 당면한 위기는 독성 유출, 법적 문제나 윤리적 문제, 경쟁 업체의 위협과 같은 객관적인 사안에서 촉발될 수 있다. 어떤 위기는 전장에 있는 강력 반대자, 온건 반대자, 부동층, 온건 지지자, 강력 지지자의 인식과 태도, 행동 변화에 따른 주관적인 사안에서 도출될 수도 있다.

분석을 마친 후라도 전장은 시시각각 변하기 때문에 정확하게, 역동적으로 지도를 그려나가야 한다. 비즈니스에서의 위기는 시장에 변화를 일으키고, 도전과 기회를 동시에 창출한다. 위기 속에서 기회를 찾으라고 하는 것은 단지 "어려움 속에서도 희망을 찾아보라"는 뜻이 아니다. 불길 속에서도 시장은 바뀐다. 경쟁자들은 이에 반응할 것이다. 소비자들 역시 반응할 것이다.

나이키는 시카고에 첫 번째 나이키타운 메가 스토어를 개장한 뒤 우리에게 연구를 의뢰해왔다. 나이키타운이 생긴 이유는 소매업자들이 운동화 회사인 나이키가 만든 의류는 잘 팔리지 않을 거라며 판매를 거부했기 때문이었다. 기업에 제품 거부보다 더 큰 위협은 없다. 나이키는 이 위협을 도전으로 받아들였고, 소매업자들에게 운동화와 동일한 브랜드 마케팅으로 의류도 판매할 수 있다는 것을 증명하기로 했다.

나이키타운은 실패를 예측했던 소매상들마저 자기네 사업이 망하진 않을까 두려움에 떨었을 정도로 엄청난 성공을 거두었다. 더욱 놀라운 사실은 나이키타운이 문을 열자, 그 주변에서 판매되는 모든 종류의 나이키 제품도 판매량이 함께 증가했다는 데 있다. 백화점과 가맹점, 스포츠 용품점, 심지어 자영업자가 운영하는 작은 동네 매장에서도 판매량이 늘었다. 나이키타운은 브랜드 영향력을 마구 뿜어내는 분수 역할을 하며 전역으로 매력을 발산했다. 유통업체들이 '경쟁의 위기'라고 예측했던 일이 도리어 '기회의 위기'가 된 것이다.

어떤 위기는 유용하다. 맨해튼 5번 애비뉴를 거닐다보면, 거리에 '폐업' 푯말이 즐비한 것을 볼 수 있다. 세 블록도 안 되는 구간에 '폐점 예정'이라고 써 붙인 가게만 네다섯 곳이 나온다. 상점 주인들은 소비자들이 '마지막'에 반응한다는 걸 알고 있다. 그래서 일부러 이렇게 위기를 만들기도 한다.

이상한 건 이런 전략이 마치 하나의 의식이 됐다는 거다. 이제 모든 뉴요커는 폐업 푯말을 내건 상점이 사실 문을 닫지 않으리라는 걸 안다. 심지어 『뉴요커』 만평에서도 이런 내용이 다뤄졌다. 한 아빠가 자랑스럽게 자기 가게 입구에 서서 어린 아들에게 "언젠가 이 모든게 네 것이 될 거야!"라고 외친다. 거기에는 '폐업 예정' 푯말이 있다.

그렇다. 폐업을 예고하는 전략은 수십 년 동안 계속 쓰이고 있다.

리더십 캠페인

수십 년 동안이나 이 마지막 위기로 손님을 끌어모았다는 얘기다. 그러는 동안 '폐업 예정' 표지판을 달아놓은 상점들은 주변 소매상들에도 영향을 미쳤다.

어떤 위기는 자연현상의 산물이다. 택시가 종적을 감추고 우버가 요금을 인상하면서, 폭풍우는 맨해튼에서 '특별한 위기'가 됐다. 빗방울이 처음 지면에 톡 떨어지는 그 순간, 도시 곳곳에서 우산 장수들이 등장한다. "10달러! 10달러!" 그들은 외친다. 그 10달러는 과연 이 폭풍우에 한두 블록 지나는 동안이라도 남아날지 의심되는, 원가 1달러짜리 우산살에 붙은 천 쪼가리의 시세이기도 하다.

한때 서아프리카 이민자들이 한 호텔에 투숙하며, 구름이 몰려들기 시작하면 도시 구석구석으로 흩어져 우산을 판매하던 시절이 있었다. 새로 산 당신의 지미추 구두를 망치는 위기는 우산 장수에게는 돈을 벌어다주는 기회다.

당신의 개인적 위기가 누군가에게는 기회다. 당신이 타는 렉서스가 여기저기 번쩍하더니 엔진이 나가버렸다. 조난 경보! 조난 경보! 당장 차에서 내려야 한다. 이때 당신의 위기는 견인차 운전사에겐 청구서를 내밀 기회다.

어떤 위기는 날짜에 좌우되는 것처럼 보인다. 블랙프라이데이 기간의 매출은 분명 날짜 영향을 받는다. 폐업 위기와 같은 흔한 거짓말과는 달리, 이 시기의 매출엔 현실적인 근거가 있다. 소비자들은 때가 때이니 만큼 판매고가 높은 것은 당연하다고 생각할지 모르지만, 실제 매출을 끌어올리는 동력은 모든 소매업자를 몰아붙이는 절박한 내적 필요에 있다. '재고를 싹 털어야 해!' 구멍가게만 한 양품점부터 가장 큰 매장까지, 판매되지 않은 재고는 위기를 의미한다. 절박한 내적 필요가 "재고를 싹 털어야 해!"라면, 가장 이상적인 상황은 최대한의 이윤을 남기고 모든 재고를 터는 것이다.

하지만 모든 소비자는 크리스마스가 가까워질수록 마진이 떨어질 거라는 걸 안다. 이미 이런 이치에 통달한 오늘날의 소비자들은 소매 업체와 치킨 게임을 한다. 그들은 페덱스FedEx, 유피에스UPS, 그리고 (하늘에서 보살피는) 미국 우편 서비스에 의존하여 그 게임에서 때맞춰 우위를 점할 수 있다.

휴가철이 다가오면 소매 업계에선 공급과 소비 양측의 긴박감이 동시에 고조된다. 게다가 메이시스Macy's, 아마존, 스타벅스 등 거대 기업의 판매 방식과 그들이 사용하는 전략 및 전술은 전장(고객, 공급 업체, 유통 업체 및 직접 경쟁 업체)에서의 판매 결과에 영향을 미칠 뿐 아니라, 더 큰 전장을 만들어낸다. 게임, 장난감, 책, 영화, 패션 혹은 당해 크리스마스의 새로운 유행 등 업계 전반에 걸쳐 긴박감이 고조된다. 모든 도매상은 현존하는 대기업을 선두 지표로 본다. 이들은 쇼핑객이 어떤 걸 사려고 몸싸움을 벌이는지 알고 싶어한다.

이런 거대한 긴박감은 막 위험이 닥친 것 같은 엄청난 스트레스를 주기도 하지만, 럭셔리 소셜커머스 길트그룹Gilt Groupe이나 코스트코의 '보물 찾기Treasure hunt' 전략•처럼 크리스마스 시즌뿐만 아니라 1년

• 매 시즌 제한된 시간에 합리적인 가격으로 프리미엄 상품을 판매해 충동 구매를 유도하는 마케팅 전략.

내내 써먹을 만한 수많은 기회를 주기도 한다.

이 책의 중요한 교훈은 위기를 기회로 바꾸라는 것이다. 훌륭한 리더는 위기에 본능적으로 이렇게 대응한다. 위대한 리더는 자신과 조직이 위기를 기회로 활용할 수 있도록, 매우 정교하게 위기를 만들어낸다.

막간 소개: 홀푸드 이야기

홀푸드마켓의 '위기 사전감사'와 '전장의 지도'를 살펴보자.

홀푸드마켓은 한때 시장을 교란하는 도전자였다. 그러나 지금은 제 앞길을 자기가 막고 있다. 다른 도전자 브랜드와 마찬가지로 홀푸드마켓은 기존 분야를 파괴한 데 이어 자신만의 분야를 만들었다. 레드불이 에너지 드링크 분야에서, 테슬라가 고급 전기차 분야에서 그랬듯이.

큰 성공으로 막 배부르고 행복해진 지도자는 이제 도전자가 아닌 기득권처럼 생각하고, 계획하고, 행동해볼까 하는 유혹에 빠질 수 있다. 성공을 당연시하는 사고방식이 급속도로 확산된다. 이럴 때 고객을 당연시하는 태도도 함께 싹튼다. 리더가 도전자와 기득권 사이를 비틀거리며 오가는 상황은 '위기 전 단계Pre-crisis'라 할 수 있다. 이 말이 의사가 라텍스 장갑을 끼고 "전암Pre-cancerous입니다"라고 진단을 내리는 것처럼 불길하게 들린다면 제대로 이해한 것이다. 그래야 한다. 두 상황 모두 치명적이기 때문이다.

사업 초기 홀푸드마켓은 가공식품과 읽기도 어려운 알 수 없는 성분들이 나열된 식품에 대한 소비자들의 우려, 이탈리아의 '슬로푸드' 운동, 수준 높은 요리, 앨리스 워터스와 셰파니스가 주도한 '농장에서 식탁까지Farm to table' 혁명에 힘입어 성공을 거둘 수 있었다. 이러한 변화는 디지털 환경에서 더욱 가속화되고 확산됐으며, X세대와 부유한 베이비부머 커뮤니티를 시작으로 미국의 시골에까지 퍼져나갔다.

기억하라. 기득권은 변화를 싫어하며, 모든 일을 변화를 부정하면서부터 시작하려 한다. 당연히 거대 식품 기업, 식품 소매상, 패스트푸드 가맹점은 이러한 변화에 매우 더디게 반응했다. 마침내 변화에 눈을 뜬 그들이 부랴부랴 내놓은 새로운 전략이라는 것도 맛과 재료만 조금 바꾼, 물에 발만 살짝 담근 표면적인 변화에 불과했다. 제품의 핵심은 변혁 없이 그대로 유지되었다. 게다가 기성 업체들은 식생활에서의 지각 변동 자체를 심각하게 여기지 않았다. 그들이 변화를 유행 정도로 치부하는 사이, 홀푸드마켓이 선택한 브랜드들은 그 빈틈을 파고들어 성장할 수 있었다.

홀푸드마켓이 더 넓은 영역을 파고들면서 고객들을 유인한 데 이어, 군소 유기농 브랜드로 훨씬 더 높은 이윤을 내자, 전통적인 식품 유통 업체들도 그에 관심을 갖기 시작했다. 홀푸드마켓은 대형 식품·음료 제조사의 상품을 매대에 거의 진열하지 않는 엄격한 입점 기준으로 소비자의 신뢰를 얻었고, 그 덕에 가격을 높게 책정할 수 있었다. 이러한 전략은 다량의 상품을 낮은 이윤으로 판매하는 데 승부를 걸었던 기성 업체에 충격을 안겼다. 게릴라군에 측방과 후방을 동시에 공격당

한 군 지휘관이 느끼는 감정이 이와 비슷할 것이다. '이럴 순 없어!'

홀푸드마켓이 보여준 도전자 마케팅의 명석함은 백번 칭찬해도 지나치지 않다. 잘 알려지지 않은 천연 유기농 브랜드에 집중해 시장에 해당 브랜드의 위치를 효과적으로 설정했을 뿐만 아니라, 기존 브랜드 제품을 사면 유독 성분이나 발암물질을 먹게 되는 것처럼 느끼게 만들었다. 지금 먹고 죽든지 나중에 죽든지, 어차피 죽긴 매한가지이지만 말이다.

그러나 아쉽게도 홀푸드마켓은 가공식품과 대비되는 자연, 신선, 유기농, 건강식품 공급자로서 차별화된 가치를 창출하며 성장과 성공을 이어가면서도 브랜드 이미지의 치명적인 결함은 그대로 방치했다. 바로 '바가지를 씌웠다'는 인식이었다. 처음에는 신뢰의 후광 덕분에 이러한 인식에 성공적으로 반격할 수 있었다. 그러나 시간이 흐르면서 인식이 후광을 갉아먹기 시작했다. 요즘에는 "아직도 홀페이체크 Whole Paycheck*에서 쇼핑해?"라는 말을 심심찮게 들을 수 있다. 그 악명이 지역 방송의 고발 뉴스나 심야 토크쇼의 농담 소재가 될 정도다. 매대마다 아스파라거스 워터(채소 세 줄기를 물에 담가놓고 6달러에 팔았다)를 올려놓는 전략도 명성을 회복하는 데 전혀 도움이 되지 않았다. 설상가상으로 홀푸드 고객들이 달고 다니는 배지는 '바가지 썼다'는 악명의 상징이 되었다. 한때는 안목 있는 소비자로 불렸던 이들이 이제는 스스로를 호구로 느끼게 됐다.

- 홀푸드에서 쇼핑을 하면 월급이 날아간다는 뜻으로, 홀푸드의 비싼 가격을 비꼬는 별칭.

어렵게 쌓아올린 홀푸드 브랜드 가치가 무너져내리는 동안, 주요 식품 유통 업체들은 근본적인 변화에 눈을 떴다. 그들은 소비자들이 선호하는 유기농 상품의 핵심 품목을 파악했다. 다년간 이 소매상들은 '둘레길 쇼핑 전략'*을 활용해왔다. 동선은 간단했다. 우유는 외야 왼쪽 구석, 빵은 외야 오른쪽 구석, 농산물과 간편식은 1루에 두기. 사람들이 매장을 최대한 많이 돌아다니게 하고, 모든 상품을 둘러보며, 당초 의도했던 것보다 더 많은 상품을 사도록 유도하는 게 목적이었다. 빅 플레이어들은 유기농 브랜드를 분석해 자체 브랜드를 새로 만들고 그것들을 전략적으로 배치하기 시작했다. 우유, 빵, 고기, 농산물 및 간편식 등 기본 상품을 진열하던 방식 그대로 말이다.

큰 유통사들도 고객들을 살피며 상황을 분석했다. 월마트의 자체 브랜드 와일드오츠Wild Oats는 고객들에게 익숙한 기존 상품에 점점 더 다양한 유기농 제품을 추가했다. 여기에서 주목할 도전자적 행동은 와일드오츠가 유기농 제품을 과거 진열대에 즐비하게 깔려 있던 가공식품과 '같은 가격'에 제공했다는 점이다.

코스트코도 신선한 유기농 제품 개발에 근본적인 노력을 기울였다. 그리고 이러한 움직임은 홀푸드마켓에 진정한 위기를 안겨주었다. 결국 품질에 신경 쓰는 사람들을 위한 '스마트 배지 브랜드'는 코스트코가 차지하게 됐다. 요컨대, 월마트와 코스트코 모두 주도권 장악을 위해 도전자 전략을 수립했다. 한때 도전자였던 홀푸드의 도전을 받

• 상점을 기본적으로 한 바퀴 둘러보게 하는 전략.

아 뒤로 밀려났던 브랜드들이 반대로 도전 세력이 되어 홀푸드마켓을 기득권으로 밀어내버렸다.

결과는 어땠을까? 홀푸드마켓의 주가는 2015년 50퍼센트 하락했다. 위기를 원하는가? 이게 바로 위기다. 아주 본격적인 위기다. 철저한 사전감사로 예측할 수 있었던, 경쟁자들의 위치를 파악함으로써 충분히 예방할 수 있었던 위기다.

사전에 연구하고, 또 연구하라
이해관계자와 지속적으로 커뮤니케이션하라

위기의 가장 중요한 효력은 소비자와 직원 및 (의회, 규제 기관 및 언론을 포함한) 기타 이해관계자의 인식과 태도, 행동을 변화시킨다는 것이다.

여러 번 강조한 바 있다. 모든 이해당사자와 지속적으로 대화해야 한다. 대화는 사적으로도, 혹은 온라인으로도 진행될 수 있다. 다만 모든 대화는 유동적이고 상호적이어야 한다. 오직 소규모 기업들만이 필요한 대화를 대면으로 진행할 수 있다. 더 큰 기업이라면 사전 연구 Presearch와 본연구Research를 통해 대화의 범위를 넓혀나갈 수 있다. 연구 또한 다양한 방법으로 구성할 수 있다. 정성적인 연구로는 타깃 인터뷰와 포커스 그룹 인터뷰가 있다. 양적 연구는 전화나 디지털 여론조사를 활용할 수 있다.

사전 연구는 타깃 그룹에 잠재 시나리오를 테스트하기 위한 가설을 개발하는 것을 의미하는 우리의 용어다. 가설 테스트로 미래를 완벽하게 예측할 수 있는 것은 아니지만, 적어도 헨젤과 그레텔의 빵 부스러기처럼 최선의 전략을 위한 연쇄 가설을 도출할 수는 있다.

회사 안팎의 집단과 연구 개발을 진행하는 과정에서 당신이 어떤 기술이나 철학을 채택하든, 반드시 받아들여야 하는 한 가지 사실이 있다. 기업 리더는 이런 연구를 통해 꼭 필요한 정보를 획득해야 할 뿐만 아니라, 전달받은 내용에 적절히 응답함으로써 이해관계자와 생산적인 대화를 나눠야 한다는 사실이다. 이를 위한 행동 패턴은 단순하다. 테스트하고, 커뮤니케이션하고, 또 테스트하고, 커뮤니케이션하라.

어떤 수준의 민주주의라도 민주주의가 없는 것보다는 낫듯이, 어떤 연구든 연구가 아예 없는 것보다는 낫다. 그러나 이상적인 형태는 유동적인 대화가 끊임없이 지속되는 형태다. 이는 문제가 발생하기 전에 알아차릴 수 있는 기회가 된다. 리더십과 관련해 문제가 제기되고 있다 해도, 진흙탕 싸움을 벌이기 전에 이를 알아차릴 수 있게 해준다는 얘기다. 전장의 정확한 형세에 대한 지도를 그리고, 전장의 변화에 따라 지도를 유연하게 수정하기 위해서는 사전 연구와 본연구가 필수적이다. 이 두 과정은 승리하는 데 필요한 피드백이 담긴 시나리오를 짜는 데 도움이 될 것이다.

핵심전략팀을 꾸려라

우리는 직원들, 아니면 적어도 관리자와 회사 경영진에게 위기를 숨길 수 있다고 생각하지 않는다. 모든 것은 결국 밝혀진다. 진실은 루머보다 훨씬 더 강력하다.

위기는 일상적인 비즈니스 패턴이 아니다. 위기 상황을 중대한 도전이나 기회로 활용하려면 다양하고, 재능 있고, 똑똑하고, 협조적인 사람들의 노력이 필요하다. 당신은 마이크 로버츠와 프랭크 비스카라가 맥도널드의 누들팀에서 그랬듯, 핵심전략팀을 통해 조직이 돌아가는 모습을 360도로 보고 싶을 것이다.

당신이 구성한 핵심전략팀은 승리에 대한 정의와 그 정의로부터 도출한 전략을 소유하게 된다. 그들은 연구를 모니터하고 분석하며, 수요망과 공급망에서 청취한 다양한 정보에 주파수를 맞출 것이다. 핵심전략팀의 리더를 CEO와 별도로 지정하라. CEO는 정보나 사람을 직접 체계화할 필요가 없다. CEO에게는 듣고, 배우고, 결정을 발전시킬 여유가 있어야 한다.

다소 진부해지기 시작했지만, 우리는 작전실의 역할을 믿는다. 어떤 기업은 한번에 두세 건의 업무를 진행하는데, 이는 회사의 의미와 힘을 희석시키는 일이다. 작전실 사고방식은 고도의 집중력을 요하는 사고방식이다. 핵심전략팀이 안전하고 꾸준하게 커뮤니케이션할 수 있는 가상의 작전실을 만드는 기술도 있다. (누가 부디 힐러리 클린턴에게 이 기술을 알려주기를.) 이것이야말로 핵심전략팀에 꼭 필요한 탈중앙화를 이룰 방법이다.

성공과 승리를 정의하라

위기 사전감사에서 알게 된 방법을 통해 위기의 성격과 범위를 파악하고 전장을 그린다면, 당신은 성공을 정의할 수 있다. 이때 답해야 할 질문은 "수용 가능한 동시에 가장 좋은 결과는 무엇인가?"다. 캠페인과 마찬가지로(결과가 불확실한 비즈니스에서는 '모든' 프로세스가 곧 캠페인이어야 한다는 걸 기억하라) 성공을 명확하게 정의해야 한다.

그렇다. 수석 변호인이 끊임없이 상기시키듯 신중하고 실용적인 것이 중요하다.

아니다. 너무 무리하면 안 된다.

그럼에도 당신은 승리를 위기'관리'를 넘어서는 것으로 정의해야 한다. 단순한 위기관리가 아닌 승리로 마무리해야 한다. 이를 위해 승리를 세분화하라.

- 위기는 주요 이해관계자들이 당신에 대해 느끼고, 생각하고, 행동하는 방식을 어떻게 생산적이면서도 긍정적인 방향으로 변화시킬 것인가?
- 승리는 어떻게 '느낌, 생각, 행동'을 바꿀 것인가?

이 질문에 답하면, 당신은 원하는 결과와 최종 목적지를 구체화하게 된다. 목적을 달성하기 위한 전략을 개발할 수 있게 되는 것이다.

프로젝트와 주요 도전에 대해서는 항상 선거일을 정하여 그때까지 승리할 수 있도록 노력하라. 위기 상황이 더해지면 이렇게 하기가 더 어려워진다. 물론 규제 조사, 법적 판단, 피해 평가 결과 보고서, 심지어 일련의 언론 보도와 같은 위기들은 저마다 일종의 '기준 일자'가 있지만 말이다. 위기에 관해 미디어가 나름의 사이클을 갖고 움직인다는 사실을 알아두는 것이 좋다. 이야기가 도는 초반에는 기자들이 일제히 모여들 것이다. 하지만 머지않아 반박할 기회가 온다. 어떤 기자라도 단독 기사를 보도할 기회를 놓치려 하지 않을 것이다. 당연한 얘기지만, 당신은 그 기자를 찾아서 그가 적절한 반박 기사를 내게끔 힘써야 한다.

핵심 전략을 정의하라

조직이 위기에 처했다는 사실은 당신이 매우 중요한 분야에서 대화의 주도권을 잃었다는 것을 의미한다. 이를 반전시킬 핵심 전략은 변화를 통해 주도권을 되찾는 것이다. 그러기 위해서는 승리에 필요한 유효표를 정확하게 식별해내야 한다. 다시 말하지만, 당신은 모든 이해관계자를 태도에 따라(2단계에서 논의한 것과 같이 강력 반대자, 온건 반대자, 부동층, 온건 지지자, 강력 지지자로) 세분화함으로써 유효표를 계산해볼 수 있다.

위기 전략은 특정 사건이 전장을 바꿔놓는 경우, 그에 따라 바뀔 수 있다. 단, 전략의 변경은 변호사나 리더의 지시가 아닌 핵심전략팀의 결정에 의해서만 이뤄져야 한다.

3×5 카드 메시지를 만들어라

핵심 전략에서 3×5 카드 메시지를 뽑아 발전시켜라. 중심 주장을 헤드라인으로 잡고, 그에 대한 4~5개의 설득력 있는 근거들을 헤드라인 아래에 배치하라. 2단계를 다시 읽어보며 내용을 상기하라.

3×5 카드를 최대한 널리 배포하라. 이 카드에 거짓말이나 비밀 정보는 담지 않는다. 이는 당신의 공식적인 주장으로, 당신을 지지하거나 지지하려는 사람이라면 누구든 이 내용으로 무장할 수 있어야 한다. 물론, 전략에 변화가 필요하면 3×5 카드 메시지는 바뀔 수 있다. 그전까지는 반복하고 반복하고 또 반복하라.

인사이드아웃 소통을 자주, 신속하게 하라

의사소통에서 일관성은 확신을 준다. 주장을 강화하기도 한다. 이러한 주장은 리더십의 중심에서 직원, 공급 업체, 시장 파트너, 유통 업체, 강력 지지층 및 미디어, 의회, 규제 기관 등으로 더 널리 퍼질수록 설득력이 강해진다. 이해관계가 걸려 있지 않은 전문가들이 당신의 주장을 뒷받침한다면, 당신의 주장은 더욱 강력해진다. 동일한 메시지를 지속적으로 강화하라. 그리고 제3의 분석가나 언론과 같이 객관적인 상대에게 강화된 정보를 끊임없이 전달하라. 지지자들이 당신을 지지하는 것을 현명한 일이라고 느끼게 하라.

강력 지지자와 온건 지지자를 활성화하라
—그들의 전쟁은 나의 전쟁이다

직원부터 고객에 이르기까지, 당신이 가장 집중해야 할 대상은 강력 지지자와 온건 지지자다. 두 그룹 모두 당신의 주요 의제와 메시지를 널리 알리고자 하는 이들이다. 온건 지지자에게서 도움을 받으려면 먼저 그들이 당신의 말에 귀를 기울이도록 해야 한다. 당신의 모든 언행을 그들과 연관시켜라.

게임의 승패에 이해가 걸려 있는 강력 지지자를 설득하는 일은 더 쉽다. 그들은 이미 당신에게 충성심을 표했을 것이다. 그들은 브랜드와 자신을 동일시한다. 직원이든 소비자든, 사람들이 브랜드 '내부' 정보를 얻기 위해 찾는 이들이 바로 그들이다. 그렇기에 그들은 누구보다도 가장 중요한 최신 정보에 밝아야 한다. 결국 당신을 변호하는 일이 자신과 자신의 이익을 방어하는 일이다. 그들이 당신에게 유리한 최고의 주장을 전달하고자 하는 이유다. 이때 꺼내놓을 수 있는 주장이 그들의 손에 쥐어져 있는지 확인하라. 다시 한번 말하지만 우리는 직원, 공급 업체 및 주요 고객을 위해 3×5 카드를 준비한다. 강력 지지자들이 이 카드를 전화, 이메일 및 소셜미디어에서 쉽게 활용할 수 있도록 관리한다. 그들이 경영 일선에서 멀리 떨어져 있을수록, 증언의 신빙성은 올라갈 것이다. 그들이 객관적인 제3의 관찰자로 인식된다면 증언은 훨씬 더 강력해질 것이다.

원칙은 언제나 지지자들을 뒷받침하고, 반대자들을 관리하는 것이다.

담론을 바꾸고, 장악하고, 주도권을 사수하라

위기는 갑작스레 닥칠지 몰라도, 일단 닥치면 상황이 오래 지속되기 마련이다. 앞서 논의한 바와 같이, 위기에 대응하는 당신과 주변인들의 방식은 시장의 담론을 바꾸고 모든 이해당사자에게 영향을 미친다. 위기의 여파가 미치는 몇 주 혹은 몇 달간 시장에서 벌어질 변화를 예측해보라. 이 기간 동안 당신이 가질 목표는 단 하나다. 절대 수동적이어선 안 된다. 항상 공격할 방법을 찾아라. 비록 유일한 최선의 공격이 위기의 핵심을 찌르지 못하더라도 말이다. 긍정적이면서도 확실하게, 공격적으로 행동할 기회를 잡아라. 요점은 지지자들이라면 새 총과 화살을 피해 몸을 숨기지 않아도 되는 것만으로도 기뻐할 것이라는 점이다. 결정적인 타격이 아닐지언정 한두 대라도 때려야 기운이 나는 법이다.

오늘날 정치 캠페인에서 명심해야 할 것이 있다. 미국의 정치 캠페인은 본론으로 들어가는 즉시 네거티브 텔레비전 광고 공격과 그에 대한 반격이 나온다. 그러나 시간이 지남에 따라 네거티브 광고의 효력은 점점 떨어지고, 오히려 네거티브 공격을 가하는 쪽이 역효과를 보는 상황이 된다.

카운터 펀치를 날릴 때 감정적으로 굴지 말고 똑똑하게 행동하라. 상대방에게 제시하는 정보는 진실이어야 할 뿐만 아니라 현재 진행 중인 이슈와 관련이 있어야 한다. 상대방을 가격할 수 있는 '군침 도는' 사실일지라도, 유권자와 관련이 있을 때에만 도움이 된다. 이미 수세에 몰린 상황에서 거짓을 사용하는 건 명백하게 미친 짓이다. 지지자들에게서마저 의심을 사는 행위다. 마지막으로, 모든 총알은 개인 신상이 아닌 객관적인 사실에 기반한 것이어야 한다. 온건 반대자든 온건 지지자든, 이해당사자들은 인신공격에 거부감을 느낀다. 뉴저지에서는 이렇게 말한다. "귓등으로도 듣지 마!"

한 방에 승리하는 전투는 거의 없다. 하지만 성공적으로 날리는 한

방, 한 방은 대화의 흐름을 바꾸고 모멘텀을 만들어냄으로써 게임을 유리한 국면으로 이끈다. 승리를 정의함으로써 이상적이라고 여기는 결과를 도출할 수 있다. 그러나 위기는 평소 비즈니스 환경에서 벌어지는 일들보다 훨씬 더 유동적인 상황을 조성한다.

그러므로 당신은 알 것이다. 팀과 지지자들에게 '승리의 모멘텀'이 무엇인지를 일깨워주면 목표가 훨씬 더 쉬워진다는 사실을 말이다. 그리고 쉬운 목표는 그들에게 실질적이면서도 강력한 모멘텀 감각을 불러일으킬 것이다. 긍정적인 모멘텀이 주는 흥분만큼 위기를 종식시키고 판을 유리하게 이끄는 것은 없다.

위기 상황에선 '움직일 수 있는 것을 움직이려' 할 때 강력 지지자와 온건 지지자가 그 대상이 될 테지만, 반대편 역시 소홀히 대해서는 안 된다. 이들을 지속적으로 모니터링하고 관리하라. 강력 반대자는 당신이 위기를 겪는 동안 자신의 패를 최대한 활용할 것이다. 이때 강력 반대자가 온건 반대자를 설득해 자신들의 편으로 끌고 가는지를 끈질기게 확인해야 한다. 당신은 두 그룹이 하나의 거대한 반대 집단으로 확대되는 것을 원치 않을 것이다. 이를 막기 위해 '강경'과 '온건'을 분열시키고 교란할 방법을 찾아야 한다. 강경 반대자의 주장에 더욱 효과적이고 강력하게 이의를 제기하라. 수단과 방법을 가리지 말고 반박하라. 단, 윤리적이고 정직하게. 온건 반대자들이 강력 반대자들의 주장을 최소한 의심하도록 만들어야 한다. 그렇게 되면 계속해서 당신에게 (부드럽게) 반대할 수는 있겠지만, 적어도 강경 반대자에게 힘을 보태지는 않을 것이다. 전투에 참전하진 않는다는 의미다.

진실을 말하고, 잘 말하라

당신은 당연히 매력적인 내러티브를 만들기 위해 유려한 언어로 소통하기를 원할 것이다. 좋은 목표다. 항상 진실을 말한다면 말이다. 감추고, 얼버무리고, 회피하고, 짜맞추고, 거짓말을 하면 어느 순간 스스로가 엉망진창이란 것을 깨닫게 될 것이다. 거짓말은 반드시 당신을 쫓아간다. 영화 「카사블랑카」의 주인공 릭 블레인이 이렇게 말했듯이 말이다. "오늘내일은 아닐지도 모르지만 머지않아, 평생을 후회하겠지." 침묵과 비협조보다 더 큰 손상을 입히는 것은 오직 거짓말뿐이다.

다시 한번 말하지만, 헨리 키신저는 논쟁 중에 나온 발언을 두고 "품격 있다", 그런데다 "진실하다는 장점도 있다"고 언급했다. 그가 보좌했던 리처드 닉슨은 알다시피 진실과 은폐에 관해서라면 일가견이 있었다("범죄가 아니라 은폐가 문제다It's not the crime, it's the cover up"). 우리는 정치 후보자들과 기업 리더들에게 같은 말을 한다. "결국엔 진실을 말하게 될 겁니다. 그것이 당신에게 그나마 도움이 되는 건 위기의 초반입니다. 그때가 대화를 통제하기 위해 진실을 사용할 수 있는 유일한 때입니다."

진실은 캠페인에서 리더의 가장 강력한 무기다. 진실을 말하라. 빨리 말하라. 그리고 잘 말하라.

10단계

리더십은 캠페인이다

> **"시간을 내서 도전자 본능을 배워라.**
> **그리고 혈관에 새겨라."**

정말로 리더가 되고 싶은가? 우리는 오늘날의 요동치는 시장, 투명한 정보화 시대에 작동하는 모델을 제시했을 뿐이다. 1~9단계에서 습득한 내용을 이미 적용해보고 있길 바란다.

그러나 그것만으로는 부족하다.

그렇다. 우리는 당신이 하는 일 자체를 바꾸려 한다. 당신이 생각하고 느끼는 바를 바꾸고 싶다. 당신의 태도 자체를 변화시키길 원한다. 이 책은 정치, 비즈니스, 스포츠, 군사 등 다양한 분야의 위대한 리더들이 경험한 바를 모델로 삼는다. 우리는 30여 년간 리더들이 어떻게 생각하고 어떻게 행동하는지를 연구했다. 또한 그런 생각과 행동을 뒷받침하는 그들의 성격과 태도를 배우기도 했다. 각각의 세세한 단계보다 이것이 더 중요하다. 한마디로 도전자 리더십이 '본능'이 되어야 한다. 프로스포츠에서는 '게임 본능'을 자주 언급한다. 우리도 모방할 수 있다. 물론 단기 근력, 압도적인 힘, 1미터 높이의 점프력을 따라갈 수는 없다. 그러나 웨인 그레츠키에게 배웠듯 "퍽이 올 곳으로 가는 법"은 배울 수 있다. 단지, 맬컴 글래드웰이 말했듯 '1만 시간의 법칙'이 필요할 뿐이다. '1만 시간'은 "챔피언은 태어나는 것이 아니라 만들어지는 것"의 또 다른 표현이다. 사실 어떤 이들은 챔피언 자질을 타고났지만, 학습과 훈련이 형편없었거나 훈련을 전혀 하지 않았기에 챔피언으로 거듭나지 못한다. 시간을 내서 도전자 본능을 배워라. 그리고 혈관에 새겨라.

미식축구 경기가 한창일 때 코치들은 사이드라인에서 선수들에게 소리친다. "끝장내! 끝내버려!"

끝내버려라.

훈련을 마치고, 당신만의 리더십 체크리스트를 만들어라. 더 나아가 예비 리더들을 가르칠 핵심 커리큘럼을 짜라. 가르치는 것은 언제나 최고의 배움이다. 다음은 그동안 배운 10단계의 체크리스트다. 각 단계를 살펴보면서 앞 장으로 되돌아가 기억을 되살려보라. 그것을 내면화하고, 그에 따라 행동하라. 계속해서 훈련하고 발전할 수 있도록 근육에 기억을 저장하라.

1. 출마를 결정하라.

2. 도전자처럼 생각하고, 계획하고, 행동하라.

3. 키친 캐비닛을 꾸려라.

4. 인사이드아웃 캠페인을 준비하라.

5. 출마를 선언하라.

6. 모든 것을 정의하라.

7. 담론을 장악하라.

8. 모멘텀을 획득하라.

9. 위기를 활용하라.

10. 리더십은 캠페인이다.

보스가 되고 싶은가 아니면 리더가 되고 싶은가? 좋다! 아래 질문에 답변하는 것부터 시작해보자.

- 머릿속에 떠오르는 리더 다섯 명의 이름을 적어보라. (정치, 경제, 종교, 교육, 과학, 군사, 연예 분야 등.)
- 훌륭한 리더의 자질을 단 하나만 꼽자면 무엇인가?
- 함께 일해본 진정한 리더를 한 명 꼽고, 이유를 생각해보라.
- 당신에게 승리가 무엇인지 정의하라. 무엇이 성공인가?
  - 6개월의 성공
  - 2년의 성공
  - 5년의 성공
  - 10년의 성공
  - 경력 전반에서의 성공
- 당신 회사의 승리를 정의하라. 무엇이 성공인가?

- 6개월의 성공

- 2년의 성공

- 5년의 성공

- 궁극적인 성공

- 당신의 비즈니스 환경에서 무엇이 변하고 있는가?

- 당신의 회사엔 향후 2년간 어떤 변화가 필요한가?

- 당신의 일에서 변화시켜야 할 방식이나 조건은 무엇인가?

- 당신의 경쟁자는 누구인가? 세 명을 적어보라.

- 당신은 도대체 누구인가? 당신이 그동안 무엇을 했는지에는 관심 없다. 우리는 당신이 그 일을 '어떻게' 했는지, 당신이 거대한 의제들을 어떻게 결정하는지 궁금할 뿐이다.

- 왜 당신이어야 하는가? 사람들에게 성공을 어떻게 정의할 것인가?

- 동료들에게

- 직원들에게

- 보스나 대표에게

- 이사회에게

- 주주들에게

- 고객과 소비자에게

- 조직과 위 사람들에게 당신이 제시할 미래는 각각 무엇인가?

- 조직(팀이나 회사 등)의 상황에 맞춰, 당신이 제시해야 할 변화는 무엇인가?

- '실행할 수 있는 것을 실행하라'의 의미는 무엇인가?

- '움직일 수 있는 것을 움직여라'의 의미는 무엇인가?
- 조직 내부에서 당신에 대한 태도는 어떻게 갈리는가?
  - 강력 반대자는 누구인가?
  - 온건 반대자는 누구인가?
  - 판단을 유보한 사람은 누구인가?
  - 온건 지지자는 누구인가?
  - 강력 지지자는 누구인가?
- 당신의 경력에서 멘토는 누구였고, 누구인가?
- 가상의 키친 캐비닛을 꾸린다면 역사의 인물을 포함해, 누구와 함께할 것인가? 그를 선택한 이유는 무엇인가?
- 당신의 조직이 직면한 도전 과제를 해결하기 위해 핵심전략팀에 합류시키고 싶은 사람은 누구인가?
- 당신이 제시한 변화와 승리에 기반해 3×5 카드를 개발하라.
  - 헤드라인
  - 항목 1
  - 항목 2
  - 항목 3
  - 항목 4
- 위기 상황이다. 당신이 CEO로 지명되고 일주일 후, 공정거래위원회가 가격 담합 의혹에 대한 조사에 착수했다. 당신은 이에 대해 전혀 아는 바가 없다. 언론에 따르면 이전 CEO가 현재 조사를 받고 있다. 고문 변호사는 혐의에 근거가 없다고 말한다. 어쨌거

나 당신은 연루된 바가 없다. 리더로서 처음 해야 할 일 세 가지
는 무엇인가?

- 첫 번째

- 두 번째

- 세 번째

스콧 밀러Scott Miller

워싱턴앤드리대학을 졸업하고 광고와 정치 컨설팅 분야에서 경력을 쌓았다. 코카콜라, 밀러브루잉, 소니, 로레알 등의 창의적 프로젝트를 이끌었다. 특유의 창조적인 감각으로 칸 영화제 광고 부문 황금사자상을, 클리오어워드에서 다수의 상을 수상하는 등 주요 상을 휩쓸었다.

1979년에는 데이비드 소여와 함께 소여밀러그룹을 설립했다. 그곳에서 정치 캠페인 및 기업, 기관 커뮤니케이션 전략을 개발했다. 소여밀러그룹의 고객으로는 김대중 전 대통령, 코라손 아키노 전 필리핀 대통령, 바츨라프 하벨 전 체코 대통령, 보리스 옐친 전 러시아 대통령, 비르힐리오 바르코 전 콜롬비아 대통령, 레흐 바웬사 전 폴란드 대통령, 코카콜라, 마이크로소프트, 밀러브루잉, 드렉셀버넘램버트, 골드만삭스, 애플, USA포아프리카USA for Africa의 핸즈 어크로스 아메리카 캠페인*, 더베터월드 재단** 등이 있다. 소여밀러그룹은 미국 대통령 및 주지사, 상원의원 후보 40여 명의 캠페인을 담당했다.

1980년에는 스티브 잡스와 함께 일했다. 당시 스티브 잡스는 이들의 도전자 전략을 바탕으로 IBM, 마이크로소프트와의 경쟁 전략을 수립해달라고 요청했다. 이 프로젝트는 스콧이 운영하는 코어스트래터지그룹의 전략적 기반이 됐다. 이후 몇 년간 이들은 맥도널드, 버라이즌, 시티그룹, 마이크로소프트, 코카콜라, 구글, 뉴스코퍼레이션, 존슨앤드존슨, 하이필드캐피털, 미국 미디어 대기업 개닛, 세계자연기금 WWF, 리오틴토, 콕스뉴스페이퍼, 여성 CEO 조직 위민앤드, 미국 남동부 가스·전력 지주회사 서던컴퍼니, 아메리칸익스프레스, 홈디포, 미국의 특수작전사령부, 월트디즈니 등을 고객으로 커뮤니케이션 및 마케팅, 브랜드 전략 개발에 매진했다.

정치 컨설팅 활동도 계속했다. 2004년 미국 대선 당시 조지 H. W. 부시-딕 체니의 선거운동 전략가로 일했다. 2012년에는 팻 카델, 밥 퍼킨스와 함께 리얼리더닷컴RealLeader.com을 설립했고, 2013년에는 미셸 오바마의 '더 건강한 미국을 위한 파트너십Partnership for a

---

• 아프리카를 돕기 위해 음악인들이 결성한 프로젝트 그룹으로, 1985년 음반 「위아더월드We Are the World」를 발매하고 1986년 인간 띠 잇기 자선 이벤트인 '핸즈 어크로스 아메리카'를 기획했다.
•• 중동 지역 청소년 교육을 지원하는 비정부기구.

Healthier America' 이니셔티브를 공동 수립했다. 미국의 중간선거가 열렸던 2014년에는 카델, 퍼킨스와 함께 '위니드스미스닷컴WeNeedSmith.com'과 '프로미스투아메리카A Promise to America'를 설립하기도 했다.

주요 방송사의 프로그램에 출연해 정치 및 기업 커뮤니케이션 관련 논평을 했고, 브랜딩, 도전자 전략, 커뮤니케이션 기술 등을 주제로 여러 차례 강연을 했다. 세르히오 시만과 『브랜드 인식 쌓기Building Brandwidth』를, 데이비드 모리와 『언더독 어드밴티지』를, 프랜 타켄턴과 『원 모어 커스토머One More Customer』를 공동으로 펴냈다. 『타임스』 편집장을 지낸 제임스 하딩의 책 『알파독』은 밀러의 정치학 연구를 바탕으로 쓰였다. 미국 외교협회 회원으로 활동하기도 했다. 후즈후 인명사전에 올랐고, 마케팅 수법이라는 걸 알고도 가짜 대리석 명판을 산 적이 있다.

아내 데니즈와 조지아주 애틀랜타에 살고 있으며, 두 아들 타일러와 브렛은 뉴욕주 브루클린에 살고 있다.

데이비드 모리David Morey

DMG 글로벌의 회장 겸 CEO이자 코어스트래터지그룹 부회장이다. 미국을 대표하는 전략 컨설턴트로, 가장 인기 있는 연설가이기도 하다. 『언더독 어드밴티지』『리더십 캠페인』의 공동 저자로 『포천』이 선정한 500대 기업 다수와 함께 일하며 수십억 달러의 수익과 시장 가치를 창출하는 데 일조했다. 미국의 제44대 대통령 버락 오바마를 포함해, 노벨평화상 수상자 다섯 명과 세계 각국 대통령 16명의 선거운동 조언자로도 활약했다.

정치에서는 비르힐리오 바르코 전 콜롬비아 대통령, 코라손 아키노 전 필리핀 대통령, 보리스 옐친 전 러시아 대통령, 달라이 라마 등과 일했고 다수의 정부와 협력했다. 1997년 그는 한국 역사상 첫 야당 출신 대통령이 된 김대중 전 대통령의 선거운동을 자문했고, 이후 외환 위기와 경제 회복 기간 동안 한국 정부의 고문 역할도 맡았다. 지난 2000년, 70년간 멕시코에서 장기 집권한 여당 후보를 꺾고 집권에 처음으로 성공한 야당 출신 비센테 폭스 대통령의 선거운동을 조언하기도 했다.

비즈니스 분야에서는 『포천』 선정 100대 기업 고위 임원들의 조언자로서, 다수의 성공적인 스타트업과 벤처기업을 출범시키는 데 도움을 주었다. 또 제너럴일렉트릭, 방코메르, 버라이즌, 애플, 삼성, 링크드인, 구글, 코카콜라, 마스, KPMG, 맥도널드, 마이크로소프트, 뉴스코퍼레이션, 나이키, 펩시, P&G, 디즈니, 비자, 아메리칸익스프레스, TPG 등의 성공 전략을 개발했다. 버라이즌과 코카콜라는 몇 년간 그의 전략 컨설팅으로 1000억 달러 이상의 추가 가치를 창출했다.

글로벌 커뮤니케이션을 전문적으로 다루는 컬럼비아대학에서 국제관계 분야 부교수로 재직했고, 현재는 펜실베이니아대학에서 강의 중이다. 미국 외교협회 공공외교 태스크포스 위원장, 평화기금 공동위원장, 미 국방과학위원회 전략통신안보 태스크포스 위원으로 활동했다. 또한 전미 10종 경기에 네 번 출전했고, IC4A(미국 대학 아마추어 선수 협회) 챔피언이었으며 미 국가대표 선수로 활동하기도 했다.

존 글렌 미국 상원의원의 외교 정책 고문이었으며, 동유럽 및 중동 지역에서 기자로 활동한 바 있다. 펜실베이니아대학 와튼스쿨과 프린스턴대학 우드로윌슨스쿨에서 공부했고, 런던정치경제대학에서 장학금을 받고 뛰어난 성적으로 석사 학위를 취득했다. 국제 정치, 비즈니스, 커뮤니케이션 관련 이슈를 다룬 주요 서적들을 엮기도 했다.

THE LEADERSHIP CAMPAIGN
리더십 캠페인

초판인쇄 2022년 11월 16일
초판발행 2022년 11월 25일

지은이 스콧 밀러·데이비드 모리
옮긴이 플랫폼 9¾
펴낸이 강성민
편집장 이은혜
책임편집 박지호
마케팅 정민호 이숙재 김도윤 한민아 정진아 이민경 정유선 김수인
브랜딩 함유지 함근아 김희숙 고보미 박민재 박진희 정승민
제작 강신은 김동욱 임현식

펴낸곳 (주)글항아리 | 출판등록 2009년 1월 19일 제406-2009-000002호

주소 10881 경기도 파주시 회동길 210
전자우편 bookpot@hanmail.net
전화번호 031-955-2696(마케팅) 031-955-1936(편집부)
팩스 031-955-2557

ISBN 979-11-6909-058-2　03320

잘못된 책은 구입하신 서점에서 교환해드립니다.
기타 교환 문의 031-955-2661, 3580

www.geulhangari.com